最新最強の
適性検査
クリア問題集

'26
年版

成美堂出版

本書の特徴と使い方

■本書の特徴

本書は就職活動に成功するための、適性検査対策ブックです。

現在、新規採用はもちろん、中途採用でも適性検査を実施するケースが増えています。

このため、就職活動のファーストステップとして、適性検査対策は欠かせません。これをクリアしてはじめて、面接など自己アピールの場である本格的な採用試験につながるからです。

適性検査対策は、何よりも問題を解き、その解き方を身につけることにつきます。それが「知識」となり、さらに問題数をこなすことで「力」へとつながります。本書では、さまざまな形式の問題を網羅し、問題を解きながら解法の基礎が学べるようにしてあります。

本冊

■出題パターン
それぞれの適性検査を主要パターンに分類。苦手なパターンを発見し、自分の傾向の確認ができる。

■ポイント
出題パターンの特徴と解法のポイントをわかりやすく紹介。解答のスピードアップにも効果的。

第2章 SPI3能力検査 　　　非言語能力

集合・順列・組合せ・確率

非言語能力分野は全体で約30問。これを40分で解く。
※ペーパーテストの場合

解答・解説 → 別冊P23～28

ポイント
①集合の問題は図をかいて考える。
②順列・組合せの問題はどちらの場合かを見きわめ、公式を利用する。
③確率の問題では分数計算を間違わないように。

1　子ども105人に、日頃しているスポーツを尋ね、以下の結果を得た。次の各問いに答えなさい。

	している	していない
サッカー	45人	60人
野球	38人	67人
バスケットボール	61人	44人

(1) 野球もサッカーもしている子どもが5人いた。野球もサッカーもしていない子どもは何人か。
A 22人　　B 25人　　C 27人　　D 37人
E 38人　　F 45人　　G 83人　　H 1人もいない

(2) サッカーをしていない子どもの半数が、バスケットボールもしていないと答えた。サッカーもバスケットボールもしている子どもは何人か。
A 15人　　B 23人　　C 27人　　D 31人
E 35人　　F 41人　　G 43人　　H 48人

66

■解答・解説ページ
問題の解答・解説が掲載されている別冊の該当ページを記載。

■問題
実際に解くことで出題パターンが理解できる。慣れたあとは反復練習で力をつけよう。

※問題中の図表データや統計数字は、一部を除き架空のものです。

■本書の使い方

　採用試験に使われる適性検査を次の6章に分けて出題・解説しています。

・第1章では、基本的な適性検査を形式がわかるように分類、紹介。

・第2章・第3章では、「SPI3」と「構造的把握力検査」を紹介。

　第4章では、NOMA総研の「SCOA」を紹介。

・第5章では、SHL社の「CAB」「GAB」と性格検査「OPQ」を紹介。

・第6章では、Webテストでよく使われる「玉手箱」「TG-WEB」を紹介。

　本書を通読することで、現在行われている適性検査の出題パターンを経験することができます。解答・解説は別冊としてあるため、答え合わせも簡単です。なお、本冊の問題ページ、別冊の解答・解説ページは下のように構成してあります。

別冊

■解答
まずは答え合わせ。間違えた問題はしっかりチェック。

■解説
解法を具体的に紹介。苦手なパターンは繰り返し学習を心がけよう。

第2章　SPI3能力検査

12 解答 （1）E　（2）D

解説　（1）X×X＝5×MよりX^2＝5×6＝30を解いてX＝±$\sqrt{30}$。
（2）X×X＝5×MよりX^2＝5×20＝100を解いてX＝±$\sqrt{100}$＝±10。X＞0という条件から、Xは10。

13 解答 （1）B　（2）D

解説　必要なデータを表にする。

	1980年	2000年	2010年
パルプ材の消費量（千㎥）	32,737	37,601	35,276
上記のうち原木の消費量（千㎥）	2,251	931	499

（1）原木の消費量について問われており、表の下段の数値を使う。
　ア　499÷2251＝0.221…。1－0.22＝0.78。約78％減少しているので誤りである。
　イ　2251÷931＝2.417…。約2.4倍なので、正しいといえる。
　ウ　499÷931＝0.535…。1－0.54＝0.46。約46％減少しているので、誤りである。
　エ　1980年から2000年までは、931÷2251＝0.413…、1－0.41＝0.59。2000年から2010年までは、499÷931＝0.535…、1－0.54＝0.46。よって、減少率は1980年〜2000年のほうが大きいので、誤りである。
（2）年別のパルプ材の消費量のうち、原木の消費量が占める割合は、ア2010年が499÷35276×100＝1.414…[％]。イ2000年が931÷37601×100＝2.475…[％]。ウ・エ1980年が2251÷32737×100＝6.876…[％]。よって、文章の内容と合致するのはエだけになる。

グラフ・領域　　問題→ 本冊P58〜59

1 解答 （1）H　（2）C　（3）A

解説　y＝ax^2のグラフは放物線となる。（1）グラフが点（1，1）を通るから、x＝1、y＝1をy＝ax^2に代入すると、1＝a×1^2、a＝1。（2）点（0，2）を通る場合の切片（bの値）は2。（3）2つの式を同時に成り立たせるxの値が解の値となる。y＝ax^2のグラフ上の点はすべてy＝ax^2を満たす。また、y＝－x＋bのグラフ上の点はすべてy＝－x＋bを満たす。したがって、2つのグラフの交点はどちらの式も満たすので、点Qのx座標－2、点Pのx座標1が解の値。

2 解答 C

解説には図表を用いるなど、わかりやすく説明している。

■問題ページ
該当問題が本冊のどこに載っているかを記載。

19

※本書は特に断りのない限り、2024年3月の情報に基づき編集しています。

目次

基本をマスター

第1章 適性検査

作業能力、事務処理能力などをみる基本的な適性検査。公務員試験などで使われる。

クレペリン ・・・・・・・・ 8
抹消・打点 ・・・・・・・ 10
照合 ・・・・・・・・ 12
置換 ・・・・・・・・ 14
分類 ・・・・・・・・ 16
図形 ・・・・・・・・ 18
フローチャート ・・・・ 20
論理的思考 ・・・・・・・ 22
言語 ・・・・・・・・ 24

採用企業多数

第2章 SPI3能力検査

最も使われている適性検査。「テストセンター」「WEBテスティング」にも対応。

言語能力

言葉の関係 ・・・・・・・ 28
語句の意味 ・・・・・ 34
文章の並べ替え ・・・・ 38
長文読解 ・・・・・・・ 40
空欄補充 ・・・・・・・・ 42
WEBテスティング ・・・ 44

非言語能力

計算 ・・・・・・・・・・ 46
グラフ・領域 ・・・・・ 58
資料の読み取り ・・・ 60
集合・順列・組合せ・確率 ・・ 66
推論 ・・・・・・・・・ 73
装置 ・・・・・・・・ 86
物の流れと比率 ・・・ 87
矢印移動 ・・・・・・・・ 88
WEBテスティング ・・・ 90

Contents

凡例　◎ 検査によく出る　📒 習熟で差がつく　↗ スピードアップで高得点

配属にも関わる

第3章
SPI3性格検査

性格が4側面18種類の尺度で分類される。
企業の求める人物像をおさえてチャレンジ。

職務遂行場面で表れやすい特性を測定
行動的側面 ・・・・・・・・・・・・・・・・・・・・・・・96
意欲的側面 ・・・・・・・・・・・・・・・・・・・・・・・99
情緒的側面 ・・・・・・・・・・・・・・・・・・・・・102
人や組織との関わりの中で表れやすい特性を測定
社会関係的側面 ・・・・・・・・・・・・・・・・・・105

📒 構造的把握力検査 ・・・・・・・・・・・・・・・・108

知能と知識がみられる

第4章
SCOA

幅広い分野から出題される適性検査。
採用している企業も多い。

◎言語 ・・・・・・・・・・116　　◎英語 ・・・・・・・・・・・132
📒数理 ・・・・・・・・・・120　　◎常識 ・・・・・・・・・・・136
📒論理 ・・・・・・・・・・126

Contents

凡例　◎ 検査によく出る　🎁 習熟で差がつく　↗ スピードアップで高得点

論理的思考度を測る

第5章 SHLテスト

紙ベースでSPIに次ぐシェアを占める。ITやコンサルティング業界で使われる。

CAB

↗暗算 ・・・・・・・・・144
法則性 ・・・・・・・・・148
🎁命令表 ・・・・・・・・154
🎁暗号解読 ・・・・・・・162

GAB

↗計数 ・・・・・・・・・・170
言語 ・・・・・・・・・・176

OPQ

性格テスト ・・・・・・・180

初期選考突破の関門

第6章 Webテスト

代表格の「玉手箱」と「TG-WEB」、それぞれの出題形式をマスターしよう。

玉手箱

◎計数 ・・・・・・・・・・184
◎言語 ・・・・・・・・・・194
◎英語 ・・・・・・・・・・199

TG-WEB

◎計数 ・・・・・・・・・・207
◎言語 ・・・・・・・・・・213
◎英語 ・・・・・・・・・・220
性格テスト ・・・・・・・222

別冊

解答と解説

第1章 ・・・・・・・・1		第4章 ・・・・・・ 41	
第2章 ・・・・・・・・9		第5章 ・・・・・・ 52	
第3章 ・・・・・・ 38		第6章 ・・・・・・ 59	

第1章

適性検査

ここではクレペリンをはじめとする作業能力などを測る基本的な適性検査をいくつか紹介します。これら適性検査への対策は、何といっても反復練習です。学力試験とは形式が異なるところもあるので、心得ておきましょう。めざすのは、「正解率とスピードのアップ」です。

クレペリン

解答・解説 → 別冊P1〜2

ポイント
①左右の数字を加え、その答えの１の位の数字を記入していく。
②時間経過による注意力や集中力の変化をみる検査。
③実際の試験では１行は116個の数字で、１行１分の制限時間で行う。

---

1 隣り合った数を足し算し、答えの１の位のみを２数の間の少し下に書きなさい。間違った場合は短い縦線で消し、その右に正しい数字を書きなさい。

(1)　8　3　4　7　6　5　3　8　7　4　5　8　9　4　8　5　7

　　　9　3　6　8　7　8　4　5　5　9　7　6　4　8　7　5　6

　　　7　3　8　4　6　9　5　4　7　6　8　9　3　8　7　4　3

　　　2　9　8　2　6　5　6　7　8　3　5　4　9　7　6　8　9

　　　3　8　7　5　3　6　7　4　8　6　3　9　8　6　4　7　8

　　　5　3　8　4　7　6　8　9　3　8　7　5　3　6　7　4　8

　　　6　3　9　8　5　6　4　7　8　3　5　4　9　7　5　3　6

　　　5　2　9　3　7　8　5　4　6　3　5　6　9　4　8　7　2

　　　4　9　8　2　5　7　3　6　9　2　5　7　6　2　7　5　4

(2)　9　8　3　6　9　3　8　2　6　7　4　5　9　4　2　6　3

　　　7　8　6　3　7　5　3　9　4　9　8　6　3　7　4　5　2

　　　4　9　3　7　8　2　6　4　3　6　9　5　8　7　2　4　6

クレペリン

```
        2   4   3   7   8   5   9   7   2   8   9   6   3   7   4   5   9

        4   6   7   2   5   3   8   2   6   8   4   7   9   3   5   7   5

        3   9   4   8   6   2   4   6   4   9   7   5   3   8   4   2   7

        6   5   3   8   9   4   7   9   8   5   6   2   3   4   9   6   8

        3   2   7   5   4   8   6   7   3   5   9   6   5   9   7   8   4

        6   3   2   7   4   9   8   2   3   6   5   3   6   5   8   9   7

        7   5   3   2   6   3   7   8   4   8   5   6   8   3   7   5   6

 (3)    5   2   9   8   3   7   6   5   2   4   7   3   9   7   2   6   8

        6   7   3   2   4   3   9   8   7   5   9   3   4   5   6   4   8

        2   3   7   9   8   6   3   8   6   5   3   6   7   8   4   3   2

        9   7   6   3   6   7   9   8   4   3   8   7   5   6   2   3   9

        2   5   9   6   7   3   5   8   9   8   2   3   4   8   9   6   9

        3   9   4   7   6   3   9   7   4   2   8   3   6   5   7   8   2

        4   7   6   4   5   9   2   6   5   3   9   4   7   8   2   6   4

        5   2   7   8   4   5   9   6   2   8   3   6   9   4   5   7   8

        5   9   8   2   6   9   3   5   6   8   4   3   2   4   6   9   8

        9   8   7   3   2   6   5   4   6   8   4   9   2   5   3   8   6
```

抹消・打点

解答・解説 → 別冊P3〜4

ポイント

①抹消は指定された文字や数字を斜線で消していく。
②打点は枠内に決められた数の点を打つ。
③正確さがポイント。きちんと消さなかったり、はみ出すと減点。

1 次のひらがなのうち、か、い、ち、ふ、しを斜線で消しなさい。

わ	り	て	さ	や	ま	め	み	る	た	ひ	な	ら	へ	る	さ	ま	の
う	ん	め	い	を	の	ろ	わ	せ	て	は	う	た	え	か	け	へ	い
し	せ	ん	と	き	た	て	ぬ	し	の	ふ	て	ん	き	め	さ	か	た
も	と	こ	む	や	う	つ	を	し	む	も	く	て	と	て	り	れ	た
も	を	ん	た	は	ふ	て	た	そ	な	あ	い	ね	げ	の	も	け	と
き	い	し	か	と	す	て	せ	き	い	せ	あ	に	の	ち	い	な	た
す	ま	と	の	う	ゆ	な	に	し	か	い	と	て	に	お	ら	か	こ
き	て	り	し	ふ	の	し	と	ち	と	せ	い	さ	に	し	の	し	き
こ	お	は	と	さ	な	あ	れ	か	り	こ	さ	み	ろ	り	こ	か	い
た	は	を	も	し	よ	ほ	を	き	し	ろ	に	き	か	こ	に	て	そ

2 次の数字のうち、1、5、7、0を斜線で消しなさい。

2	9	7	3	0	3	8	6	4	5	2	9	6	2	9	1	4	8
4	3	8	0	6	8	2	6	4	9	3	4	7	6	2	0	6	1
3	9	7	8	3	0	2	5	2	3	8	7	4	6	1	8	3	2
9	4	7	3	8	1	5	6	0	2	3	8	2	4	6	3	0	9
8	4	5	9	6	1	3	7	6	0	8	9	2	4	2	6	9	3
4	3	4	5	6	3	9	5	1	3	7	2	3	0	7	2	4	8
1	9	8	2	0	7	6	8	2	8	9	3	8	4	4	1	5	2
4	2	5	1	6	3	5	8	6	0	3	2	6	3	9	1	8	4
2	0	2	4	6	9	3	7	8	4	0	2	6	6	4	3	0	4
2	9	8	9	2	1	6	4	2	9	2	6	3	4	5	3	4	2

3 次の□内に点を 3 つずつ打ちなさい。□内ならどこに打ってもかまいませんが、枠からはみ出してはいけません。

□ □ □ □ □ □ □ □ □

□ □ □ □ □ □ □ □ □

□ □ □ □ □ □ □ □ □

□ □ □ □ □ □ □ □ □

□ □ □ □ □ □ □ □ □

□ □ □ □ □ □ □ □ □

4 次の△内に点を 2 つ、□内に点を 3 つずつ打ちなさい。△、□内ならどこに打ってもかまいませんが、枠からはみ出してはいけません。

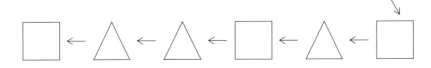

11

照合

解答・解説 → 別冊P4

ポイント
①左右の文字や数字を見比べ、または手引きと見比べて間違いを探す。
②意味のない文字列が多いので、機械的に探すほうが見つけやすい。
③慣れるまではとにかく1字ずつ、正確に。

1 次の左右を比べ、間違いのあるものを1つ選びなさい。

(1)
A　かのくけま　　かのくけま
B　わつこひん　　わつにひん
C　なそきゆや　　なそきゆや
D　らおすそひ　　らおすそひ
E　ろまへけあ　　ろまへけあ

(2)
A　すみけれね　　すみけれね
B　あまかいほ　　あまかいほ
C　こなみふし　　こなみふし
D　よのにたほ　　よのたにほ
E　ゆわきちさ　　ゆわきちさ

(3)
A　ワフウワク　　ワフウフク
B　ヒムリイマ　　ヒムリイマ
C　ヒヲエセチ　　ヒヲエセチ
D　ムヤキホユ　　ムヤキホユ
E　ハクムフニ　　ハクムフニ

(4)
A　アシチフオ　　アシチフオ
B　マツソサリ　　マシソサリ
C　ヨエミキニ　　ヨエミキニ
D　ネヌソシタ　　ネヌソシタ
E　ロコツンシ　　ロコツンシ

(5)
A　EFJBA　　EFJBA
B　IHQUZ　　IHQUZ
C　SMWYG　　SMWYG
D　WOMAS　　WOMAS
E　AWACS　　AWASC

(6)
A　vuvor　　vuvor
B　grkhb　　grkhb
C　qbhgk　　qdhgk
D　hervu　　hervu
E　mnwil　　mnwil

(7)
A　話講誠設計　　話講誠設計
B　抜棒拉技捉　　抜棒拉技捉
C　護譲記認読　　護譲記認読
D　盆樹流駒垂　　盆樹流駒垂
E　部思駆慕駅　　部思駆慕駅

(8)
A　伸供使判例　　伸供使判列
B　属展屈屋層　　属展屈屋層
C　芋芝芸花芙　　芋芝芸花芙
D　愉憤慎惰情　　愉憤慎惰情
E　仁作休住伝　　仁作休住伝

2 次の左右の語句を見比べ、間違いのあるものをすべて選びなさい。

（1）　A　芥川龍之介　　芥川龍之介　　（2）　A　中大兄皇子　　中大兄皇子
　　　B　大江健三郎　　大江健三朗　　　　　B　賀茂真淵　　　賀茂真淵
　　　C　三島由紀夫　　三島由紀夫　　　　　C　式子内親王　　式子内親王
　　　D　国木田独歩　　国木田独歩　　　　　D　山上憶良　　　山上憶良
　　　E　川端康成　　　川端康成　　　　　　E　柿本人麻呂　　柿本仁麻呂

（3）　A　東京都大田区　　東京都太田区　　（4）　A　埼玉県庁　　埼玉県庁
　　　B　北海道千歳市　　北海道千歳市　　　　　B　日本郵政　　日本郵政
　　　C　山梨県都留市　　山梨県都留市　　　　　C　保健所　　　保権所
　　　D　長崎市茂木町　　長崎市茂木町　　　　　D　税務署長　　税務署長
　　　E　福島県白河市　　福島県白河市　　　　　E　近畿地方　　近畿地方

（5）　A　衛星を利用したサービスを提供　　衛星を利用したサービスを提供
　　　B　コピーするファイルをクリック　　コピーするファイルをクリック
　　　C　最高気温が36度を超えた日　　　最高気温が36度を超えた日
　　　D　新党構想をめぐって意見が対立　　新党講想をめぐって意見が対立
　　　E　人口密集地の災害を防止する　　　人口密集地の災害を防止する

3 次の中で、手引き中の文字だけでできている文字列がそれぞれいくつあるか、答えなさい。

＜手引き＞　｜　よ　ふ　み　あ　く　に　｜

（1）　あみ　　くむ　　にし　　よあ　　ふみ　　みよ　　くに
（2）　のに　　にと　　あふ　　しよ　　よに　　まく　　やみ
（3）　ふあにみ　くよしな　みつあに　まふくよ　ふさあり
（4）　あよみく　ふにさき　みのよる　くあによ　あよにめ

＜手引き＞　｜　た　て　い　す　な　ら　｜

（5）　なて　　たい　　すみ　　らい　　ても　　りす　　なし
（6）　てる　　すま　　いな　　てな　　くた　　らむ　　さて
（7）　たてなく　いらすて　なたさき　うすらて　ていなら
（8）　すいらた　らたいな　てらさい　たないら　てすいみ

置換

解答・解説 → 別冊P4〜5

ポイント

①手引きに従って数字や文字を置き換える。計算との複合問題もある。
②作業が単純なだけに、練習で形式に慣れておくのがポイント。
③手引きが簡単なら覚えてしまうのがスピードアップのコツ。

1 手引きに従って、次の記号を数字に置き換えなさい。

＜手引き＞

■	*	▼	◎	◇	%	◆	●	□	△	☆	▲	▽	↓	★	←
6	15	9	2	3	14	4	1	5	7	16	8	10	12	17	11

(1)　▼　▽　←　◎　◇　★　△　%　◆　■　*　□　☆　▲　↓　●
(2)　←　■　△　★　*　☆　▼　↓　◎　%　◇　●　□　▲　▽　◆
(3)　▽　◎　*　☆　△　%　●　↓　◆　←　□　▼　▲　■　★　☆
(4)　▽　■　←　●　◎　*　◇　◆　△　☆　▲　↓　%　★　□　▼
(5)　★　●　↓　▼　□　◎　▽　■　*　▲　←　◆　☆　%　△　◇

2 手引きに従って、次のカタカナを英字に置き換えなさい。

＜手引き＞

ヤ	ア	マ	カ	サ	ン
ラ	タ	ナ	ヲ	ハ	ワ

Q	R	V	M	W	Z
N	P	U	T	S	Y

(1)　アカマナ　　　　(2)　マヤワン　　　　(3)　ヤサヲタ
(4)　サワヤカ　　　　(5)　サンハナ　　　　(6)　ラカヤヲ
(7)　タナヲマ　　　　(8)　ナアサワ　　　　(9)　ハカナサ
(10)　ハンカマ　　　　(11)　ラワンタ　　　　(12)　ワナアヤ
(13)　カヲマヤ　　　　(14)　アマハタ　　　　(15)　ンナラマ
(16)　タハラカ　　　　(17)　カアサン　　　　(18)　サヲワタ

置換

3 手引きに従って次の英字を数字に置き換えた場合、正しいものはどれか。右から選び、記号で答えなさい。

＜手引き＞

A	O	K	N	F	U	Y	T	I	C
5	1	8	4	2	6	3	9	0	7

		A	B	C	D	E
(1)	A N Y	5 4 3	2 7 6	5 0 1	7 5 4	5 8 5
(2)	C O T	4 2 9	7 1 9	7 3 8	8 0 9	7 2 6
(3)	F U N	5 2 9	2 9 5	6 1 3	2 6 4	2 6 1
(4)	T Y O	7 0 9	9 6 4	9 3 1	9 7 3	4 7 0
(5)	K A O	8 5 1	8 3 7	6 2 4	5 8 3	8 0 7
(6)	N Y C	2 9 5	4 3 6	4 5 0	4 3 7	9 5 3
(7)	U N A	6 1 8	6 4 5	0 4 2	6 9 4	2 0 6
(8)	I C U	0 7 6	7 4 1	6 8 1	0 4 6	0 5 7
(9)	A I T	5 6 8	5 0 9	5 0 7	9 4 2	4 8 0
(10)	O Y A	2 7 5	1 3 9	1 3 4	5 8 9	1 3 5

4 手引きに従って次のカタカナを数字に置き換えた場合、正しいものはどれか。右から選び、記号で答えなさい。

＜手引き＞

コ	ミ	ナ	ル	テ	シ	カ
ソ	マ	リ	ユ	ケ	ニ	ホ

18	23	04	52	37	16	28
38	73	32	40	19	25	44

		A	B	C	D
(1)	ナルシカ	04 38 23 73	23 04 28 44	04 52 16 28	04 40 52 23
(2)	ユマホテ	40 73 44 37	40 28 15 25	44 40 73 19	16 25 32 18
(3)	ニミソコ	23 25 44 04	25 16 19 40	32 37 20 04	25 23 38 18
(4)	ケマリナ	19 52 40 18	16 40 19 52	18 37 25 32	19 73 32 04
(5)	コユナル	32 40 16 38	18 40 04 52	38 28 19 44	18 32 28 40
(6)	リホマソ	28 04 25 73	32 25 19 04	32 44 73 38	40 19 23 32
(7)	ユルシテ	40 32 44 04	44 19 23 16	52 38 19 23	40 52 16 37
(8)	ホカシナ	04 73 40 28	44 28 16 04	28 18 44 38	44 04 73 16
(9)	ルマユケ	52 73 40 19	52 04 25 73	19 25 23 38	52 28 18 37
(10)	マナカリ	73 04 28 32	37 23 25 19	73 19 18 44	25 37 52 04

分類

解答・解説 → 別冊P5～6

ポイント 🎵

①手引きに従って数字や文字を分類する。
②意味のない数字や記号が多い。機械的に正確に行うこと。
③最初の何文字かを手がかりにして探すのが速い。

1　次の数字を手引きに従って分類し、該当する記号を答えなさい。

＜手引き＞

	A	B	C	D
	1223～1350	1892～1992	1663～1891	1354～1662
	2531～2671	2783～2941	2672～2782	2021～2430
	3074～3371	3672～3820	3023～3073	3821～3978
	4312～4501	4190～4298	4765～4918	4523～4697

（1）　3723　　（2）　4199　　（3）　3072　　（4）　1819

（5）　2253　　（6）　1576　　（7）　2813　　（8）　4844

（9）　3715　　（10）　1440　　（11）　3323　　（12）　1630

（13）　3769　　（14）　2824　　（15）　3200　　（16）　4835

2　次の文字列を手引きに従って分類し、該当する記号を答えなさい。

＜手引き＞

	A	B	C	D
	せすきと	いちのほ	あひてら	たへぬう
	けりのま	はんとま	のしひか	そこまあ
	しにかの	あてらひ	そこみよ	けのりま
	いのちほ	たえめう	しかのに	はんとむ
	そのりま	せきすい	けりしの	あらしま

（1）　そのりま　（2）　そこみよ　（3）　はんとむ　（4）　たえめう

（5）　あらしま　（6）　いちのほ　（7）　しかのに　（8）　しにかの

（9）　けのりま　（10）　のしひか　（11）　あひてら　（12）　はんとま

（13）　そこまあ　（14）　いのちほ　（15）　せきすい　（16）　けりしの

3 次の語句を手引きに従って分類し、該当する記号を答えなさい。

<手引き>

A	B	C	D	E
調査部	編集部	販売部	広告部	写真部
山本部長	下田部長	島部長	元木部長	山田部長
4 F・中川	2 F・高柳	1 F・小林	3 F・村瀬	B 1・野田
内線3301	内線3211	内線3001	内線3304	内線0330

（1） 島部長	（2） 3 F	（3） 内線3211	（4） 野田
（5） 調査部	（6） 村瀬	（7） 内線3304	（8） 元木部長
（9） 1 F	（10） 山田部長	（11） 販売部	（12） 写真部
（13） 内線3301	（14） 中川	（15） 山本部長	（16） 内線0330
（17） 2 F	（18） 広告部	（19） 高柳	（20） B 1
（21） 下田部長	（22） 内線3001	（23） 4 F	（24） 編集部

4 次の英字を手引きに従って分類し、該当する記号を答えなさい。

<手引き>

	A	B	C	D	E
●	L P C K	L M O R	M P J K	L B J T	L T M K
▲	L K M O	M N K C	M M O P	M K L O	M P J K
■	N M C K	N P K J	N B O K	K T O P	K P L M
★	K P L M	N M L T	K R O P	K L M P	L K M O

（1） ■N P K J	（2） ●L T M K	（3） ★K R O P
（4） ●M P J K	（5） ▲M N K C	（6） ★K P L M
（7） ■N B O K	（8） ▲M K L O	（9） ●L M O R
（10） ★L K M O	（11） ▲M M O P	（12） ■K T O P
（13） ■N M C K	（14） ●L P C K	（15） ★N M L T
（16） ●L B J T	（17） ▲M P J K	（18） ■K P L M
（19） ★K L M P	（20） ▲L K M O	

図形

解答・解説 → 別冊P6〜7

ポイント
①同じ図形を探す、分解したものから元の形を推測する、立体の断面
図を見分けるなどいくつかのパターンがある。
②図の異同を探す場合、回転させて考えるのがポイントとなる。

---

1 次の左の図と同じものを右から選び、記号で答えなさい。

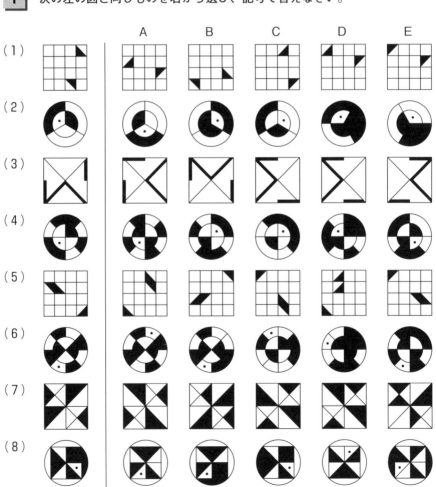

2 次の左の図を並べ替えた図を右から選び、記号で答えなさい。

　　　　　　　　A　　　　B　　　　C　　　　D　　　　E

（1）　　　　

（2）　　　　　　　

（3）

（4）

3 次の左の立体を、太線で示した平面で切断すると、切り口はどのような形になるか。右から選び、記号で答えなさい。

　　　　　　　　A　　　　B　　　　C　　　　D　　　　E

（1）　　　　　

（2）　　

（3）　　

（4）

フローチャート

解答・解説 → 別冊P7

ポイント
①フローチャートは論理の流れを見るために作成される。
②YES、NOの分岐のあるところで判断を正確に行うのがポイント。
③論理的に、順を追って考える訓練を積めば、難しくはない。

1 次の流れ図について、あとの問いに答えなさい。答えはそれぞれ選択肢から選び、記号で答えなさい。

MとNの2人がトランプをした。簡単に終わるゲームなので、3回続けて勝ったほうを勝者とするルールにした。引き分けになった場合は、それまでの勝ち数を0に戻して最初からやり直すこととする。

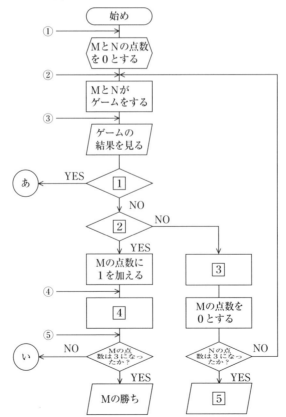

（1）　流れ図中の ① の質問は何か。

- A　Nが勝ったか？
- B　Mが勝ったか？
- C　引き分けか？
- D　Nの点数は増えたか？
- E　Mの点数は増えたか？

（2）　流れ図中の ② の質問は何か。

- A　引き分けか？
- B　Mが勝ったか？
- C　Nが勝ったか？
- D　ゲームは2回目か？
- E　ゲームは1回目か？

（3）　流れ図中の ③ の記述は何か。

- A　Mの点数から1を引く
- B　Mの点数を0とする
- C　Nの点数を0とする
- D　Mの点数に1を加える
- E　Nの点数に1を加える

（4）　流れ図中の ④ の記述は何か。

- A　Mの点数から1を引く
- B　Mの点数を0とする
- C　Nの点数を0とする
- D　Mの点数に1を加える
- E　Nの点数に1を加える

（5）　流れ図中の ⑤ の記述は何か。

- A　終わり
- B　始めに戻る
- C　Nの負け
- D　Nの勝ち
- E　Mの負け

（6）　流れ図中の⑥は、①から⑤のどこへいく指示か。

（7）　流れ図中の⑦は、①から⑤のどこへいく指示か。

論理的思考

解答・解説 → 別冊P7〜8

ポイント

① 示された条件から結論を類推したり、問いに答えたりする。
② 結論を出す形式では、明らかに間違ったものを除いて検討する。
③ 位置や時間経過に関する問題では、図をかいてみるとわかりやすい。

1 次の文章から結論づけることができることはどれか。下から選び、記号で答えなさい。

（1） a、b、c、d、e、f の 6 人が、ゲームをするために円になって座っている。
f の向かいは d、f の右隣は e である。d は a と b の間に座っている。

A　c は e の右隣に座っている　　B　e の向かいには a が座っている
C　f の 1 人おいた右には b が座っている
D　f の左隣には c が座っている
E　c は b と向かい合っている

（2） テニスのトーナメント戦で、大山、田中、木村、鈴木がベスト 4 に残った。
鈴木以外の 3 人は昨年もベスト 4 に残った。最終試合の結果では、田中は
昨年より 2 つ順位が下がった。木村は昨年より 2 つ順位が下がり、今年は
準優勝もできなかった。

A　昨年の優勝者は木村である　　B　今年の優勝者は鈴木である
C　昨年の決勝戦は田中と木村の試合であった
D　今年の決勝戦は鈴木と田中の試合であった
E　鈴木は昨年から順位を 3 つ上げた

（3） 兄の本棚には、文学関係の本が150冊、社会学関係の本が87冊ある。この
うち、専門書に分類されるものは、文学関係のものが25冊、社会学関係の
ものが63冊である。また、兄の本棚には全部で350冊の本がある。

A　兄の専門は社会学である
B　社会学にも文学にも属さない本の冊数は113冊である
C　社会学と文学関係の本を合わせると149冊になる
D　兄は専門書を88冊持っている　　E　兄は専門書を133冊持っている

2 次の文章を読んで、設問の答えを下から選び、記号で答えなさい。

（1） P君は、Q市からサイクリングに出発した。東へ4km進み、南へ曲がって2.5km進んだ。それからまた東に向かい、8km進んだところで北に向かった。そのまま7.8km走ってから、今度は西に曲がって6km走ったところで昼食をとった。P君が昼食をとった場所は、Q市からどちらの方向にどれくらい離れた場所になるか。

　A　東へ4km　　B　北へ7.8km　　C　西へ6km　　D　東へ6km
　E　南へ2.5km

（2） 旅行に行くため、O、P、Q、R、Sの5人が駅で待ち合わせた。集合時刻は10時だったが、5人がそろったのは集合時刻の15分過ぎだった。Oは電車を1本逃して5分遅れた。Pはどうやら間に合った。Pが着いてすぐにSが着いた。Qは30分待った。Rは、「またS君を15分も待たせてしまった」と謝った。Sはいつも定刻に到着する。この5人はどういう順番で駅に着いたか。

　A　P、S、Q、R、O　　　B　Q、P、S、O、R
　C　P、S、O、Q、R　　　D　Q、S、P、R、O
　E　S、P、O、Q、R

（3） ある高校の3年生の進路調査の結果は次のようになった。

大学進学を希望する者	43%
就職を希望する者	25%
専門学校への進学を希望する者	44人
進路が決まっていない者	20人

この高校の3年生は全員で何人か。

　A　150人　　B　180人　　C　100人　　D　200人　　E　250人

（4） 数学のテストの1〜5組全組の平均点は54.6点であった。3組の平均点がいちばん高く、2組の平均点がいちばん低かった。4組、5組は同じ平均点で2組より17点高かった。1組は3組より7点低かったが、1組を除くと平均点は51.25点に下がる。1組と2組の平均点はそれぞれいくつか。

　1組　　A　85点　　B　80点　　C　75点　　D　68点　　E　63点
　2組　　A　30点　　B　32点　　C　37点　　D　43点　　E　49点

言語

解答・解説 → 別冊P8

ポイント

① 言語関係の問題の出題頻度は高い。一般常識問題でもよく見られる。
② 語句の読み、書き、意味をしっかり理解しておく。
③ 問題集も多く出ているので、頻出語句を重点的に覚え込むのも手。

1 次の語句の正しい読みをA、Bから、意味をC〜Eからそれぞれ選び、記号で答えなさい。

(1) 暫時　A　ざんじ
　　　　　B　ぜんじ
　　　　　C　その当時
　　　　　D　当分の間
　　　　　E　少しの間

(2) 進捗　A　しんしょう
　　　　　B　しんちょく
　　　　　C　はかどること
　　　　　D　進歩すること
　　　　　E　交渉すること

(3) 指弾　A　しだん
　　　　　B　しぜん
　　　　　C　楽器を弾くこと
　　　　　D　非難すること
　　　　　E　石つぶて

(4) 遊説　A　ゆうぜつ
　　　　　B　ゆうぜい
　　　　　C　各地で演説する
　　　　　D　うわさ話
　　　　　E　おもしろい話

(5) 横溢　A　おうひつ
　　　　　B　おういつ
　　　　　C　横やりを入れる
　　　　　D　盛んなこと
　　　　　E　不精を決め込むこと

(6) 胸襟　A　きょうきん
　　　　　B　きょうけい
　　　　　C　びくびくするようす
　　　　　D　胸のうち
　　　　　E　飾りえり

(7) 捏造　A　こうぞう
　　　　　B　ねつぞう
　　　　　C　でっちあげること
　　　　　D　頑強なつくり
　　　　　E　粘土製の器

(8) 逡巡　A　しょうじゅん
　　　　　B　しゅんじゅん
　　　　　C　そそのかすこと
　　　　　D　ためらうこと
　　　　　E　見回ること

2 次の語句の意味を右から選び、記号で答えなさい。

（1）哀傷　A　けがをすること
　　　　　B　とても悲しいこと
　　　　　C　傷が痛むこと
　　　　　D　人の死を悼むこと
　　　　　E　大声で泣くこと

（2）恣意　A　意思を示すこと
　　　　　B　思いついたままの考え
　　　　　C　望みどおりになること
　　　　　D　楽しい思いつき
　　　　　E　自分の考えや意見

（3）寡婦　A　独身の女性
　　　　　B　子どものいる女性
　　　　　C　夫と死に別れた女性
　　　　　D　無口な女性
　　　　　E　話せない人

（4）吝嗇　A　非常にけちなこと
　　　　　B　口が悪いこと
　　　　　C　恥をかくこと
　　　　　D　すばらしい資質
　　　　　E　遅咲きのばらの花

（5）高弟　A　すぐ下の弟
　　　　　B　父方のいとこ
　　　　　C　高いはしご
　　　　　D　年上の義理の弟
　　　　　E　すぐれた弟子

（6）行使　A　使いを出すこと
　　　　　B　用事で出かけること
　　　　　C　権力などを実際に使う
　　　　　D　外交官用のかばん
　　　　　E　役所に勤めること

（7）面責　A　責任を追及する
　　　　　B　江戸時代の単位
　　　　　C　面積あたりの収量
　　　　　D　責任を免れること
　　　　　E　面と向かって責める

（8）夭折　A　望みが絶たれること
　　　　　B　若くして死ぬこと
　　　　　C　折れやすいこと
　　　　　D　挫折すること
　　　　　E　溶かして抽出すること

（9）知己　A　自分を知ること
　　　　　B　自己紹介すること
　　　　　C　悟りを開くこと
　　　　　D　親友のこと
　　　　　E　こわいもの知らず

（10）白眉　A　同類の中で、特にすぐ
　　　　　　　れた人やもののこと
　　　　　B　優秀な馬のこと
　　　　　C　非常に高齢の人
　　　　　D　未熟な若者
　　　　　E　中国の五山のひとつ

3 次の語句の同意語または反意語を右から選び、記号で答えなさい。

（1）委細
- A 繊細
- B 詳細
- C 面談
- D 委員
- E 省略

（2）返信
- A 過信
- B 自信
- C 往信
- D 音信
- E 通信

（3）不易
- A 容易
- B 易者
- C 安易
- D 流行
- E 交易

（4）忍耐
- A 我慢
- B 耐性
- C 献身
- D 冷静
- E 自重

（5）安泰
- A 泰然
- B 安打
- C 安住
- D 泰山
- E 静穏

（6）歳月
- A 加齢
- B 歳暮
- C 歳事
- D 星霜
- E 歳出

（7）原因
- A 因果
- B 結果
- C 素因
- D 結論
- E 成果

（8）需要
- A 必要
- B 供給
- C 生産
- D 給付
- E 拡大

（9）破壊
- A 活動
- B 防衛
- C 創造
- D 防止
- E 建設

（10）依存
- A 自我
- B 自立
- C 依頼
- D 存在
- E 意思

（11）友好
- A 友愛
- B 友情
- C 好悪
- D 敵対
- E 好感

（12）弊害
- A 悪人
- B 悪心
- C 弊社
- D 疲弊
- E 害悪

（13）理論
- A 実践
- B 討論
- C 論破
- D 行動
- E 理非

（14）大胆
- A 不敵
- B 臆病
- C 小人
- D 憶測
- E 弱小

（15）対等
- A 服従
- B 平等
- C 互角
- D 互助
- E 上下

第2章

SPI3能力検査

多くの企業で使われている適性検査がSPI3です。このうち、能力検査は、大別して言語能力と非言語能力に分かれています。SPI3の実施方法にはテストセンター、インハウスCBT[*]、WEBテスティング、ペーパーテスティングの4つがあり、いくらか傾向が異なるため、特徴をとらえて対応することが肝心です。

*採用試験を実施する企業のパソコンで受検するもの

言葉の関係

言語能力分野は全体で約40問。これを30分で解く。
※ペーパーテストの場合

解答・解説 → 別冊P9

- ポイント 🏓 -

①示された2つの語句の関係を把握し、同じ関係になる語句を選ぶ。
②用途、包括、原材料、反意語などで考える。
③包括関係は、どちらがどちらを含むか記号をつけるとわかりやすい。

---

1 最初に示された2つの語句の関係と同じ関係になるように、（　　）にあてはまる語句をA～Eの中から1つ選びなさい。

（1）　電話：通話
　　　電卓：（　　）

　　　A　そろばん　　　B　暗算　　　　C　コンピュータ
　　　D　卓上　　　　　E　計算

（2）　塩：調味料
　　　地球：（　　）

　　　A　太陽　　　　　B　惑星　　　　C　衛星
　　　D　恒星　　　　　E　火星

（3）　紙：パルプ
　　　セーター：（　　）

　　　A　衣類　　　　　B　上着　　　　C　カーディガン
　　　D　毛糸　　　　　E　毛織物

（4）　創造：模倣
　　　現実：（　　）

　　　A　自然　　　　　B　人工　　　　C　理想
　　　D　内実　　　　　E　夢想

（5）　バイエル：楽曲
　　　　ラン：（　　）
　　　　A　植物　　　　　　B　熱帯　　　　　　C　温室栽培
　　　　D　花束　　　　　　E　オリヅルラン

（6）　日本酒：米
　　　　パン：（　　）
　　　　A　バター　　　　　B　小麦粉　　　　　C　ワイン
　　　　D　石窯　　　　　　E　パン粉

（7）　サッカー：球技
　　　　浮世絵：（　　）
　　　　A　多色刷り　　　　B　美人画　　　　　C　絵画
　　　　D　彫り師　　　　　E　富嶽百景

（8）　昭和の日：祝日
　　　　日本：（　　）
　　　　A　北海道　　　　　B　アジア　　　　　C　アメリカ
　　　　D　アフリカ　　　　E　日本海

（9）　病院：治療
　　　　たんす：（　　）
　　　　A　家具　　　　　　B　木製　　　　　　C　収納
　　　　D　クローゼット　　E　防虫

（10）　時計：計測
　　　　食卓：（　　）
　　　　A　テーブル　　　　B　団らん　　　　　C　家事
　　　　D　食事　　　　　　E　鍋

言語能力

言葉の関係

(11) 民法：法律
　　　マツ：（　　）
　　　A　広葉樹　　　　B　針葉樹　　　　C　街路樹
　　　D　照葉樹　　　　E　松脂

(12) 陶器：土
　　　ウール：（　　）
　　　A　化繊　　　　　B　ウサギ　　　　C　ラクダ
　　　D　羊毛　　　　　E　混紡

(13) エアコン：空調
　　　はさみ：（　　）
　　　A　裁断　　　　　B　刃物　　　　　C　文房具
　　　D　洋裁　　　　　E　工作

(14) フィルター：ろ過
　　　レンズ：（　　）
　　　A　望遠鏡　　　　B　倒立像　　　　C　焦点距離
　　　D　カメラ　　　　E　拡大・縮小

(15) 内憂：外患
　　　実践：（　　）
　　　A　理論　　　　　B　訓練　　　　　C　架空
　　　D　理解　　　　　E　中止

(16) チーズ：牛乳
　　　豆乳：（　　）
　　　A　牛乳　　　　　B　湯葉　　　　　C　大豆
　　　D　厚揚げ　　　　E　豆腐

2　最初に示された2つの語句の関係を考え、これと同じ関係を表す対の組合せをA〜Fの中から1つ選びなさい。

(1)　ウマ：哺乳類
　　　ア　新聞：刊行物
　　　イ　随筆：文学
　　　ウ　りんご：みかん
　　　A　アのみ　　　B　イのみ　　　C　ウのみ　　　D　アとイ
　　　E　イとウ　　　F　アとウ

(2)　四季：秋
　　　ア　主語：述語
　　　イ　巳：干支
　　　ウ　産業：商業
　　　A　アのみ　　　B　イのみ　　　C　ウのみ　　　D　アとイ
　　　E　イとウ　　　F　アとウ

(3)　書籍：閲覧
　　　ア　ダム：治水
　　　イ　刃物：包丁
　　　ウ　ギター：楽器
　　　A　アのみ　　　B　イのみ　　　C　ウのみ　　　D　アとイ
　　　E　イとウ　　　F　アとウ

(4)　トラック：輸送
　　　ア　手紙：配達
　　　イ　倉庫：保管
　　　ウ　荷物：運搬
　　　A　アのみ　　　B　イのみ　　　C　ウのみ　　　D　アとイ
　　　E　イとウ　　　F　アとウ

言語能力

言葉の関係

（5）　テーブル：家具
　　　ア　ノート：勉強
　　　イ　絵の具：画材
　　　ウ　鉛筆：文房具
　　　A　アのみ　　　B　イのみ　　　C　ウのみ　　　D　アとイ
　　　E　イとウ　　　F　アとウ

（6）　極端：中庸
　　　ア　策謀：計略
　　　イ　雌伏：雄飛
　　　ウ　発祥：起源
　　　A　アのみ　　　B　イのみ　　　C　ウのみ　　　D　アとイ
　　　E　イとウ　　　F　アとウ

（7）　正統：異端
　　　ア　批判：批評
　　　イ　継承：踏襲
　　　ウ　寡聞：博識
　　　A　アのみ　　　B　イのみ　　　C　ウのみ　　　D　アとイ
　　　E　イとウ　　　F　アとウ

（8）　演繹：帰納
　　　ア　忘却：記憶
　　　イ　巨匠：大家
　　　ウ　落胆：失望
　　　A　アのみ　　　B　イのみ　　　C　ウのみ　　　D　アとイ
　　　E　イとウ　　　F　アとウ

（9）　豆腐：大豆
　　　ア　コーンスターチ：でんぷん
　　　イ　寒天：テングサ
　　　ウ　味噌：醤油
　　　A　アのみ　　　B　イのみ　　　C　ウのみ　　　D　アとイ
　　　E　イとウ　　　F　アとウ

(10)　慎重：軽率

　　　ア　鋭敏：鈍感
　　　イ　巧妙：拙劣
　　　ウ　陽気：快活
　　　A　アのみ　　B　イのみ　　C　ウのみ　　D　アとイ
　　　E　イとウ　　F　アとウ

(11)　支配：従属

　　　ア　器量：容貌
　　　イ　内情：内幕
　　　ウ　許可：禁止
　　　A　アのみ　　B　イのみ　　C　ウのみ　　D　アとイ
　　　E　イとウ　　F　アとウ

(12)　まな板：包丁

　　　ア　たんす：引き出し
　　　イ　鉛筆：ボールペン
　　　ウ　硯：墨
　　　A　アのみ　　B　イのみ　　C　ウのみ　　D　アとイ
　　　E　イとウ　　F　アとウ

(13)　存続：廃止

　　　ア　利得：損失
　　　イ　短歌：川柳
　　　ウ　俳句：文学
　　　A　アのみ　　B　イのみ　　C　ウのみ　　D　アとイ
　　　E　イとウ　　F　アとウ

(14)　きのこ：菌類

　　　ア　ミネラル：栄養素
　　　イ　い草：畳
　　　ウ　チーズ：乳製品
　　　A　アのみ　　B　イのみ　　C　ウのみ　　D　アとイ
　　　E　イとウ　　F　アとウ

語句の意味

言語能力分野は全体で約40問。これを30分で解く。
※ペーパーテストの場合

解答・解説 → 別冊P9〜10

ポイント
①語句と意味を結びつける。意味を答える、意味から語句を選ぶなど。
②基本的な熟語や慣用語句は覚えておく。
③わからない場合、漢字の意味から考える方法も使える。

---

1 最初に示した語句に対してもっとも意味が一致する語句をA〜Eの中から1つ選びなさい。

（1）　屈指
　　　A　指を折ること
　　　B　とてもすぐれていること
　　　C　指の力が強いこと
　　　D　指の運動をすること
　　　E　届出に拇印を押すこと

（2）　喚起
　　　A　空気を入れ換えること
　　　B　喜びを表現するさま
　　　C　呼び起こすこと
　　　D　大声でわめくこと
　　　E　最初から始めること

（3）　真摯
　　　A　まじめでひたむきなさま
　　　B　真実を追究する姿勢
　　　C　空手の真剣勝負のこと
　　　D　強い一撃のこと
　　　E　ものごとの本質のこと

（4）　翻然
　　　A　事実がはっきりすること
　　　B　光り輝くさま
　　　C　急に心を改めるさま
　　　D　せわしく落ち着かないこと
　　　E　風が急に強くなること

（5）　披瀝
　　　A　みなに見せること
　　　B　打ち明けること
　　　C　過去を振り返ること
　　　D　暴露されること
　　　E　地位の高い人たちのこと

（6）　糾明
　　　A　罪を問いただし明らかにする
　　　B　非難して責めること
　　　C　真実を追究すること
　　　D　原因を探ること
　　　E　運命がきわまること

（7）　比肩
- A　優劣のないこと
- B　わずかにすぐれていること
- C　比べるものがないこと
- D　両方の肩甲骨のこと
- E　夫婦仲のよいたとえ

（8）　瞠目
- A　その場の注意を集めること
- B　思想を同じにする集団のこと
- C　驚きや感心で目をみはること
- D　目をみはるほど美しいこと
- E　目をつぶって祈ること

（9）　特にめだってすぐれているさま
- A　白色
- B　異色
- C　抜粋
- D　発色
- E　出色

（10）　もつれてまとまらないこと
- A　紛糾
- B　乱雑
- C　紛争
- D　争乱
- E　混乱

（11）　責任等を他になすりつけること
- A　面責
- B　転嫁
- C　債務
- D　転化
- E　任命

（12）　勝手にふるまいけしからぬこと
- A　不逞
- B　不定
- C　不遜
- D　不貞
- E　不法

（13）　他に対し遠慮する
- A　はばかる
- B　はばむ
- C　はにかむ
- D　はぐらかす
- E　はかどる

（14）　遠慮のないさま
- A　気がおけない
- B　気がきかない
- C　気のない
- D　気が引ける
- E　気を許す

（15）　きまりが悪いさま
- A　心もとない
- B　やぶさかでない
- C　おもはゆい
- D　おぼつかない
- E　はにかむ

（16）　思うようにならずに気をもむさま
- A　ものうい
- B　めざましい
- C　かんばしい
- D　はかばかしい
- E　もどかしい

最初に示した語句の下線部分の意味を考え、これともっとも近い意味で使われているものをA～Eの中から1つ選びなさい。

（1） 筆を<u>とる</u>
A 写真をとる
B 資格をとる
C 指揮をとる
D 球をとる
E 多数決をとる

（2） 人の住まない家は<u>いたむ</u>
A 足の傷がいたむ
B 友人の死をいたむ
C 悲しい話に心がいたむ
D 暑さで魚がいたむ
E 故人をいたむ集い

（3） 敵を<u>うつ</u>
A 転んで頭をうつ
B 盗賊をうつ
C 次の手をうつ
D 人の心をうつ
E ライフルをうつ

（4） 解決に<u>つとめる</u>
A 紛争調停につとめる
B 主役をつとめる
C 会社につとめる
D 会議の議長をつとめる
E 仏事をつとめる

（5） 機転が<u>きく</u>
A 宣伝がきく
B ラジオで音楽をきく
C 融通がきく
D 物音をきく
E 駅への道をきく

（6） 転地療養を<u>すすめる</u>
A よい参考書をすすめる
B 会議をすすめる
C 時計の針をすすめる
D 彼を役員にすすめる
E 入会をすすめる

（7） 挨拶に<u>かえる</u>
A 選手をかえる
B 部品をかえる
C 中身を詰めかえる
D 流れをかえる
E 品物を金にかえる

（8） 研究成果を<u>あらわす</u>
A 頭角をあらわす
B 喜びをあらわす
C 名は体をあらわす
D 書物をあらわす
E グラフであらわす

（9） 容積を<u>はかる</u>
　　A　暗殺をはかる
　　B　体温をはかる
　　C　相手の気持ちをはかる
　　D　委員会にはかる
　　E　小麦粉をはかる

（10） 信望が<u>あつい</u>
　　A　あつい病におかされる
　　B　あつい本を借りる
　　C　今年の夏はあつい
　　D　あつい仲のふたり
　　E　あついそばを食べる

（11） 手紙の重要な<u>くだり</u>
　　A　役員の天くだり
　　B　川くだりを楽しむ
　　C　心中のくだりが痛ましい
　　D　くだりの急行に乗る
　　E　三くだり半

（12） 非常<u>口</u>を探す
　　A　就職口を世話する
　　B　入り口の案内をする
　　C　口の重い人
　　D　口火をきる
　　E　思わず口がすべる

（13） <u>腕</u>に覚えあり
　　A　腕相撲のチャンピオン
　　B　腕を組んで考える
　　C　いすに腕をかける
　　D　腕のいい大工
　　E　腕っぷしが強い

（14） 読み<u>さえ</u>もわからない
　　A　子どもにさえできる
　　B　答えさえ聞ければいい
　　C　暇さえあればいく
　　D　雨さえ降り出した
　　E　彼女さえきてくれればいい

（15） 友人<u>と</u>でかける
　　A　出席しないと不利になる
　　B　一日とかからない
　　C　梅と松を飾る
　　D　母と音楽を聞く
　　E　判決は無罪となった

（16） 静か<u>に</u>話す
　　A　会社に戻る
　　B　そこにある本
　　C　ほがらかに笑う
　　D　部長に昇進した
　　E　水面に鳥がいる

（17） <u>うまい</u>字をかく
　　A　うまい話にのる
　　B　この酒はうまい
　　C　うまいぐあいに話をそらす
　　D　うまい料理
　　E　あの人は歌がうまい

（18） お金の<u>ある</u>人
　　A　ある人の行為
　　B　私には子どもがある
　　C　あしたは試験がある
　　D　昔々あるところに
　　E　そこに書いてある

文章の並べ替え

言語能力分野は全体で約40問。これを30分で解く。
※ペーパーテストの場合

解答・解説 ➞ 別冊P10〜11

ポイント
① 文や語句を正しい順に並べ替え、指定箇所に入るものを答える。
② 前後関係に注目する。
③ もっとも意味が通りやすい素直な文章になるように考える。

1 化石は ［　1　］［　2　］［　3　］［　4　］［　5　］手掛かりとなる。
　　［　3　］に入るものはどれか。
　A　地層が堆積した年代や
　B　生物の遺骸が
　C　残されたもので
　D　地中に埋もれて
　E　当時の環境を推定する

2 PM 2.5 は ［　1　］［　2　］［　3　］［　4　］［　5　］リスクが高くなる。
　　［　3　］に入るものはどれか。
　A　長期間吸い込むことにより
　B　微小粒状物質で
　C　健康被害が発生する
　D　ディーゼル車や工場の排煙に含まれる
　E　呼吸器疾患や肺がんなどの

3 小論文は ［　1　］［　2　］［　3　］［　4　］［　5　］完成する。
　　［　3　］に入るものはどれか。
　A　実際に文章を作り
　B　起承転結などの構成を組み立て
　C　間違いや不明な点がないか推敲をして
　D　自分の考えをまとめ
　E　与えられた課題について

4 ア〜カの文を意味が通るように並べ替えた場合、イの次にくる文はどれか。

ア　ただ用いられ方は狭くなってきています。

イ　けれども古くには、自分が恥ずかしくなるほど相手がすぐれている、立派であるという時の、相手に対するほめ言葉としても通用していました。

ウ　現代は羞恥心のうすくなった時代だと仰しゃった人があります。

エ　私達はふつう、この語を、きまりが悪い、劣っていて気後れがするというように、自分のほどに即して用いています。

オ　語意の振幅は確かに狭くなってきていますが、私は、見栄と重なる恥ずかしさではなく、自分のほど、限界を認めるところから生まれる恥ずかしさが生きつづけているのをいいと思います。

カ　それでも、「恥ずかしい」という語は廃れないまま生きているのにはほっとします。　　　　　　　　　　　　　　　（竹西寛子『国語の時間』）

A　ア　　B　ウ　　C　エ　　D　オ　　E　カ
F　イが最後の文章

5 ア〜オの文を意味が通るように並べ替えた場合、4番目にくる文はどれか。

ア　国民の中に潜んでいた海外への憧憬が、このような食事という形で現れたのだろうか。

イ　1人1人が自分の考えで、食のスタイルを選べる時代が到来したという事だ。

ウ　その一方で、玄米や胚芽米など日本古来の主食を見直す動きも出てきている。

エ　それまで多くの家庭で一般的であった米食は、より手軽なパンやパスタに取って代わられた。

オ　戦後、日本が国際化してゆくにあたって、最も大きな影響を受けたものが「食文化」である。

A　ア　　B　イ　　C　ウ　　D　エ　　E　オ

長文読解

ポイント
①要旨理解は、筆者の伝えたいことを中心にとらえる。
②空欄補充は、文脈をとらえながら読み、適語を選ぶ。

1　次の文章を読み、あとの問いに答えなさい。

　人間関係は信頼で成り立っている。家族であれ、企業であれ、国家であれ、人間がつくるどのような組織も構成員の相互の信頼がなければたちどころに崩壊する。相互の信頼関係を失った組織は悲惨である。　ア　、国家の統治者も国民の信頼を失えば、権力だけで国民を統治することはできない。―（中略）―

　信頼とは不可欠に重要なものであり、また、信頼し合っている人間関係は美しいものであるが、動物にはない人間特有の態度である信頼（動物はこの世界のなかで本能にもとづいて行動しているだけであり、ある動物が他の動物を信頼するとか、不信を抱くといったことは考えられない）が人間においてどのようにして成立するかを考えてみると、この態度は決して「美しい人間性」とかにもとづいて自然に芽生えてくるものではなく、幼児期における人間特有のある種の葛藤、人間がおかれたある種の困難な状況から生じてくるものであることがわかる。

　ご存知のように、人間は他の高等哺乳類と比べてきわめて無能無力な状態で生まれてくる。人間はみんないわば早く生まれ過ぎる未熟児である。他方、知能に関しては他の動物より格段に優れており、生まれてしばらくは　イ　で何もわからないが、そのあと急速にめざましく発達する。すなわち、他の動物においては身体の発達と知能の発達とは足並みが揃っており、身体が発達した程度に応じて、その身体を使うに適した程度に知能も発達し、それ以上でもそれ以下でもないが、人間においては両者の発達が跛行（はこう）し、両者のあいだにズレが生じる。知能は事態を理解しているのに、身体は依然として無能無力であって、自分ではこうすればよいとわかっていても、身体がついてゆかない。人間の幼児はわかっていながら自分では何もできず、他者に依存しなければ生きてゆけないのである。その結果、一方では、この屈辱的事態への反発として人間特有の過剰な攻撃性が生じ、他方では、同じく人間特有の、他者への依存心、他者の愛と是認を得たい欲望、他者への信頼が生じる。

　要するに、信頼というものは、他者を信頼しなければどうにもならない幼児期の事態に対処するために人間が発明したものであり、不信と背中合わせになっている。すでにある程度発達している幼児の知能は、今、自分を世話してくれているこの他者（母親）があくまで他者であり、いつ世話をやめるかわかったものではないことを知っている。実際、この他者はしょっちゅう目の前からいなくなり、お乳が欲しいときに吸わせてくれず、おむつが濡れて不快なのになかなか取り換えてくれない。いつ見捨てられるかわからないこの不安から逃亡するために発明されたのが信頼という態度である。人間は、世界を発見したとき、他者を信頼しなければ不安で生きてゆけない状況にいたのである。

　したがって、信頼とは、もともと手前勝手な虫のいいものであって、要するに、他者が自分の都合のいいように動いてくれると思い込むことである。決して他者の人格の理解と尊重にもとづいて　ウ　のために　エ　を信頼するのではなく、　オ　のために信頼するのである。決して客観的に妥当な根拠があって信頼するのではなく、根拠なくやみくもに信頼するのである。（岸田秀『ものぐさ箸やすめ』）

（1）　文中の空欄アにもっとも適する語はどれか。
　　A　もっとも　　B　たとえば　　C　しかしながら
　　D　一方　　　　E　すなわち

（2）　文中の空欄イにもっとも適する語はどれか。
　　A　無我夢中　　B　暗中模索　　C　四面楚歌
　　D　五里霧中　　E　試行錯誤

（3）　文中の空欄ウ～オにもっとも適する語の組合せはどれか。
　　A　ウ＝他者　　　　エ＝自分　　　　オ＝他者
　　B　ウ＝自分　　　　エ＝自分　　　　オ＝他者
　　C　ウ＝自分　　　　エ＝他者　　　　オ＝自分
　　D　ウ＝他者　　　　エ＝他者　　　　オ＝自分
　　E　ウ＝他者　　　　エ＝自分　　　　オ＝自分

（4）　筆者の「信頼」についての考えとしてあてはまらないものはどれか。
　　A　人間性の理解によって成立するものである。
　　B　人間だけが持っている態度である。
　　C　客観的な裏付けがなくても成立するものである。
　　D　自己中心的な動機から生じるものである。
　　E　不信感とは表裏一体になっている。

空欄補充

言語能力分野は全体で約40問。これを30分で解く。
※ペーパーテストの場合

解答・解説 ➡ 別冊P12

ポイント
①空欄に入る語句を選択肢から選ぶ。
②空欄の前後に注目する。
③それぞれの選択肢を空欄に入れ、もっとも意味が通りやすいものを選ぶ。

1 次の文の空欄に入るもっとも適切な語句を、A〜Eの中から1つ選びなさい。

（1）　一社だけ　　　　を許すわけにはいかない

A　いきがけ
B　ぬけがけ
C　さきがけ
D　だしぬけ
E　かけぬけ

（2）　人情の　　　　に触れる

A　事情
B　機敏
C　理屈
D　機微
E　微妙

言語能力

空欄補充

2 次の文章の空欄に入るもっとも適切な表現を、A～Eの中から1つ選びなさい。

人間の振る舞いには思考から起こる行動と、感情から起こる行動がある。行動の前に思考があれば、その理由を論理的に見直すことができるが、感情のみだとそうはいかない。そもそも、□□□□しないからだ。

A　方向性が確定
B　必然性が発生
C　論理性が存在
D　積極性が持続
E　関係性が展開

3 次の文章の空欄に入るもっとも適切な語句の組合せを、A～Eの中から1つ選びなさい。

「泰山は土壌を譲らず」は、「河海は細流を択ばず」と□□□□をなし、どちらも同じ意味を表す。修辞法の一つであり、文の構成やリズムが類似した句を□□□□に並べ、強調効果を与えるもの。度量の広い人は、どんなつまらない意見でも受け入れ、糧とすることをたとえる。

A　対比　：　対照的
B　対句　：　対照的
C　対比　：　反語的
D　対応　：　対称的
E　対句　：　反語的

WEBテスティング

非言語分野と合わせて約35分で解く。出題数は解答状況により変わる。

解答・解説 → 別冊P12

ポイント

①WEBテスティングでのみ出題の「熟語の成り立ち」と「文の完成」。
②熟語は、訓読みしてみて2つの漢字の関係をとらえる。
③文の完成は、つながり具合（順接、逆接、理由など）を表す語に着目する。

---

1 以下の熟語の成り立ち方としてあてはまるものをA～Dの中から1つずつ選びなさい。

（1）　法治
（2）　善悪
（3）　舞踊
（4）　発令
（5）　代替

　　A　似た意味の漢字を重ねる
　　B　前の漢字があとの漢字を修飾する
　　C　動詞のあとに目的語をおく
　　D　A～Cのどれにもあてはまらない

2 以下の熟語の成り立ち方としてあてはまるものをA～Dの中から1つずつ選びなさい。

（1）　利害
（2）　日照
（3）　温浴
（4）　開閉
（5）　発音

　　A　反対の意味の漢字を重ねる
　　B　前の漢字があとの漢字を修飾する
　　C　動詞のあとに目的語をおく
　　D　A～Cのどれにもあてはまらない

3 以下の熟語の成り立ち方としてあてはまるものをA〜Dの中から1つずつ選びなさい。

（1） 呼吸
（2） 変形
（3） 国立
（4） 言語
（5） 入門

   A　似た意味の漢字を重ねる
   B　主語のあとに述語をおく
   C　動詞のあとに目的語をおく
   D　A〜Cのどれにもあてはまらない

4 以下の空欄にA〜Eの中からもっともつながりのよいものを1つずつ選び、各文を完成させなさい。重複して同じ選択肢を使うことはありません。

（1） [　　　　　]、アパレル不況でも子供服市場は盛況だ。
（2） [　　　　　]、親子コーディネートを楽しむ顧客も多い。
（3） [　　　　　]、一か所だけで家族全員用の服を購入することができる。

   A　大人とペアになるような子供服のデザインが好評で
   B　体力のある大手企業が仕掛ける安値攻勢は脅威だが
   C　高級雑貨を手掛ける有名ブランドと共同開発した子供服は
   D　性別問わず、幅広い年齢層の服を扱う店があれば
   E　洋服は子供の成長に合わせて買い替える必要があるから

5 以下の空欄にA〜Eの中からもっともつながりのよいものを1つずつ選び、各文を完成させなさい。重複して同じ選択肢を使うことはありません。

（1） [　　　　　]、理工系大学に興味をもっていても志望を断念する女性が多い。
（2） [　　　　　]、理工系大学は女性に対する地道な紹介活動を行っている。
（3） [　　　　　]、理工系大学に通う女性の割合は増えていくだろう。

   A　周囲に理工系大学をめざす同性がそもそも少ないため
   B　理工系学部卒業後の女性のキャリアプランが社会に十分浸透すれば
   C　IT産業は成長分野であるが慢性的に技術者が不足しており
   D　科学・数学系分野で活躍する女性を増やそうと
   E　理工系分野の研究者としての能力には性差はないから

計算

非言語能力分野は**全体で約
30問。これを40分で解く。**
※ペーパーテストの場合

解答・解説 → 別冊P13〜19

ポイント

①速度や料金、原価、分割払いの金額を求めるものなどがある。
②レベルは中学校程度。難しくはないが復習はしておきたい。
③速度や利益を求める公式は、正確に覚えておく。

1 次の各問いに答えなさい。

（1） 子ども会で、子どもたち全員に同じ数のあめを配ろうと思い、7個ずつ配
ったところ、最後に配った1人には3個しか配ることができなかった。そ
こで、1人につき5個ずつ均等に配ると、今度は82個余った。用意したあ
めは全部で何個か。

A　190個　　　　B　208個　　　　C　297個　　　　D　337個
E　361個　　　　F　397個　　　　G　438個　　　　H　457個

（2） 1枚あたり200円、120円、50円、3円の4種類の紙を購入することにした。
どの紙も、少なくとも2枚以上購入することとする。以下の問いに答えな
さい。

①ちょうど2,000円分になるように購入する場合、購入する枚数がいちば
ん少ないのは何枚か。

A　13枚　　　　B　18枚　　　　C　22枚　　　　D　26枚
E　28枚　　　　F　32枚　　　　G　35枚　　　　H　38枚

②ちょうど2,000円分になるように購入する場合、購入する枚数がいちば
ん多いのは何枚か。

A　236枚　　　　B　298枚　　　　C　316枚　　　　D　360枚
E　426枚　　　　F　470枚　　　　G　546枚　　　　H　580枚

2 次の各問いに答えなさい。

（1） 中学校で、ある先生がグラウンドの整備を 5 日間で行うことになった。初日にグラウンド全体の $\frac{1}{6}$、2 日目に全体の $\frac{1}{10}$ の量の整備を行った。

①残りのスペースを 3 日間で均一に行うためには、1 日に全体のどれだけの量の整備を行わなければならないか。

A　$\frac{2}{15}$　　　　B　$\frac{11}{45}$　　　　C　$\frac{1}{3}$　　　　D　$\frac{13}{45}$

E　$\frac{2}{35}$　　　　F　$\frac{2}{3}$　　　　G　$\frac{11}{15}$　　　　H　$\frac{13}{35}$

②3 日目に残りの $\frac{1}{11}$ にあたるグラウンドの整備が追加された。追加分を含めあと 3 日で終了するためには、1 日あたりの作業を初日の作業の何倍で行わなければならないか。

A　0.85倍　　　B　0.95倍　　　C　1.2倍　　　D　1.5倍

E　1.6倍　　　　F　1.95倍　　　G　2 倍　　　　H　2.4倍

（2） ある人が本を読み始めた。1 日目に全体の $\frac{1}{4}$ を読み、2 日目には残りの $\frac{1}{6}$ を読んだ。

①2 日目の読書を終えたとき、残りのページは、全体のどれだけか。

A　$\frac{1}{6}$　　　　B　$\frac{1}{4}$　　　　C　$\frac{8}{15}$　　　　D　$\frac{3}{4}$

E　$\frac{5}{8}$　　　　F　$\frac{2}{3}$　　　　G　$\frac{7}{8}$　　　　H　$\frac{14}{15}$

②3 日目は 2 日目の残りの $\frac{1}{4}$ より25ページ少なく読み、4 日目は 3 日目の残りの $\frac{3}{5}$ より10ページ多く読んだところ、150ページ残った。この本は全部で何ページか。

A　500ページ　　B　620ページ　　C　800ページ　　D　850ページ

E　920ページ　　F　980ページ　　G　1000ページ

H　A〜Gのいずれでもない

3 次の各問いに答えなさい。

（1） 水族館の入場料はおとな 1 名800円で、15人以上の団体の場合は15人を超えた分については 1 人あたり 2 割引きになる。

①おとな30名の団体の入場料はいくらか。

A　9,600円　　　B　10,200円　　　C　12,000円　　　D　18,000円

E　19,200円　　F　21,600円　　G　23,200円　　H　24,000円

②あるおとなの団体が団体割引で入場したとき、入場料総額が24,800円であったとすると、この団体の人数は何人か。

A　32人　　　　B　35人　　　　　C　40人　　　　　D　42人

E　45人　　　　F　50人　　　　　G　52人　　　　　H　55人

（2） 7 人でホテルでランチを食べた。グループ割引があり、5 人ごとに 1 人分が半額になるという。なお、全員が同じランチを食べ、税、サービス料は考えないものとする。

①支払いの合計が18,200円であったとすると、ランチ 1 食の料金はいくらか。

A　2,000円　　　B　2,200円　　　C　2,400円　　　D　2,600円

E　2,800円　　　F　3,000円　　　G　3,200円　　　H　4,000円

②①と同じランチを 8 人ずつ 2 回に分かれて食べる場合と、16人で食べる場合とでは、料金の総額はいくら異なるか。

A　1,000円　　　B　1,200円　　　C　1,400円　　　D　1,600円

E　1,800円　　　F　2,000円　　　G　2,200円　　　H　3,000円

（3） ある店でA商品の大小を販売しており、通常料金は大が1,200円、小が600円である。10個までは割引はないが11個以上購入すると10個を超えた分は10％割引、21個以上購入すると20個を超えた分は20％割引になる。

①大のみを30,000円で最大限購入する。買えるのは何個でいくら余るか。

A　23個で840円　　　B　25個で 0 円　　　C　26個で240円

D　26個で720円　　　E　27個で480円　　　F　27個で840円

G　28個で720円　　　H　31個で240円

②大小同数を30,000円で最大限購入する。何個ずつ買えていくら余るか。

A　12個ずつで600円　　　B　14個ずつで880円

C　15個ずつで1200円　　　D　16個ずつで1200円

E　16個ずつ120円　　　F　17個ずつで660円

G　18個ずつで480円　　H　20個ずつで1200円

4　次の各問いに答えなさい。

（1）　ブランドバッグをローンで購入した。頭金として代金の$\dfrac{1}{4}$を支払い、残り

を9回の均等払いとした。分割払いの手数料や利子は考えないこととする。

①9回の均等払いの、1回あたりの支払い額は代金のどれだけにあたるか。

A　$\dfrac{5}{12}$　　B　$\dfrac{1}{6}$　　C　$\dfrac{1}{5}$　　D　$\dfrac{2}{5}$　　E　$\dfrac{1}{4}$　　F　$\dfrac{1}{3}$　　G　$\dfrac{1}{12}$

②9回の均等払いのうち、支払い済みの額が代金の半分以上となるのは何

　回目か。

A　2回　　　　　　B　3回　　　　　　C　4回　　　　　　D　5回

E　6回　　　　　　F　7回　　　　　　G　8回　　　　　　H　9回

（2）　海外のツアー旅行に申し込んだ。契約時に前払い金として代金の$\dfrac{3}{11}$以上が

必要で、残りの代金は分割払いが可能との説明があった。前払い金を$\dfrac{3}{11}$と

し、残額は6回分割の均等払いとした。分割払いの手数料や利子は考えな

いこととする。

①6回均等払いの1回の支払い額は、ツアー料金のどれだけにあたるか。

A　$\dfrac{1}{11}$　　　　　B　$\dfrac{1}{6}$　　　　　C　$\dfrac{5}{66}$　　　　　D　$\dfrac{4}{33}$

E　$\dfrac{8}{11}$　　　　　F　$\dfrac{20}{33}$　　　　G　$\dfrac{13}{66}$　　　　H　$\dfrac{4}{11}$

②第4回目の支払いが完了した時点で、支払い済みの額はツアー料金のど

　れだけにあたるか。

A　$\dfrac{1}{2}$　　　　　B　$\dfrac{2}{3}$　　　　　C　$\dfrac{7}{11}$　　　　　D　$\dfrac{15}{33}$

E　$\dfrac{21}{66}$　　　　F　$\dfrac{25}{33}$　　　　G　$\dfrac{25}{66}$　　　　H　$\dfrac{28}{33}$

5 次の各問いに答えなさい。

（1） T、S、Rの3人で旅行の計画を立てた。Tが3人分の切符を購入し、12,600円を支払った。Sはホテルに予約を入れ、予約料15,000円を送金した。

①これまでの費用を同額ずつ負担する場合、T、SはRからいくらずつもらえるか。

A	Tが2,000円、Sが3,000円	B	Tが2,500円、Sが3,500円
C	Tが3,400円、Sが5,800円	D	Tが4,200円、Sが3,800円
E	Tが5,800円、Sが3,400円	F	Tが3,800円、Sが4,200円
G	Tが3,500円、Sが2,500円	H	Tが3,000円、Sが2,000円

②旅行に出かける日に駅前のレストランで食事をし、代金はRが支払った。これまでの切符代、予約料、食事代を同額ずつ負担することにして、精算したところ、RはTに900円、Sに3,300円を支払った。レストランの支払い額はいくらか。

A	7,500円	B	8,000円	C	8,200円	D	8,500円
E	8,700円	F	9,000円	G	9,200円	H	9,500円

（2） X社はY社に150万円、Z社に250万円の負債がある。また、Z社はY社に70万円の負債がある。

①X社が負債の返済に300万円をあてる計画をした。Y、Z両社への負債残額が同額になるようにし、かつ、Z社の希望でZ社への返済分から同社のY社への負債を返済することにすると、X社のY社への支払い額はいくらになるか。

A	100万円	B	120万円	C	150万円	D	170万円
E	200万円	F	210万円	G	250万円	H	300万円

②X、Y、Zの3社が、300万円ずつを負担して、共同で新しい事業を立ち上げることになった。立ち上げにあたり、これまでの3社間の負債を精算した。Z社が新たに負担する額はいくらか。

A	70万円	B	100万円	C	120万円	D	150万円
E	180万円	F	200万円	G	210万円	H	300万円

6 次の各問いに答えなさい。

（1）ある品物に3割の利益を見込んで、1,300円の定価をつけた。

①この品物の原価はいくらか。

A　520円　　　　B　800円　　　　C　850円　　　　D　900円

E　1,000円　　　F　1,100円　　　G　1,150円　　　H　1,200円

②定価の2割引きで売ることにした。品物1つあたりの利益はいくらか。

A　40円　　　　B　50円　　　　　C　60円　　　　　D　70円

E　80円　　　　F　100円　　　　　G　120円　　　　H　150円

（2）原価700円の品物に2割の利益を見込んで定価をつけた。

①この品物の定価はいくらか。

A　800円　　　　B　840円　　　　C　900円　　　　D　950円

E　1,000円　　　F　1,100円　　　G　1,200円　　　H　1,300円

②すべて売り切って3,500円の利益となった。仕入れた数はいくつか。

A　15個　　　　B　20個　　　　　C　23個　　　　　D　25個

E　27個　　　　F　30個　　　　　G　32個　　　　　H　35個

（3）ある品物を定価の3割引きで売って、原価の2割を利益としたい。

①原価が840円のとき、この品物の定価はいくらか。

A　1,800円　　　B　1,760円　　　C　1,680円　　　D　1,580円

E　1,440円　　　F　1,360円　　　G　1,290円　　　H　1,200円

②同じ品物を定価の4割引きで15個売った場合、利益はいくらか。

A　2,520円　　B　2,400円　　　C　1,820円　　　D　1,580円

E　580円　　　F　360円　　　　G　150円　　　　H　利益はない

（4）ある品物を1,000個仕入れ、20%の利益を見込んで定価をつける。これまでの傾向から、品物の10%は売れ残ると予想し、残りをすべて売り切った。

①この時点で120,000円の利益を得るには、仕入れ値をいくらにすればよいか。

A　1,000円　　　B　1,050円　　　C　1,120円　　　D　1,200円

E　1,350円　　　F　1,400円　　　G　1,430円　　　H　1,500円

②上記①の条件で品物を仕入れ、定価をつけた場合、少なくとも利益を出すには仕入れ個数の何%以上売ればよいか。

A	77.8%	B	79.2%	C	80.7%	D	82.6%
E	83.4%	F	85.1%	G	86.9%	H	92.7%

（5） 商品P、Qを仕入れて売った。

①Pに仕入れ値の20％の利益を見込んで定価をつけたが、売れないので、
2割引きで販売したら、120円の損が出た。仕入れ値はいくらか。

A	2,880円	B	2,920円	C	3,000円	D	3,060円
E	3,120円	F	3,240円	G	3,300円	H	3,360円

②原価1,200円のQを定価の15％引きで販売したら、228円の利益が出た。
当初、原価の何割の利益を見込んだか。

A	1割	B	1割6分	C	2割	D	2割3分
E	3割	F	3割4分	G	4割	H	4割5分

7 次の各問いに答えなさい。

（1） Sは分速70mで、Tは分速80mで歩く。

①ある地点から同時に反対方向に向かって歩き出したとき、15分後、2人
はどれくらい離れるか。

A	150m	B	300m	C	400m	D	500m
E	1,250m	F	2,250m	G	2,500m	H	2,750m

②ある地点から同時に同じ方向に向かって歩き出したとき、15分後、2人
はどれくらい離れるか。

A	150m	B	300m	C	400m	D	500m
E	1,250m	F	2,250m	G	2,500m	H	2,750m

（2） 兄が自転車で家を出た2時間後に、父があとを追ってオートバイで出かけ
た。自転車の速度は12km/時、オートバイの速度は42km/時である。

①父が兄に追いつくのは、父が家を出てから何分後か。

A	24分後	B	30分後	C	48分後	D	60分後
E	72分後	F	90分後	G	120分後	H	136分後

②兄が家を出て1時間10分後に父と会うためには、父はいつ家を出ればよ
いか。

A	兄が出た10分後	B	兄が出た15分後	C	兄が出た20分後
D	兄が出た30分後	E	兄が出た40分後	F	兄が出た45分後

G　兄が出た50分後　　　H　兄が出た1時間後

（3）　次の表は、ある私鉄のP〜S駅間の時刻表の一部である。PQ間は7km、
　　　QR間は4.2km、RS間は6.3kmである。

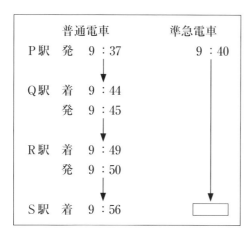

①QR間の普通電車の平均速度はいくらか。

A　32km/時　　　　B　40km/時　　　　C　45km/時　　　　D　48km/時
E　52km/時　　　　F　60km/時　　　　G　63km/時　　　　H　70km/時

②準急電車がP駅を9時40分に発車し、普通電車のPQ間の平均時速より
　15km速い平均時速で走ったとする。普通電車のS駅到着時刻と準急電
　車のS駅到着時刻の差はどれくらいか。

A　1分　　　　　　B　2分　　　　　　C　3分　　　　　　D　4分
E　5分　　　　　　F　6分　　　　　　G　差はない

H　A〜Gのいずれでもない

③P駅から終点のT駅までは、準急電車で72分かかる。準急電車の平均時
　速を②と同じとすると、ST間の距離はいくらか。なお、S駅以外の停
　車駅はないものとし、停車時間は考えなくてよい。

A　90km　　　　　B　82.5km　　　　C　77.8km　　　　D　75km
E　72.5km　　　　F　70km　　　　　G　68.3km　　　　H　65km

8 次の各問いに答えなさい。

（１） ある高校の今年の入学者数は、昨年に比べて女子が15％増え、男子が３％
減った。入学者数の合計は309人で、昨年より９人増加している。
①昨年の男子の入学者数はいくらか。

A　100人　　　　B　115人　　　　C　130人　　　　D　145人
E　152人　　　　F　170人　　　　G　200人　　　　H　214人

②今年の女子の入学者数はいくらか。

A　100人　　　　B　115人　　　　C　130人　　　　D　145人
E　152人　　　　F　170人　　　　G　200人　　　　H　214人

（２） 予算内で、ふつうのコップは40個ちょうど、業務用のものなら50個ちょう
ど買える。これを同じ数ずつ購入したい。
①予算内でいくつずつ買えるか。

A　18個　　　　　B　20個　　　　　C　21個　　　　　D　22個
E　24個　　　　　F　25個　　　　　G　28個　　　　　H　30個

②おつりが60円であった。予算はいくらか。

A　2,640円　　　B　2,700円　　　C　3,300円　　　D　3,360円
E　5,340円　　　F　6,000円　　　G　6,600円　　　H　6,660円

9 次の各問いに答えなさい。

（１） ある団地で職業についてのアンケートをとり、以下の結果を得た。
回答によれば、会社員とそれ以外の職業の比率は７：３であり、会社員の
中での男女比率は３：２である。
①男性で会社員と回答した数が63人のとき、アンケートの回答数は全部で
いくつか。

A　100部　　　　B　115部　　　　C　120部　　　　D　135部
E　150部　　　　F　175部　　　　G　200部　　　　H　250部

②女性における会社員とそれ以外の割合は２：１だった。会社員以外にお
ける男女比率は何対何か。

A　男２：女１　　B　男３：女２　　C　男８：女７　　D　男１：女２
E　男２：女３　　F　男７：女８　　G　男５：女３　　H　男３：女５

（2）　90円のチョコレートと120円のチョコレートを買い、1,700円以下でおさまるようにしたい。

　　①合わせて15個を買って、120円のチョコレートをできるだけ多くするには、90円のチョコレートを何個にすればよいか。

| A | 1 個 | B | 2 個 | C | 3 個 | D | 4 個 |
| E | 5 個 | F | 6 個 | G | 7 個 | H | 8 個 |

　　②プレゼント用に箱に詰めてもらうと、箱代として100円かかる。同じ予算内で120円のチョコレートだけを箱詰めしてもらうとすると、チョコレートは何個買えるか。

| A | 15個 | B | 14個 | C | 13個 | D | 12個 |
| E | 11個 | F | 10個 | G | 9 個 | H | 8 個 |

（3）　濃度15%の食塩水300 g がある。

　　①この食塩水の半分に水を加え、濃度を10%より薄くしたい。加える水の量は少なくとも何 g より多くすればよいか。

| A | 30 g | B | 45 g | C | 55 g | D | 60 g |
| E | 65 g | F | 70 g | G | 75 g | H | 80 g |

　　②残りの半分に食塩を加え、濃度を18%より濃くしたい。加える食塩の量は何 g より多くすればよいか。もっとも近い数値を選びなさい。

| A | 2 g | B | 2.5 g | C | 3 g | D | 3.5 g |
| E | 4 g | F | 4.5 g | G | 5 g | H | 5.5 g |

10　ある銘柄のワインについてアンケートをとった。アンケートに回答したのは**男性600人、女性が750人**である。

（1）　このワインを知っているかの質問に対して、知っていると答えたのは、男性が47%、女性が32%だった。男女全体では約何%か。

| A | 28.6% | B | 32.7% | C | 38.7% | D | 39.5% |
| E | 41.6% | F | 42.4% | G | 43.1% | H | 44.4% |

（2）　このワインを飲んだことがあるかの質問に対して、飲んだことがあると答えたのは、全体で26%、女性は22%だった。男性は何%か。

| A | 18.6% | B | 22.3% | C | 29% | D | 31% |
| E | 34.7% | F | 35.6% | G | 37% | H | 39% |

11 あるスポーツジムはP市とQ市に2つのジムを経営している。それぞれのジムの1週間における会員の利用回数を調査した。

P市　延べ利用回数880回

Q市　延べ利用回数900回

（1） P市の会員の8％は週3回、60％は週2回、その他の会員は週1回の利用であった。P市の会員数は何人か。

A　400人　　　　B　460人　　　　C　500人　　　　D　580人

E　600人　　　　F　620人　　　　G　700人　　　　H　760人

（2） Q市の会員の40％は週2回、45％は週1回の利用であった。その他の会員は0回だった。Q市における利用回数が0回の会員は何人か。

A　52人　　　　B　60人　　　　C　78人　　　　D　80人

E　98人　　　　F　108人　　　　G　120人　　　　H　134人

12 $5 ： X = X ： M$、$X > 0$ となる X がある。

（1） $M = 6$ とすると X はいくつか。

A　$\dfrac{2}{3}$　　　B　$\dfrac{6}{5}$　　　C　4　　　D　15

E　A〜Dのいずれでもない

（2） $M = 20$ とすると X はいくつか。

A　$\dfrac{2}{5}$　　　B　4　　　C　5　　　D　10

E　A〜Dのいずれでもない

13 次の文章を読んで、問いに答えなさい。

紙の原料になるパルプ材（原木とチップ）の日本の消費量の推移を見ると、1980年には、32,737（千m³）、2000年には、37,601（千m³）であったが、2010年には35,276（千m³）となっている。近年減少に転じているのは、IT技術の進展が、紙媒体を使わない社会を作っているからだと考えられる。なお、パルプ材の消費量のうち、原木の消費量は、1980年には2,251（千m³）、2000年には931（千m³）、2010年には499（千m³）となっている。これは原木をチップに加工してから輸入するなど、輸送効率が図られていることが大きな理由だといえる。今後は生活においても、ビジネスにおいても、むだな紙の消費をできるだけ抑制したいものである。

（1）次のア〜エのうち、文章の内容と合致するものはどれか。
　　ア　原木の消費量は、1980年に比べて2010年の数値は約22％減少している。
　　イ　原木の消費量がもっとも多かったのは1980年で、2000年と比較するとおよそ2.4倍である。
　　ウ　原木の消費量がもっとも少なかったのは2010年で、2000年と比較すると約54％減少している。
　　エ　原木の消費量は、1980年から2000年の減少率より2000年から2010年の減少率のほうが大きい。
　　A　アだけ　　B　イだけ　　C　ウだけ　　D　エだけ
　　E　アとイ　　F　イとウ　　G　アとエ　　H　イとエ

（2）次のア〜エのうち、文章の内容と合致するものはどれか。
　　ア　原木の消費量がパルプ材の消費量に占める割合がもっとも高いのは2010年で、およそ1.86％にのぼる。
　　イ　原木の消費量がパルプ材の消費量に占める割合がもっとも高いのは2000年で、およそ3.14％にのぼる。
　　ウ　原木の消費量がパルプ材の消費量に占める割合がもっとも高いのは1980年で、およそ3.68％にのぼる。
　　エ　原木の消費量がパルプ材の消費量に占める割合がもっとも高いのは1980年で、およそ6.88％にのぼる。
　　A　アだけ　　B　イだけ　　C　ウだけ　　D　エだけ
　　E　アとイ　　F　アとウ　　G　イとエ　　H　ウとエ

非言語能力

計算

グラフ・領域

非言語能力分野は全体で約30問。これを40分で解く。
※ペーパーテストの場合

解答・解説 ⟶ 別冊P19〜20

ポイント
①難問は少ないが、中学校程度の基礎知識は必要。
②グラフの領域を問うものはペーパーテストのSPIで出題例が多い。不等号の向きと領域をまとめておく。

1 右の図を見て、各問いに答えなさい。

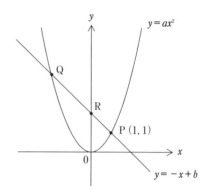

(1)　a の値はいくらか。

A　0　　B　$\dfrac{1}{3}$　　C　2　　D　$\dfrac{1}{2}$　　E　−1　　F　$-\dfrac{1}{2}$

G　−2　　H　1

(2)　点Rの座標が（0，2）のとき、b の値はいくらか。

A　0　　B　$\dfrac{1}{3}$　　C　2　　D　$\dfrac{1}{2}$　　E　−1　　F　$-\dfrac{1}{2}$

G　−2　　H　1

(3)　点Qの座標が（−2，4）のとき、

$$\begin{cases} y = ax^2 \\ y = -x + b \end{cases}$$ の解の値はいくらか。

A　−2，1　　　B　4，1　　　　C　0，2　　　D　1，2
E　2，1　　　　F　−2，−1　　G　2，−1　　H　1，4

2 右のグラフは

① $y = x + 1$

② $y = -x + 2$

③ $y = 0$

の 3 つの式によって表される。
①〜③の式の等号を不等号に
変え、図のグレーの部分の領
域を表す（境界線は含まな
い）とき、左開きの不等号
（＞）に変えるのはどの式か。

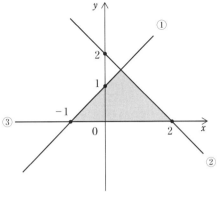

A　①のみ　　　B　②のみ　　　C　③のみ　　　D　①と②　　　E　②と③

F　①と③　　　G　①と②と③　　　H　どれでもない

3 ある製品の製造にあたり、重量とコス
トの両面から部品A（1個100円）、B
（1個75円）の数について、次のよう
に定めた。

条件ア　Aは10個以上にすること

条件イ　Aは20個以下にすること

条件ウ　Bは14個以上にすること

条件エ　Bは30個以下にすること

条件オ　AはBより4個以上少なくすること

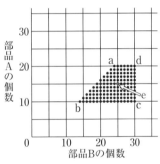

（1）　点aと点dで作る直線は、上記条件のどれを示すか。

A　ア　　　B　イ　　　C　ウ　　　D　エ　　　E　オ

（2）　点eにかかるコストはいくらか。

A　2,750円　　　B　2,970円　　　C　3,255円

D　3,375円　　　E　3,970円　　　F　4,550円

（3）　各部品の重さが以下のとき、点a、点b、点c、点d、のうち点eより軽
くなるのはどれか。

部品A　20 g　　　部品B　10 g

A　点a　　　　　B　点b　　　　　C　点c

D　点d　　　　　E　点aと点b　　　F　点bと点c

資料の読み取り

非言語能力分野は**全体で約30問。これを40分で解く。**
※ペーパーテストの場合

解答・解説 → 別冊P20～23

ポイント
① 1つあるいは2つの表を見ながら問いに答える形式。
② その表が何を表しているのか、表の意味を正確に把握する。
③ 数値を計算した場合、結果は必ずメモしておくこと。

1 次の表は、P、Q、R、Sの4県の年齢別人口構成比と各県の人口を表したものである。次の各問いに答えなさい。

	年少人口 （0～14歳）	生産年齢人口 （15～64歳）	老年人口 （65歳以上）	人口
P県		60.4%		1,134千人
Q県	14.2%	64.5%	21.3%	
R県	15.3%	66.1%		1,389千人
S県	18.3%	65.2%	16.5%	1,368千人

（1）　R県の老年人口の割合はどれだけか。

A　12.6%　　　　B　13.5%　　　　C　15.7%　　　　D　16.3%
E　18.6%　　　　F　19.2%　　　　G　20.0%　　　　H　21.5%

（2）　P県の年少人口が占める割合は、S県の年少人口が占める割合に比べ3分の2となる。P県の老年人口の割合はどれだけか。

A　22.4%　　　　B　23.4%　　　　C　25.0%　　　　D　27.4%
E　28.6%　　　　F　29.7%　　　　G　33.6%　　　　H　34.1%

（3）　Q県の生産年齢人口はおよそ1,304千人である。Q県の人口はどれくらいか。

A　4,601千人　　B　3,321千人　　C　3,021千人　　D　2,521千人
E　2,389千人　　F　2,100千人　　G　2,021千人　　H　1,892千人

（4）　年少人口が多い上位2県の組合せとして正しいものはどれか。

A　Q県とR県　　　B　Q県とS県　　　C　R県とS県
D　P県とQ県　　　E　P県とR県　　　F　P県とS県

2　ある塾が希望者を対象に、漢字検定と英語検定の受検用模擬試験を実施した。次の表は、検定級数別に合格に必要な点数と、その点数に該当する生徒の数を表したものである。次の各問いに答えなさい。

英語検定＼漢字検定	準 1 級 (100〜96点)	2 級 (95〜86点)	準 2 級 (85〜80点)	3 級 (79〜70点)	4 級 (69〜60点)	5 級 (59点以下)
準 1 級 (100〜96点)	1	2				
2 級 (95〜86点)	2				2	
準 2 級 (85〜80点)			4	6	8	1
3 級 (79〜70点)		7		4		
4 級 (69〜60点)			3			
5 級 (59点以下)					1	

（1）　漢字検定の模擬試験での該当級数が英語検定の模擬試験での該当級数よりよかった生徒は何人か。

A　19人　　　　B　18人　　　　C　16人　　　　D　15人
E　13人　　　　F　11人　　　　G　10人　　　　H　9人

（2）　どちらの該当級数も同じだった生徒は何人か。

A　19人　　　　B　18人　　　　C　16人　　　　D　15人
E　13人　　　　F　11人　　　　G　10人　　　　H　9人

（3）　英語検定の模擬試験で 3 級以下の成績の生徒の、漢字検定の模擬試験の平均点として考えられるものはどれか。

ア　88.9点　　イ　86.8点　　ウ　80.3点　　エ　78.9点　　オ　75.6点
A　アのみ　　　B　イのみ　　　C　ウのみ　　　D　エのみ
E　オのみ　　　F　アとイ　　　G　イとエ　　　H　イとウとエ

3 次の表は、P、Q、R、S、Tの5市の公園面積の年次推移を示したものである。表1はそれぞれの都市の公園面積の実数の推移を、表2はそれぞれの都市の面積を100とした場合の公園面積の都市面積に占める割合の推移を表している。次の各問いに答えなさい。

表1　各都市の公園面積の年次推移

	都市面積 (km²)	公園面積（km²）		
		2000年	2010年	2020年
P市	616.7	25.3		
Q市	1,121.1	44.8	79.6	96.4
R市	783.5		47.0	72.8
S市		24.8		
T市			13.3	21.5

表2　各都市の公園面積の都市面積に占める割合の年次推移

	都市面積	公園面積		
		2000年	2010年	2020年
P市	100%		6.0%	9.1%
Q市	100%			
R市	100%	5.7%		
S市	100%	4.0%		8.5%
T市	100%	3.5%		9.7%

（1）　2020年のP市の公園面積はおよそどれくらいか。

A　7.8km²　　　B　19.9km²　　　C　33.4km²　　　D　37.0km²

E　41.4km²　　　F　44.7km²　　　G　51.3km²　　　H　56.1km²

（2）　2010年のR市の公園面積割合はおよそどれくらいか。

A　4.0%　　　B　4.1%　　　C　5.1%　　　D　6.0%

E　7.1%　　　F　8.6%　　　G　9.1%　　　H　9.3%

（3）　T市の都市面積はおよそどれくらいか。

A　222km²　　　B　336km²　　　C　487km²　　　D　504km²

E　617km²　　　F　754km²　　　G　937km²　　　H　1,201km²

4 次の表は、P、Q、R、Sの4国の農産物の輸出量の割合を示したものである。表1は各国の農産物別の輸出量の割合を、表2は4国の農産物輸出量全体に占める各国の農産物輸出量の割合を表している。次の各問いに答えなさい。

表1　各国の農産物別輸出量割合

	P国	Q国	R国	S国	4国計
米		20%	10%	40%	29%
大豆	20%		40%	10%	21%
イモ類	10%	30%	20%	20%	19.5%
果物	30%	10%	10%	－	11%
その他	10%		20%	30%	19.5%
計	100%	100%	100%	100%	100%

表2　4国の農産物輸出量全体に占める各国の割合

P国	Q国	R国	S国	4国計
25%	20%		40%	100%

（1）　P国の米の輸出量が4国計の農産物輸出量全体に占める割合はどれくらいか。

A　1.5%　　　　B　2.5%　　　　C　3%　　　　D　4%
E　5%　　　　F　6%　　　　G　7.5%　　　　H　12%

（2）　R国のその他の輸出量が4国計の農産物輸出量全体に占める割合はどれくらいか。

A　1.5%　　　　B　2.5%　　　　C　3%　　　　D　4%
E　5%　　　　F　6%　　　　G　7.5%　　　　H　12%

（3）　Q国の大豆の輸出量がQ国の農産物輸出量に占める割合はどれくらいか。

A　10%　　B　15%　　C　20%　　D　25%
E　30%　　F　35%　　G　40%　　H　A～Gのいずれでもない

（4）　S国のその他の輸出量の3分の1が果物であることが判明した。4国計の農産物輸出量のうち果物の占める割合はいくらになるか。

A　11.5%　　B　12%　　C　14%　　D　15%
E　16.5%　　F　17%　　G　18%　　H　A～Gのいずれでもない

5 ある24時間営業のスーパーのパートの時給は、昼間、夜間、深夜で異なり、夜間は昼間の2割増し、深夜は4割増しで計算される。また、休日（土日）の昼間は平日の昼間の2割増しで、休日の夜間、深夜は、それぞれ休日の昼間の2割増し、4割増しである。時間帯の区分は次のとおり。

深夜	昼間	夜間	深夜

7：00　　　　　　　　17：00　　　　　　　24：00

（1）次のア、イ、ウのうち、正しいのはどれか。
　　ア　平日夜間に5時間働く料金と休日昼間に5時間働く料金は等しい
　　イ　休日深夜に5時間働く料金と平日夜間に7時間働く料金は等しい
　　ウ　平日深夜に7時間働く料金と休日昼間に8時間働く料金は等しい
　　A　アのみ　　　B　イのみ　　　C　ウのみ　　　　D　アとイ
　　E　アとウ　　　F　イとウ　　　G　すべて正しい　　H　すべて誤り

（2）次のア、イ、ウのうち、誤りはどれか。
　　ア　平日昼間に7時間働く料金は休日夜間に5時間働く料金より多い
　　イ　休日深夜に3時間働く料金は平日夜間に4時間働く料金より多い
　　ウ　平日深夜に8時間働く料金は休日夜間に7時間働く料金より多い
　　A　アのみ　　　B　イのみ　　　C　ウのみ　　　　D　アとイ
　　E　アとウ　　　F　イとウ　　　G　すべて正しい　　H　すべて誤り

6 次の表は、各地域の1人あたりの旅行代金（子どもは半額）を示したもので、下段は燃料サーチャージの1人あたりの金額（子どもも同額）である。

出発日	X社	Y社	Z社
平日 （休日前）	地域①52,000円 （65,000円） 地域②64,000円 （89,000円） 地域③102,000円 （126,000円）	地域①53,000円 （72,000円） 地域②70,000円 （91,000円） 地域③106,000円 （132,000円） ※早割は10%引き	地域①51,000円 （68,000円） 地域②66,800円 （89,800円） 地域③103,500円 （127,800円）
燃料サーチャージ	地域①1,500円 地域②2,000円 地域③3,500円	旅行代金込み	会員特典 一律1,800円

（1）　X社で、おとな 2 人、子ども 3 人が、地域②に休日前出発で旅行すると、
　　　いくらになるか。
　　　A　242,000円　　　B　269,000円　　　C　271,500円
　　　D　281,500円　　　E　321,500円　　　F　355,500円
　　　G　359,500円　　　H　371,500円

（2）　おとな 2 人、子ども 2 人が、地域③に平日出発で旅行する場合、X社とZ
　　　社のどちらがいくら安いか。なお全員がZ社の会員である。
　　　A　X社が300円安い　　　　　　　B　Z社が300円安い
　　　C　X社が1,300円安い　　　　　　D　Z社が1,300円安い
　　　E　X社が2,300円安い　　　　　　F　Z社が2,300円安い

（3）　Y社で、（イ）おとな 2 人、子ども 3 人、地域③、平日出発、早割ありと、
　　　（ロ）おとな 2 人、子ども 4 人、地域②、休日前出発、早割なしでは、ど
　　　ちらがいくら安いか。
　　　A　イのほうが11,200円安い　　　B　ロのほうが11,200円安い
　　　C　イのほうが30,100円安い　　　D　ロのほうが30,100円安い
　　　E　イのほうが60,900円安い　　　F　ロのほうが60,900円安い

（4）　おとな 2 人、子ども 2 人が、200,000円以内の予算で行けるのは、次のア
　　　〜カのうちどれか。
　　　ア　X社・Y社（早割あり）・Z社（会員）　地域①　平日出発
　　　イ　X社　地域①　休日前出発
　　　ウ　Y社　地域①　休日前出発　早割あり
　　　エ　Z社　地域①　休日前出発　会員
　　　オ　X社　地域②　平日出発
　　　カ　Y社　地域②　平日出発　早割なし
　　　A　アのみ　　　B　アとイ　　　C　アとウ　　　D　アとエ
　　　E　アとオ　　　F　アとイとウ　　G　アとイとオ　　H　アとウとオ
　　　I　アとウとカ

集合・順列・組合せ・確率

非言語能力分野は**全体で約30問**。これを**40分**で解く。
※ペーパーテストの場合

解答・解説 → 別冊P23〜28

ポイント
①集合の問題は図をかいて考える。
②順列・組合せの問題はどちらの場合かを見きわめ、公式を利用する。
③確率の問題では分数計算を間違わないように。

---

1 子ども105人に、日頃しているスポーツを尋ね、以下の結果を得た。次の各問いに答えなさい。

	している	していない
サッカー	45人	60人
野球	38人	67人
バスケットボール	61人	44人

（1）　野球もサッカーもしている子どもが5人いた。野球もサッカーもしていない子どもは何人か。

A　22人　　　　B　25人　　　　C　27人　　　　D　37人
E　38人　　　　F　45人　　　　G　83人　　　　H　1人もいない

（2）　サッカーをしていない子どもの半数が、バスケットボールもしていないと答えた。サッカーもバスケットボールもしている子どもは何人か。

A　15人　　　　B　23人　　　　C　27人　　　　D　31人
E　35人　　　　F　41人　　　　G　43人　　　　H　48人

2 ある高校で、3年生180人に対して進路調査を行ったところ、以下の結果を得た。次の各問いに答えなさい。

・進路を誰にも相談せず自分だけで決めた生徒は44人いた。

・進路を誰にも相談せず自分だけで決めた4年制大学志望者は38人いた。

・進路を誰かに相談して決めた生徒のうち、4年制大学以外を志望する男子は23人いた。

・進路を誰かに相談して決めた生徒のうち、4年制大学以外を志望する女子は48人いた。

（1）　4年制大学志望者は何人か。

| A | 109人 | B | 103人 | C | 95人 | D | 86人 |
| E | 82人 | F | 76人 | G | 44人 | H | 38人 |

（2）　女子のうち、進路を自分だけで決めた生徒が14人、4年制大学志望者が50人いるとすると、女子の数は何人か。

| A | 130人 | B | 107人 | C | 103人 | D | 98人 |
| E | 84人 | F | 78人 | G | 62人 | H | 不明 |

3 会社員50人にこれからやってみたいことを尋ねたところ、以下の結果を得た。次の各問いに答えなさい。

・語学と答えた人が24人、マラソンに挑戦と答えた人が16人、陶芸など創作活動と答えた人が17人いた。

・語学もマラソンもという人が7人、語学も創作もという人も7人、また、マラソンと創作という人が6人いた。

（1）　3つのうち、どれか1つあるいは2つをやってみたいと答えた人は何人か。

| A | 50人 | B | 47人 | C | 41人 | D | 40人 |
| E | 37人 | F | 33人 | G | 20人 | H | 不明 |

（2）　これといって何もない、あるいはその他のことと答えた人が9人いた。語学、マラソン、創作活動のすべてをしてみたいと答えた人は何人か。

| A | 1人 | B | 2人 | C | 3人 | D | 4人 |
| E | 5人 | F | 6人 | G | 7人 | H | 1人もいない |

4 15～24歳の若者500人に対してスポーツ、ゲーム、ビデオ・DVD等映像鑑賞の3つについて、好き嫌いを尋ねたところ、表のような数値となった。なお、3つとも好きと答えた人は22人いた。次の各問いに答えなさい。

	好き	嫌い
スポーツ	125人	375人
ゲーム	226人	274人
映像鑑賞	311人	189人

（1） ゲームも映像鑑賞も好きと答えた人は102人いた。両方とも嫌いな人は何人か。

A　463人　　　　B　56人　　　　C　37人　　　　D　398人
E　375人　　　　F　65人　　　　G　125人　　　　H　不明

（2） スポーツもゲームも好きと答えた人は32人いた。両方とも嫌いな人は何人か。

A　160人　　　　B　338人　　　　C　40人　　　　D　30人
E　18人　　　　　F　241人　　　　G　181人　　　　H　不明

（3） スポーツ好きの人の4割が映像鑑賞も好きと答えた。好きなものが3つのうちどれか1つだけという人は何人か。

A　360人　　　　B　53人　　　　C　28人　　　　D　44人
E　162人　　　　F　125人　　　　G　189人　　　　H　不明

5 1、2、3、4、5の5つの数字を書いたカードが1枚ずつある。このカードを並べて3桁の整数を作るとき、次の各問いに答えなさい。

（1） 作った整数のうち、偶数となるものはいくつあるか。

A　6　　　　　　B　60　　　　　C　12　　　　　D　24
E　2　　　　　　F　18　　　　　G　20　　　　　H　32

（2） 作った整数のうち、6の倍数となるものはいくつあるか。

A　2　　　　　　B　4　　　　　　C　8　　　　　D　12
E　15　　　　　F　18　　　　　G　24　　　　　H　26

6 男子4人、女子3人の計7人が一列に並ぶとき、次の各問いに答えなさい。

（1） 女子がまとまる並び方は何通りあるか。

A　60通り　　　　B　120通り　　　C　180通り　　　D　240通り
E　480通り　　　 F　720通り　　　 G　1440通り　　　H　2880通り

（2） 女子が隣り合わない並び方は何通りあるか。

A　60通り　　　　B　120通り　　　C　180通り　　　D　240通り
E　480通り　　　 F　720通り　　　 G　1440通り　　　H　2880通り

7 ある学校で選択科目を選ぶことになった。A群は4科目、B群は5科目あり、その中から5科目を選択して受講する。次の各問いに答えなさい。

（1） A群から2科目、B群から3科目を受講する選び方は何通りあるか。

A　16通り　　　B　32通り　　　C　48通り　　　D　60通り
E　76通り　　　F　84通り　　　G　120通り　　　H　160通り

（2） 少なくともA群から2科目以上を選ぶ選び方は何通りあるか。

A　37通り　　　B　48通り　　　C　92通り　　　D　105通り
E　121通り　　　F　150通り　　　G　172通り　　　H　212通り

8 右の図形の分割した部分を違う色で塗り分けるとき、次の各問いに答えなさい。なお、回転して同じになるときは、同じ塗り方とする。

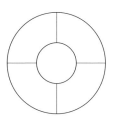

（1） 5か所を5色（白、黒、赤、緑、青）の異なる色で塗るとき、何通りの塗り方があるか。

A　24通り　　　B　25通り　　　C　30通り　　　D　36通り
E　42通り　　　F　46通り　　　G　52通り　　　H　60通り

（2） 6色（白、黒、赤、緑、青、黄）から5色を選び、5か所をすべて違う色で塗るとき、何通りの塗り方があるか。

A　30通り　　　B　46通り　　　C　52通り　　　D　92通り
E　104通り　　　F　120通り　　　G　150通り　　　H　180通り

9 両親と子ども4人が食事に出かけ、テーブルに座ることになった。次の各問いに答えなさい。

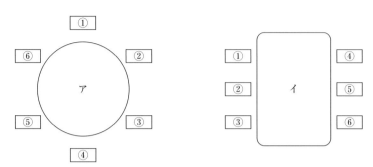

（1） テーブルの形がアの場合、両親が子ども2人をはさみ、向かい合って座る6人の座り方は何通りか。

A 24通り　　　B 54通り　　　C 67通り　　　D 144通り
E 196通り　　 F 202通り　　 G 262通り　　 H 288通り

（2） テーブルの形がイの場合、両親が隣り合わない6人の座り方は何通りか。

A 124通り　　 B 178通り　　 C 192通り　　 D 252通り
E 318通り　　 F 371通り　　 G 528通り　　 H 720通り

10 XとYの2人が卓球の試合を数試合行った。次の各問いに答えなさい。

（1） 3戦してXが2勝以上になる勝敗の組合せは何通りか。

A 4通り　　　 B 5通り　　　 C 12通り　　　D 15通り
E 16通り　　　F 18通り　　　G 24通り　　　H 26通り

（2） 5戦してXが3勝以上になる勝敗の組合せは何通りか。

A 3通り　　　 B 6通り　　　 C 9通り　　　 D 16通り
E 18通り　　　F 24通り　　　G 36通り　　　H 52通り

11 赤玉3個、白玉4個が入っている箱がある。ここから無作為に玉を取り出すとき、次の各問いに答えなさい。

（1）　1個だけ取り出したとき、白玉が出る確率はいくらか。

A $\dfrac{2}{49}$　　　　B $\dfrac{4}{49}$　　　　C $\dfrac{1}{7}$　　　　D $\dfrac{2}{7}$

E $\dfrac{4}{7}$　　　　F $\dfrac{6}{7}$　　　　G $\dfrac{8}{49}$　　　　H $\dfrac{16}{49}$

（2）　まず1個だけを取り出し、その1個を箱に戻してからもう1個を取り出す。このとき、取り出した玉が両方とも白玉である確率はいくらか。

A $\dfrac{2}{49}$　　　　B $\dfrac{4}{49}$　　　　C $\dfrac{1}{7}$　　　　D $\dfrac{2}{7}$

E $\dfrac{4}{7}$　　　　F $\dfrac{6}{7}$　　　　G $\dfrac{8}{49}$　　　　H $\dfrac{16}{49}$

（3）　まず1個だけを取り出し、その1個を箱に戻さずにもう1個を取り出す。このとき、取り出した玉が両方とも白玉である確率はいくらか。

A $\dfrac{2}{49}$　　　　B $\dfrac{4}{49}$　　　　C $\dfrac{1}{7}$　　　　D $\dfrac{2}{7}$

E $\dfrac{4}{7}$　　　　F $\dfrac{6}{7}$　　　　G $\dfrac{8}{49}$　　　　H $\dfrac{16}{49}$

（4）　同時に2個を取り出したとき、少なくとも1個が白玉である確率はいくらか。

A $\dfrac{2}{49}$　　　　B $\dfrac{4}{49}$　　　　C $\dfrac{1}{7}$　　　　D $\dfrac{2}{7}$

E $\dfrac{4}{7}$　　　　F $\dfrac{6}{7}$　　　　G $\dfrac{8}{49}$　　　　H $\dfrac{16}{49}$

12 P、Q、Rの3人でじゃんけんをした。次の各問いに答えなさい。

（1） 3人が同じものを出してあいこになる確率はいくらか。

A $\dfrac{1}{81}$　　　B $\dfrac{1}{27}$　　　C $\dfrac{1}{9}$　　　D $\dfrac{2}{81}$

E $\dfrac{2}{27}$　　　F $\dfrac{2}{9}$　　　G $\dfrac{3}{27}$　　　H $\dfrac{3}{9}$

（2） 3人が別のものを出してあいこになる確率はいくらか。

A $\dfrac{1}{81}$　　　B $\dfrac{1}{27}$　　　C $\dfrac{1}{9}$　　　D $\dfrac{2}{81}$

E $\dfrac{2}{27}$　　　F $\dfrac{2}{9}$　　　G $\dfrac{3}{27}$　　　H $\dfrac{3}{9}$

（3） この3人にSが加わってじゃんけんをしたとき、Pだけが勝つ確率はいくらか。

A $\dfrac{1}{81}$　　　B $\dfrac{1}{27}$　　　C $\dfrac{1}{9}$　　　D $\dfrac{2}{81}$

E $\dfrac{2}{27}$　　　F $\dfrac{2}{9}$　　　G $\dfrac{3}{27}$　　　H $\dfrac{3}{9}$

13 あるテニス選手がサーブを二度続けて行った場合、サーブの入る確率は1回目は0.8、2回目は0.7である。次の各問いに答えなさい。

（1） 二度続けてサーブを行った場合、二度ともサーブが入る確率はいくらか。

A 0.8　　　B 0.75　　　C 0.7　　　D 0.56

E 0.42　　　F 0.38　　　G 0.14　　　H 0.06

（2） 二度続けてサーブを行った場合、1回だけサーブが入る確率はいくらか。

A 0.8　　　B 0.75　　　C 0.7　　　D 0.56

E 0.42　　　F 0.38　　　G 0.14　　　H 0.06

推論

非言語能力分野は全体で約30問。これを40分で解く。
※ペーパーテストの場合

解答・解説 → 別冊P28～34

ポイント
①与えられた条件で結論が出せるか出せないかの判断が必要。
②正誤の推測、順位の推測、内訳の推測などがよく出題される。
③条件を図示して考える。

1 P、Q、R、S、Tの5人の身長について、以下のことがわかっているとき、確実にいえることはどれか。

・Pの身長がいちばん高く、Pは160cm以上ある。
・QはPより2cm低い。
・Sが4cm伸びるとRと並ぶ。
・TはRより1cm低い。

A　Qの身長は158cmである
B　いちばん背が低いのはSである
C　Sの身長はRより5cm低い
D　2番目に背が高いのはRである
E　R、S、Tの中では、Tがいちばん背が高い

2 S、T、U、V、Wの5人が右図のような区画をそれぞれ所有している。次のことがわかっているとき、確実にいえることはどれか。

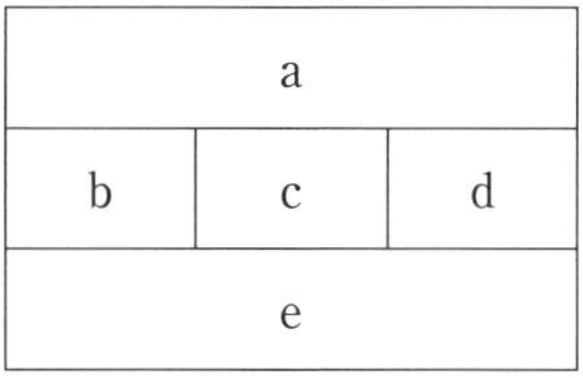

①TはWを含む3つに接している
②WはVを含む3つに接している

ア　Uの区画はTの区画に接している
イ　Sの区画はWの区画に接している
ウ　Uの区画はSの区画に接している
エ　Uの区画はVの区画に接している

a		
b	c	d
e		

A　アのみ　　B　イのみ　　C　ウのみ　　D　エのみ
E　イとウ　　F　イとエ　　G　ウとエ

3 ある2桁の正の整数がある。以下の仮説を立てて推論を試みた。

① 2の倍数である
② 6で割り切れる
③ 3で割ると1余る

（1） 次の推論ア、イ、ウのうち、正しいものはどれか。
ア ①が正しければ②も必ず正しい
イ ②が正しければ③も必ず正しい
ウ ③が正しければ①も必ず正しい

A アだけ　　　　　　　　B イだけ
C ウだけ　　　　　　　　D アとイの両方
E アとウの両方　　　　　F イとウの両方
G アとイとウのすべて　　H 正しい推論はない

（2） 次の推論カ、キ、クのうち、正しいものはどれか。
カ ①が正しければ③も必ず正しい
キ ②が正しければ①も必ず正しい
ク ③が正しければ②も必ず正しい

A カだけ　　　　　　　　B キだけ
C クだけ　　　　　　　　D カとキの両方
E カとクの両方　　　　　F キとクの両方
G カとキとクのすべて　　H 正しい推論はない

4 本がＵＶＷＸＹＺの６冊ある。以下のことがわかっている。

①ＶとＸ、ＷとＺはページ数が同じ
②Ｘのページ数はＹのページ数より多い
③100ページが１冊、300ページが２冊、400ページが３冊ある

（1）次の２つの正誤の組合せとして、正しいのはどれか。
　　ア　Ｕは100ページ
　　イ　Ｘは400ページ

　　A　アもイも正しい
　　B　アは正しいがイはどちらともいえない
　　C　アは正しいがイは誤り
　　D　アはどちらともいえないがイは正しい
　　E　アもイもどちらともいえない
　　F　アはどちらともいえないがイは誤り
　　G　アは誤りだがイは正しい
　　H　アは誤りだがイはどちらともいえない
　　I　アもイも誤り

（2）ＵとＹを合計すると何ページか。
　　A　400ページ　　　B　500ページ　　　C　600ページ
　　D　700ページ　　　E　800ページ　　　F　A〜Ｅのいずれでもない

5 Ｌ、Ｍ、Ｎの３人でサイコロを１回ずつ振ったとき、以下のことがわかっている。
　①３人のうち１人だけが違う目である
　②ＭはＮより目が小さい

（1）Ｌの目が３のとき、Ｍの目はどれか。あり得るものをすべて選べ。
　　A　1　　B　2　　C　3　　D　4　　E　5　　F　6

（2）Ｌの目が４のとき、Ｎの目はどれか。あり得るものをすべて選べ。
　　A　1　　B　2　　C　3　　D　4　　E　5　　F　6

6 ある村の人口は2018年からの3年間で毎年前年比20%ずつ減少しており、2021年現在、過疎化が問題になっている。なお、この村の人口は5つの地区に分けられ調査されている。

（1）次の推論ア、イの正誤を考えて適切なものを1つ選びなさい。

ア　この3年間、人口が増加した地区はない

イ　この村の人口は3年前と比較して48%以上減少した

A　アもイも正しい

B　アは正しいがイはどちらともいえない

C　アは正しいがイは誤り

D　アはどちらともいえないがイは正しい

E　アもイもどちらともいえない

F　アはどちらともいえないがイは誤り

G　アは誤りだがイは正しい

H　アは誤りだがイはどちらともいえない

I　アもイも誤り

（2）次の推論カ、キの正誤を考えて適切なものを1つ選びなさい。

カ　毎年、人口が20%以上減少した地区の数は、20%未満減少した地区の数を上回る

キ　2021年のこの村の人口が768人とすると、2年前（2019年）の人口は1,000人である。

A　カもキも正しい

B　カは正しいがキはどちらともいえない

C　カは正しいがキは誤り

D　カはどちらともいえないがキは正しい

E　カもキもどちらともいえない

F　カはどちらともいえないがキは誤り

G　カは誤りだがキは正しい

H　カは誤りだがキはどちらともいえない

I　カもキも誤り

7　ある国のラグビーチームの選手の出身国を調査した。調査結果は以下のとおりである。

①フランス出身者 1 人とイタリア出身者 2 人がいた。

②少なくともヨーロッパの 3 か国についてはそれぞれ出身者がいた。

③ヨーロッパ出身者が少なくとも 3 人以上いた。

（1）　次の推論ア、イ、ウについて、正しいのはどれか。

　　　ア　③が正しければ、①も必ず正しい

　　　イ　②が正しければ、③も必ず正しい

　　　ウ　①が正しければ、②も必ず正しい

　　　A　アのみ　　　B　イのみ　　　C　ウのみ　　　　D　アとイ

　　　E　イとウ　　　F　アとウ　　　G　アとイとウ　　H　すべて誤り

（2）　次の推論カ、キ、クについて、正しいのはどれか。

　　　カ　①が正しければ、③も必ず正しい

　　　キ　②が正しければ、①も必ず正しい

　　　ク　③が正しければ、②も必ず正しい

　　　A　カのみ　　　B　キのみ　　　C　クのみ　　　　D　カとキ

　　　E　キとク　　　F　カとク　　　G　カとキとク　　H　すべて誤り

8 次の説明を読み、各問いに答えなさい。

ある工場で新規にP、Q、R、Sの4台の機械を購入した。4台の平均額は825,000円であり、P、Q2台の平均額は750,000円であった。またRはSより200,000円高かった。

（1） 次の推論の正誤について、正しく述べているものはどれか。
　　　ア　Rの購入額は1,000,000円である
　　　イ　Sの購入額が2番目に高い

　　　A　アもイも正しい
　　　B　アは正しいがイはどちらともいえない
　　　C　アは正しいがイは誤り
　　　D　アはどちらともいえないがイは正しい
　　　E　アもイもどちらともいえない
　　　F　アはどちらともいえないがイは誤り
　　　G　アは誤りだがイは正しい
　　　H　アは誤りだがイはどちらともいえない
　　　I　アもイも誤り

（2） 次の推論のうち、その推論が1つ加わっても4台の購入額の順序が確定しないものはどれか。
　　　カ　Pがいちばん高い
　　　キ　Qが2番目に高い
　　　ク　PとQの購入額の差は150,000円である
　　　ケ　Rがいちばん高い

　　　A　カのみ　　　　B　キのみ　　　　C　クのみ　　　　D　ケのみ
　　　E　カとキ　　　　F　キとク　　　　G　カとケ　　　　H　クとケ

9 次の説明を読み、各問いに答えなさい。

ある市のP、Q、R、S、Tの５つの社会福祉施設について第三者評価が実施され、それぞれの施設について、設備基準、耐震構造、利用度などを総合した評価点が出された。結果は次のようになっている。
・同じ点数の施設はない。
・Qの点数はRの点数より高い。
・Sの点数はTの点数より高い。
・Pの点数はQ、Rの点数の平均点と等しい。

(1) この条件から確実にいえることは次のうちどれか。
　　ア　Pの点数はSの点数より高い
　　イ　Qの点数はTの点数より高い
　　ウ　Pの点数はRの点数より高い

　　A　アのみ　　　B　イのみ　　　C　ウのみ　　　D　アとイ　　　E　イとウ
　　F　アとウ　　　G　すべて正しい　　　H　いずれも正しいとはいえない

(2) 最初の結果に加えて、次のことがわかった。
　　・Rの点数はTの点数より高い。
　　これらの結果から、５つの施設を評価点の高い順に並べたとき、Rの順位として考えられるものをすべてあげているのは次のうちどれか。

　　A　３位のみ　　　　B　４位のみ　　　C　５位のみ　　　D　３位か４位
　　E　４位か５位　　　F　３位か５位　　　G　３位か４位か５位
　　H　A～Gのいずれでもない

(3) (2)の条件に加えて、５つの施設の評価点の順位を確定するためには、次のどの条件が加わればよいか。
　　カ　Sの点数はP、Qの点数の平均点に等しい
　　キ　Pの点数はSの点数より高い
　　ク　Sの点数はRの点数より高い

　　A　カのみ　　　　B　キのみ　　　C　クのみ　　　　D　カとキ
　　E　キとク　　　　F　カとク　　　G　カとキとク
　　H　いずれの条件が加わっても確定できない

10 次の説明を読み、各問いに答えなさい。

セールで、バスタオル、ハンドタオル、ミニタオルをあわせて9枚購入した。3種類のタオルの内訳について、次のことがわかっている。
・どのタオルも少なくとも1枚は購入した。
・ハンドタオルの枚数はミニタオルの枚数よりも多い。

（1） 次の推論のうち、必ず正しいといえるものはどれか。
　　　ア　バスタオルの枚数が5枚ならば、ハンドタオルの枚数は3枚である
　　　イ　バスタオルの枚数が4枚ならば、ハンドタオルの枚数は3枚である
　　　ウ　バスタオルの枚数が1枚ならば、ハンドタオルの枚数は4枚である

　　　A　アのみ　　　　　B　イのみ　　　　　C　ウのみ　　　　　D　アとイ
　　　E　イとウ　　　　　F　アとウ　　　　　G　すべて正しい
　　　H　いずれも正しいとはいえない

（2） 次の推論のうち、必ず正しいといえるものはどれか。
　　　カ　バスタオルとミニタオルの枚数が同じとすれば、ハンドタオルの枚数は5枚である
　　　キ　バスタオルとハンドタオルの枚数が同じとすれば、ミニタオルの枚数は1枚である
　　　ク　バスタオルの枚数がミニタオルの枚数より2枚以上多いとすれば、ハンドタオルの枚数は4枚である

　　　A　カのみ　　　　　B　キのみ　　　　　C　クのみ　　　　　D　カとキ
　　　E　キとク　　　　　F　カとク　　　　　G　すべて正しい
　　　H　いずれも正しいとはいえない

11 次の説明を読み、各問いに答えなさい。

2つの工場で作られる製品X、Y、Zについて次のことがわかっている。
・工場1では製品XかYのどちらか一方を作っている。
・工場2では製品YかZのどちらか一方を作っている。
・工場3では製品Zを作っている。
・製品Xには原料Pが必要である。
・製品Yには原料Qが必要である。
・製品Zには原料PとQが必要である。

（1） 次の推論の正誤について、正しく述べているものはどれか。
　　ア　工場3では原料Qが必要である
　　イ　工場2では原料Pが必要である

　　A　アもイも正しい
　　B　アは正しいがイはどちらともいえない
　　C　アは正しいがイは誤り
　　D　アはどちらともいえないがイは正しい
　　E　アもイもどちらともいえない

（2） 次の推論の正誤について、正しく述べているものはどれか。
　　カ　工場1では原料Qは必要ではない
　　キ　工場2では原料Pは必要ではない

　　A　カもキも正しい
　　B　カは正しいがキはどちらともいえない
　　C　カは正しいがキは誤り
　　D　カはどちらともいえないがキは正しい
　　E　カもキもどちらともいえない

12 次の説明を読み、各問いに答えなさい。

S、T、Uの3つの県の人口密度（1km²
あたりの人口）を右の表に示した。
それぞれの県の面積比は
　　S：T：U＝2：3：2
である。

県	人口密度
S	272
T	136
U	210

（1）　次の推論の正誤について、正しく述べているものはどれか。

　　　ア　U県の人口はT県の人口より多い
　　　イ　S県とU県を合わせた地域の人口密度は241である

　　　A　アもイも正しい
　　　B　アは正しいがイはどちらともいえない
　　　C　アは正しいがイは誤り
　　　D　アはどちらともいえないがイは正しい
　　　E　アもイもどちらともいえない
　　　F　アはどちらともいえないがイは誤り
　　　G　アは誤りだがイは正しい
　　　H　アは誤りだがイはどちらともいえない
　　　I　アもイも誤り

（2）　次の推論の正誤について、正しく述べているものはどれか。

　　　カ　S県の人口とT県の人口を合わせるとU県の人口の2.5倍になる
　　　キ　T県とU県を合わせた地域の人口密度はS県の人口密度に等しい

　　　A　カもキも正しい
　　　B　カは正しいがキはどちらともいえない
　　　C　カは正しいがキは誤り
　　　D　カはどちらともいえないがキは正しい
　　　E　カもキもどちらともいえない
　　　F　カはどちらともいえないがキは誤り
　　　G　カは誤りだがキは正しい
　　　H　カは誤りだがキはどちらともいえない
　　　I　カもキも誤り

13 次の説明を読み、各問いに答えなさい。

S、T、U、Vの4人で、持久走を行った。その結果について、以下のことがわかっている。
Ⅰ　UはSよりも2つ先にゴールした。
Ⅱ　Tは1位ではない。

（1）次のうち、必ずしも誤りとはいえないものはどれか。
　　　ア　SはTより先にゴールした
　　　イ　TはUより先にゴールした
　　　ウ　VはUより先にゴールした

　　　A　アだけ　　　　　B　イだけ　　　　　C　ウだけ　　　　　D　アとイ
　　　E　アとウ　　　　　F　イとウ　　　　　G　アとイとウすべて

（2）Ⅰ、Ⅱのほかに、次のうち少なくともどの情報が加われば、4人の順番が確定するか。1つ選びなさい。
　　　カ　TはSよりも先にゴールした
　　　キ　VはTよりも先にゴールした
　　　ク　VはUよりも先にゴールした
　　　ケ　UはTよりも先にゴールした

　　　A　カだけ　　　　　B　キだけ　　　　　C　クだけ　　　　　D　ケだけ
　　　E　カとキ　　　　　F　キとク　　　　　G　カとケ　　　　　H　すべて

14 赤、白、黄の3色のバラが合計10本ある。3色のバラは、それぞれ1本以上はある。赤のバラは白のバラより本数が多い。

（1）白が2本のとき、黄の本数として考えられるものをすべて選べ。
　　　A　1本　　　　　B　2本　　　　　C　3本　　　　　D　4本
　　　E　5本　　　　　F　6本　　　　　G　7本　　　　　H　8本

（2）白が4本のとき、赤と黄の本数の組合せは何通りあるか。
　　　A　1通り　　　　B　2通り　　　　C　3通り　　　　D　4通り
　　　E　5通り　　　　F　6通り　　　　G　7通り　　　　H　8通り

15 次のように警察署と消防署の間に6軒の家（P、Q、R、S、T、U）が並んでいる。

| 警察署 | | | | | | | 消防署 |

以下のことがわかっているとき、Sの位置として考えられる場所を、A～Fの中からすべて選べ。

①UはRより2軒消防署に近い　　②SはPより警察署から遠い
③消防署から警察署へ向かって歩くとRの次にQがある

```
        A   B   C   D   E   F
警察署←  ├───┼───┼───┼───┼───┤  →消防署
```

16 P、Q、R、Sが総当たり戦をし、勝ち点で争った。勝つと勝ち点3、引き分けると勝ち点1、負けると勝ち点0とし、次のことがわかっている。
①Rの勝ち点は3であった。
②Pの勝ち点はQの勝ち点よりも高かった。
③Sの勝ち点はQの勝ち点よりも低かった。

（1）Pの勝ち点が5のとき、Qの勝ち点としてあり得るものをすべて選べ。
A　0　　B　1　　C　2　　D　3　　E　4
F　5　　G　6　　H　7　　I　8　　J　9

（2）RがQに勝ったとき、Qの勝ち点としてあり得るものをすべて選べ。
A　0　　B　1　　C　2　　D　3　　E　4
F　5　　G　6　　H　7　　I　8　　J　9

17 次の説明を読み、各問いに答えなさい。

ある企業の新入社員7名について、次のことがわかっている。
Ⅰ　新入社員はJ、K、L、M、N、O、Pの7人であり、その出身地は北海道か沖縄のいずれかである。
Ⅱ　J、L、M、Nの4人とKとは出身地が異なっている。
Ⅲ　Oは北海道出身である。

（1）　次の2つの正誤の組合せとして正しいのはどれか。

　　　ア　Kの出身地が沖縄ならば、沖縄出身は2人以下である

　　　イ　Kの出身地が北海道ならば、北海道出身は2人以下である

　　　A　アもイも正しい

　　　B　アは正しいがイはどちらともいえない

　　　C　アは正しいがイは誤り

　　　D　アはどちらともいえないがイは正しい

　　　E　アもイもどちらともいえない

　　　F　アはどちらともいえないがイは誤り

　　　G　アは誤りだがイは正しい

　　　H　アは誤りだがイはどちらともいえない

　　　I　アもイも誤り

（2）　さらに以下のことがわかった。

　　　Ⅳ　MとPは違う出身地、JとOは同じ出身地である。

　　　次の2つの正誤の組合せとして正しいのはどれか。

　　　カ　KとOは同じ出身地である

　　　キ　Pは沖縄出身である

　　　A　カもキも正しい

　　　B　カは正しいがキはどちらともいえない

　　　C　カは正しいがキは誤り

　　　D　カはどちらともいえないがキは正しい

　　　E　カもキもどちらともいえない

　　　F　カはどちらともいえないがキは誤り

　　　G　カは誤りだがキは正しい

　　　H　カは誤りだがキはどちらともいえない

　　　I　カもキも誤り

装置

ポイント

①数字がどう変換されたかを1つずつメモしていくことがポイントとなる。

②装置のルールを確実におさえる。

1 数字を次のように変換する装置がある。次の各問いに答えなさい。

2
┌──┐─6　上から入力されたものを3倍にする
└──┘

2─┌──┐─3　横から入力されたものに1を加える
　└──┘

　　2
3─┌──┐─3　上と横から入力すると大きいほうを出す
　└──┘

（1）　この装置を右のように
　　接続した。2と4を図
　　のように入力したとき、
　　Xはいくつか。

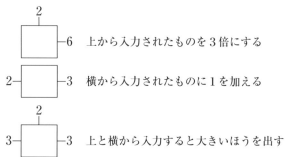

A	10	B	12	C	14	D	16
E	20	F	15	G	6	H	0

（2）　この装置を右のように接続した。
　　10が出力されたとき、Xはいくつ
　　か。

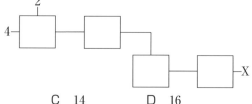

A	0	B	1
C	2	D	3
E	4	F	6
G	8	H	10

物の流れと比率

非言語能力分野は全体で約30問。これを40分で解く。
※ペーパーテストの場合

解答・解説 → 別冊P34

ポイント

①説明は長々しいがルールは難しくない。一度問題を解けば理解できる。
②計算自体は簡単だが、パーセントの計算を誤らないこと。
③暗算だと小数点の位置を間違うことが多いので注意する。

1　次の説明を読み、各問いに答えなさい。

業者Xが出荷した製品が、比率mで業者Yに納入されることを右の図①で表す。

図①　$X \xrightarrow{m} Y$

このとき、業者X、業者Yの扱う製品の量をX、Yで表すと、Y＝mXが成り立つ。同様に、業者Xの出荷した製品の比率mと、業者Yの出荷した製品の比率nが、ともに業者Zに納入されることを右の図②で表す。

図②

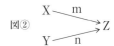

このとき、扱う製品の量について、Z＝mX＋nYが成り立つ。さらに、業者Xの出荷した製品の比率mが業者Yに納入され、納入された製品のうち比率nが業者Zに納入される流れを次の図③で表す。

図③　$X \xrightarrow{m} Y \xrightarrow{n} Z$

このとき、扱う製品の量について、Z＝nY＝nmXが成り立つ。
なお、式については、以下の一般の演算が成立する。

$(a+b)x = ax + bx \qquad c(a+b)x = acx + bcx$

（1）図②において、製品が書籍であり、X＝1,500冊、m＝80%、Y＝2,500冊、n＝50%のとき、Zはいくつか。
A　1,200冊　B　1,250冊　C　1,750冊　D　2,000冊　E　2,450冊

（2）図③において、製品が文具の１ダース箱であり、X＝800ダース、m＝30%、Z＝60ダースのとき、nはいくつか。
A　40%　B　25%　C　20%　D　15%　E　50%

矢印移動

非言語能力分野は全体で約30問。これを40分で解く。
※ペーパーテストの場合

解答・解説 ─→ 別冊P34〜35

ポイント
① 説明をきちんと読み解くことがポイント。まずは文字と移動の対応を正しく把握する。
② 移動経路が問われている問題では、各項の順番も重要になる。

---

1 次の説明を読み、各問いに答えなさい。

次の図のように、平面上のある点から上方向に1目盛り移動することをa、右方向に1目盛りと上方向に1目盛り移動することをb、右方向に2目盛りと上方向に1目盛り移動することをcと表す。

a　　　　b　　　　　c

また、同じ方向に進むときは、その回数をa、b、cの前につけて表し、逆方向に進むときは、－（マイナス）をつけて表すものとする。
たとえば、右の図において、点Mから点Nへの移動は、2bあるいはa＋cという形で表すことができる。

（1）　右の図において、太線で示した点Oから点Pへの移動を表すものはどれか。

A　b＋2a＋c－2a－b
B　b＋2a＋c－2a－c
C　b＋a－2c＋3a＋b
D　2b＋a－c－3a＋b
E　2b＋2a－c－2a－b
F　2b－2a＋c＋3a－b

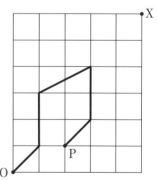

（2）　（1）の図において、点Xから点Pへの移動を表す式として正しいものはどれか。

　　　ア　－3b－2a　　イ　－c－3a－b　　ウ　－2c－4a＋b

　　A　アのみ　　　　　B　イのみ　　　　C　ウのみ　　　　D　アとイ
　　E　アとウ　　　　　F　イとウ　　　　G　アとイとウ
　　H　いずれでもない

（3）　右の図において、太線で示した点Oか
　　　ら点Pへの移動を表すものはどれか。

　　A　a＋c＋3a＋c－a－b
　　B　2a－c＋3a＋c－a＋b
　　C　a＋c＋3a＋c－a＋b
　　D　2a＋c＋2a＋c－a－b
　　E　a＋2c＋a－c－a＋b
　　F　2a＋c－3a＋c－a－b

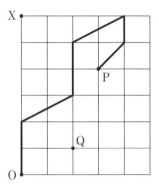

（4）　（3）の図において、点Xから点Pへの移動を表す式として正しいものはどれか。

　　　ア　－5a＋3b　　イ　－3a＋2c　　ウ　－4a＋b＋c

　　A　アのみ　　　　　B　イのみ　　　　C　ウのみ　　　　D　アとイ
　　E　アとウ　　　　　F　イとウ　　　　G　アとイとウ
　　H　いずれでもない

（5）　（3）の図において、点Pの位置をずらして点Qにした場合、点Xから点Q
　　　への移動を表す式として正しいものはどれか。

　　　ア　－6a＋2b　　イ　－7a＋c　　ウ　－3a－c

　　A　アのみ　　　　　B　イのみ　　　　C　ウのみ　　　　D　アとイ
　　E　アとウ　　　　　F　イとウ　　　　G　アとイとウ
　　H　いずれでもない

WEBテスティング

言語分野と合わせて**約35分**で解く。出題数は解答状況により変わる。

解答・解説 → 別冊P35〜37

ポイント
① 選択肢方式は少なく、数値を直接入力させる問題が特徴的。出題内容は多岐にわたるが、よく見られるものをピックアップしておく。
② 整数、割合・比、確率、順列・組合せ、集合などから出題される。

---

1 空欄にあてはまる数値を求めなさい。

（1）7で割ると3余り、10で割ると4余る正の整数のうち、最も小さい数は
［　　　　］である。

（2）ある月について、以下のことがわかっている。
　ア　第2日曜日は奇数日
　イ　第3日曜日は5の倍数にあたる日
このとき、第4日曜日の日付は［　　　　］日になる。

（3）X、Y、Zの3人が先輩の就職祝いに7,600円のプレゼントをした。Y、Zが出した金額はそれぞれXの金額の1.6倍、1.2倍であった。Yが出した金額は［　　　　］円である。

（4）ある小学校の第2学年には1組と2組があり、両クラスで塾に通っているか否かのアンケートをとった。1組で塾に通っている児童数はクラス全体の1/3、2組で塾に通っている児童数は全体の2/5で、どちらも12人ずつだった。このとき、第2学年の児童数は全部で［　　　　］人である。

（5）縦3.5m、横2.4mの花壇を3色の花で飾る。面積の2/3を赤、残りの3/5を黄、残りを青にしたい。赤の面積は青の［　　　　］倍である。

---

2 空欄にあてはまる数値を求めなさい。

（1）1から9までの数字を記したカードが1枚ずつ9枚ある。これをX、Y、

非言語能力
WEBテスティング

Ｚに３枚ずつ配った。配られたカードについて以下のことがわかっている。

ア　Ｙのカードの積は12である

イ　Ｚのカードの積は160である

このとき、Ｘのカードは３と７と［　　　　　］である。

（２）　１から15までの奇数のカードが１枚ずつ８枚ある。これをＸ、Ｙ、Ｚの３人に２枚ずつ配った。配られたカードについて以下のことがわかっている。

ア　Ｘのカードの合計は16である

イ　Ｙのカードの合計は20である

ウ　Ｚのカードの合計は24である

このとき、配られなかったカードは［　　　　　］と［　　　　　］である。

（３）　Ｘ、Ｙ、Ｚの３人がサイコロをそれぞれ１回振った。３人が出した目について、以下のことがわかっている。

ア　ＸとＹは同じ目を出した

イ　３人の出した目の積は45であった

このとき、Ｚが出したサイコロの目は［　　　　　］である。

（４）　ある人が３日間のマダイつりの大会に参加し、３日間で36尾つることができた。各日につった数について、以下のことがわかっている。

ア　初日と２日目につれた数の差は２尾だった

イ　２日目と３日目につれた数の差は２尾だった

このとき、最も多くつった日のマダイの数は［　　　　　］尾だった。

3 空欄にあてはまる数値を求めなさい。

（１）　Ａ棟、Ｂ棟、Ｃ棟の３棟があるマンションで避難訓練をした。参加世帯全体に対して、Ａ棟からの参加世帯は33％、Ｂ棟からの参加世帯は32％、Ｃ棟からの参加世帯は35％だった。Ｂ棟からの参加が128世帯とすると、参加した世帯は全体で［　　　　　］世帯である。

（２）　家から1.2km離れた駅まで60m/分の速さで歩くと、電車の出発時刻に４分遅れる。電車に遅れない時刻に着くための速さは［　　　　　］m/分である（必要であれば、最後に小数点以下第１位を四捨五入すること）。

（3） ある畑の収穫はX１人では20時間、Y１人では12時間、Z１人では15時間 かかる。３人で３時間働いたあとX１人で行うと［　　　　］時間かかる。

4 空欄にあてはまる数値を求めなさい。

（1） 赤玉５個、白玉３個の入った袋があり、一度取り出した玉を戻さずに３個 を取り出す。このとき、３個とも赤玉である確率は［　　　　］/［　　　　］ である。約分した分数で答えなさい。

（2） １から16までの異なる数字が書かれたカード16枚があり、そこから２枚を 同時に取り出す。このとき、どちらのカードも４で割り切れる数である確 率は［　　　　］／［　　　　］である。約分した分数で答えなさい。

（3） あるゲームでは、サイコロを振って出た数字の数だけコマを進める。ただ し、２以下が出た場合はスタート地点に戻る。３回サイコロを振った結果、 スタート地点にコマがある確率は［　　　　］／［　　　　］である。約 分した分数で答えなさい。

（4） ６人の委員がいる委員会で、委員長と書記を１人ずつ選ぶ場合、その組合 せは［　　　　］通りある。

5 空欄にあてはまる数値を求めなさい。

（1） 小学生の雑誌購読について調査したところ、小学生124人のうち、A誌を 購読している小学生が46人、B誌を購読している小学生が62人、A・B両 誌を購読している小学生が15人だった。A・B両誌とも購読していない小 学生は［　　　　］人である。

（2） あるクラスの45人の生徒に数学と英語の試験を実施した。英語試験の合格 者は28人、数学試験の合格者は20人、２科目ともに不合格であった生徒は ８人であった。このとき、英語と数学の２科目とも合格した生徒は ［　　　　］人である。

（3） ある幼稚園で、風船の赤色60個、黄色40個を園児72人に配ることにした。

各色は 1 人 1 個だけもらえることとし、最初に好きな色を選ばせ、あとは
希望者に配り、すべて配り終えた。1 個ももらわなかった園児はいなかっ
た。両方の色の風船をもらった園児は［　　　　］人である。

6　以下について、ア、イの情報のうちどれがあれば【問い】の答えがわかる
　　かを考え、A〜E の中から正しいものを 1 つ選びなさい。

（ 1 ）　単価が 1600 円の商品 P と、2000 円の商品 Q を合わせて 8 個購入した。ただ
　　　し、どちらも少なくとも 1 個は購入している。
　　　【問い】代金は合計でいくらか。
　　　ア　商品 P の代金は 11000 円以上である
　　　イ　商品 Q の代金は 4000 円以下である

　　　A　アだけでわかるが、イだけではわからない
　　　B　イだけでわかるが、アだけではわからない
　　　C　アとイの両方でわかるが、片方だけではわからない
　　　D　アだけでも、イだけでもわかる
　　　E　アとイの両方があってもわからない

（ 2 ）　百貨店のエレベータで 1 階から 5 人が乗って上の階に上がっている。途中
　　　3 階で 4 人乗って 1 人降り、5 階で何人かが乗降し、7 階で 8 人全員が降
　　　りた。
　　　【問い】5 階で降りたのは何人か。
　　　ア　3 階で乗った人数は 5 階で乗った人数と等しかった
　　　イ　5 階で乗った人数は 5 階で降りた人数と等しかった

　　　A　アだけでわかるが、イだけではわからない
　　　B　イだけでわかるが、アだけではわからない
　　　C　アとイの両方でわかるが、片方だけではわからない
　　　D　アだけでも、イだけでもわかる
　　　E　アとイの両方があってもわからない

（ 3 ）　X と Y がサイコロを 2 回ずつ振ったところ、出た目の和は 2 人とも 8 だっ
　　　た。

【問い】 2人が1回目、2回目に出した目はそれぞれいくつか。
ア 2人が出した目の中で、Xが2回目に出した目がもっとも小さかった
イ 2人が出した目の差は、1回目、2回目ともに3だった

A アだけでわかるが、イだけではわからない
B イだけでわかるが、アだけではわからない
C アとイの両方でわかるが、片方だけではわからない
D アだけでも、イだけでもわかる
E アとイの両方があってもわからない

7 表は、ある年度のS、T、U、V4か国における3つの自然エネルギー（太陽光・風力・小水力）の発電量の合計とその割合を示したものである。以下の2問に答えなさい。

	S	T	U	V
合計発電量	58.8万MW	20.5万MW	30.0万MW	80.4万MW
太陽光	20.6%	28.0%	37.8%	23.7%
風力	25.7%	30.9%	35.8%	40.5%
小水力	53.7%	41.1%	26.4%	35.8%
計	100%	100%	100%	100%

（1） 小水力より太陽光の発電量が上回っている国では、太陽光は小水力の
　　　[　　　　]倍発電量がある（必要であれば、最後に小数点以下第2位を
　　　四捨五入すること）。

（2） 各国の風力による発電量を表したグラフは、次のA〜Fのうちどれにもっとも近いか。なお、各グラフは左からS、T、U、Vの順に並んでいる。

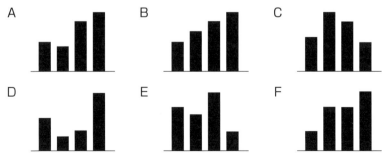

A　　　　　　　　　　B　　　　　　　　　　C

D　　　　　　　　　　E　　　　　　　　　　F

第3章

SPI3性格検査

この検査は心理テストのようなもので、能力を測るものではなく、正解もありません。しかし、仕事上での人柄や、職務・組織への適応能力が測れるとして、企業側は面接とあわせてこの性格検査を重視し、また配属の際に参考にするところもあります。前もって自分の性格の把握に努め、対策をとっておきましょう。

行動的側面

解説 → 別冊P38〜39

ポイント
①性格の中で行動に表れやすい特性を測定する。
②具体的には、社会的であるか、粘り強いかなどをみる。
③この側面は基本的に高いほうがよいとされる。

1 次の質問は、あなたの日常の行動や考えにどの程度あてはまりますか。もっとも近いものを1つ選びなさい。

1　Aに近い
2　どちらかといえばAに近い
3　どちらかといえばBに近い
4　Bに近い

（1）　A　ものごとを深く考える傾向がある
　　　　B　ものごとを軽く考える傾向がある

（2）　A　スケジュールを立てて行動するのが好きだ
　　　　B　スケジュールを立てて行動するのは苦手だ

（3）　A　身の回りのことをてきぱき行う
　　　　B　身の回りのことをのんびり行う

（4）　A　決断するときは慎重に行う
　　　　B　決断するときは思い切りよく行う

（5）　A　思ったことを行動に移さないと気がすまない
　　　　B　思ったことを行動に移すとは限らない

（6）　A　新しい友達がすぐにできる
　　　　B　決まった友達とつきあう

（7）　A　にぎやかな場所が好きだ
　　　　B　静かな場所が好きだ

（8）　A　元気で活発なほうだ
　　　　B　もの静かで思慮深いほうだ

（9）　A　はじめての人に会うときはわくわくする
　　　　B　はじめての人に会うときは勇気がいる

（10）　A　学生時代に体育の授業が好きだった
　　　　B　学生時代に体育の授業が苦手だった

（11）　A　ものごとを中途半端にするのは嫌いだ
　　　　B　最後までやり終えないことが多い

（12）　A　ストレス解消には体を動かす
　　　　B　ストレス解消には家で静かにすごす

（13）　A　陸上選手にたとえると短距離ランナーだと思う
　　　　B　陸上選手にたとえると長距離ランナーだと思う

（14）　A　面倒見がよいといわれる
　　　　B　そっけないといわれる

（15）　A　失敗をあとまでひきずるほうだ
　　　　B　失敗はすぐに忘れることが多い

行動的側面

2 次の質問は、あなたの日常の行動や考えにどの程度あてはまりますか。もっとも近いものを1つ選びなさい。

1　あてはまらない
2　どちらかといえばあてはまらない
3　どちらかといえばあてはまる
4　あてはまる

（1）　人前で意見や研究成果の発表をするのが好きだ

（2）　長く家にばかりいると気が滅入ってくる

（3）　デスクワークよりも実際に体を動かす仕事がしたい

（4）　考えすぎて行動に移せないことがよくある

（5）　歩くのが速いとよくいわれる

（6）　よく考えてから行動する

（7）　引っ込み思案だといわれることが多い

（8）　欲しいものはすぐに買いにいく

（9）　先々の計画を立てることがよくある

（10）　見通しの立たない仕事はやるべきでない

（11）　活発な人だといわれる

意欲的側面

解説 ⟶ 別冊P39

ポイント

①やる気の度合い、バイタリティの有無などを測定する。
②具体的には、高い目標を有するか、判断力はどうかなどをみる。
③この側面は基本的に高いほうがよいとされる。

---

1 次の質問は、あなたの日常の行動や考えにどの程度あてはまりますか。もっとも近いものを1つ選びなさい。

1　Aに近い
2　どちらかといえばAに近い
3　どちらかといえばBに近い
4　Bに近い

（1）　A　私は野心があるほうだ
　　　　B　私は野心がないほうだ

（2）　A　その道の第一人者になりたい
　　　　B　自分のペースで自分らしく生きたい

（3）　A　目標達成のためには、あらゆる努力を惜しまない
　　　　B　目標達成には執着しない

（4）　A　何ごとも結果が大切である
　　　　B　結果よりプロセスのほうが大切である

（5）　A　より高い能力が要求される仕事がしたい
　　　　B　自分の能力の範囲できちんと仕事がしたい

(6) A 何にでも挑戦するほうだ
　　 B 無理な挑戦はしないほうだ

(7) A 会社に入るなら幹部になりたい
　　 B 幹部の役職には魅力を感じない

(8) A やりたいことは実行に移すほうだ
　　 B やりたいことをなかなか実行できないほうだ

(9) A 目標はできるだけ高いほうがよい
　　 B 実現できそうもない目標は持たないほうがよい

(10) A 競争相手がいると張り切るほうだ
　　　B 自分のペースで進めたいほうだ

(11) A さまざまな変化に応じて対処するのが好きだ
　　　B 着々と計画を進めていくのが好きだ

(12) A 責任の重い大きな仕事がしたい
　　　B 日々の仕事を着実に進めたい

(13) A チャンスが訪れたときは、必ずものにするほうだ
　　　B チャンスが訪れたときは、じっくり考えてから行動に移すほうだ

(14) A ひとつのことをじっくりやりたい
　　　B いろいろなことを経験したい

(15) A 多少は粗くなっても、素早くものごとを進めたい
　　　B ゆっくりになっても、確実にものごとを進めたい

2　次の質問は、あなたの日常の行動や考えにどの程度あてはまりますか。もっとも近いものを1つ選びなさい。

　　1　あてはまらない
　　2　どちらかといえばあてはまらない
　　3　どちらかといえばあてはまる
　　4　あてはまる

意欲的側面

（1）　大きなことをやってみたいと思っている

（2）　バイタリティのある人だといわれる

（3）　たとえ失敗してもやったことに後悔はしたくない

（4）　臨機応変に対処するのが得意だ

（5）　実現できてこそ本当の目標といえる

（6）　責任が重いほどやりがいも大きい

（7）　競争心が強いほうだ

（8）　ゲームで負けるのが嫌いだ

（9）　夢やビジョンを持つことは大切だ

（10）　段階を踏み、着実に進んでいくのが性に合う

（11）　無理だといわれると挑戦したくなる

情緒的側面

解説 → 別冊P39〜40

ポイント
①感情や行動の基本となる特性を測定する。
②具体的には、気分の変わりやすさ、自信の度合いなどをみる。
③安定したバランスのよさが求められる。

---

1 次の質問は、あなたの日常の行動や考えにどの程度あてはまりますか。もっとも近いものを1つ選びなさい。

1　Aに近い
2　どちらかといえばAに近い
3　どちらかといえばBに近い
4　Bに近い

(1)　A　大勢の人の前で話すことが苦にならない
　　　B　大勢の人の前で話すことは苦痛である

(2)　A　ふつうの人より騒ぐほうだ
　　　B　ものごとに興奮しないほうだ

(3)　A　心配ごとがあって眠れないことがある
　　　B　どんな心配ごとがあってもよく眠れる

(4)　A　失敗したことにはこだわらない
　　　B　失敗したことがいつまでも気になる

(5)　A　周囲の反対があってもやりたいことはやる
　　　B　周囲の反対があればやりたいことを抑える

（6） A 人から干渉されるのは嫌いだ
　　　 B 人から干渉されるのもしかたがない

（7） A 個性的な人だとよくいわれる
　　　 B 常識的な人だとよくいわれる

（8） A どちらかといえば気が小さいほうだ
　　　 B どちらかといえばものごとを気にしないほうだ

（9） A 自分なりのやり方を考えて進めるのが好きだ
　　　 B ルールや決まりに従って進めるのが好きだ

（10） A 落ち込むと何もしたくなくなる
　　　 B 落ち込んでも日常生活は変わらない

（11） A 自分は人よりすぐれていると思う
　　　 B 自分には人よりすぐれているところはないと思う

（12） A 何かあるとつい自分の責任だと思う
　　　 B 何かあっても自分のせいだとは思わない

（13） A 何日も考え込んでしまうことが多い
　　　 B 考え込むことはあまりない

（14） A 少しでもミスをすれば他人は自分を非難するに違いない
　　　 B 多少のミスをしても他人が自分に見せる態度は変わるものではない

情緒的側面

2 次の質問は、あなたの日常の行動や考えにどの程度あてはまりますか。もっとも近いものを1つ選びなさい。

1 あてはまらない
2 どちらかといえばあてはまらない
3 どちらかといえばあてはまる
4 あてはまる

（1） これといって理由もなく不安になることがある

（2） 周囲の意見を気にして、発言を控えることがある

（3） 自分は十分に信頼できると思う

（4） つい自分のことを過小評価しがちである

（5） 自分の気分に振り回されてしまうことがある

（6） 周囲の人が自分の悪口を言っていると思うことがある

（7） 自分は傷つきやすいほうだ

（8） 毎晩その日の反省をしている

（9） 友達をおもしろがらせることが好きだ

（10） 朝から何もしたくないような日がときどきある

社会関係的側面

解説 → 別冊P40

◆ポイント
①人や組織との関係の中で表れやすい特性を測定する。
②困難な課題に直面したときに、どのような行動をとるかなどをみる。
③安定したバランスのよさが求められる。

---

1 次の質問は、あなたの日常の行動や考えにどの程度あてはまりますか。もっとも近いものを1つ選びなさい。

　　1　Aに近い
　　2　どちらかといえばAに近い
　　3　どちらかといえばBに近い
　　4　Bに近い

（1）　A　損をするのはいやだ
　　　　B　人から嫌われるのはいやだ

（2）　A　隠しごとはしないほうがよい
　　　　B　他人に本音を言わないほうがよい

（3）　A　注意をしていないと、他人は自分の弱みにつけ込んでくると思う
　　　　B　世間には信頼できる人のほうが多いと思う

（4）　A　関係が悪くなるとしても、言うべきことは伝えるべきだ
　　　　B　人と対立することはできるだけ避けたい

（5）　A　どちらかといえば指導者タイプだ
　　　　B　どちらかといえば補佐役が向いている

（ 6 ）　A　やっかいな問題を解決していくのは嫌いではない
　　　　　B　やっかいな問題を解決していくのは苦手だ

（ 7 ）　A　対立しないようにものごとは丸く収めたい
　　　　　B　対立した意見は白黒をはっきりとさせたい

（ 8 ）　A　弱点を見せると他人はつけ込んでくるものだ
　　　　　B　弱点も見せることで他人との距離が近づくものだ

（ 9 ）　A　何かをするときは人に相談してから決めたい
　　　　　B　何かをするときは自分の考えで決めたい

（10）　A　失敗して迷惑をかけたくない
　　　　　B　何もやらずに後悔したくない

（11）　A　集団でものごとを決めるとき、自分の意見をはっきり主張する
　　　　　B　集団でものごとを決めるとき、他人の意見を尊重する

（12）　A　チームワークを第一に考える
　　　　　B　成果を出すことが最優先だ

（13）　A　誰とでも気軽に話せる
　　　　　B　特定の人や集団でなら気軽に話せる

（14）　A　できるだけ多数の友人をつくりたい
　　　　　B　深いつきあいができる友人をつくりたい

（15）　A　グループ内で意見が対立したときは、しばらくようすを見守りたい
　　　　　B　グループ内で意見が対立したときは、自ら仕切って解決したい

2 次の質問は、あなたの日常の行動や考えにどの程度あてはまりますか。もっとも近いものを1つ選びなさい。

   1　あてはまらない
   2　どちらかといえばあてはまらない
   3　どちらかといえばあてはまる
   4　あてはまる

社会関係的側面

（1）　やる気の感じられない人とはつきあいたくない

（2）　行動を起こす前に人に相談することが多い

（3）　周囲の意見を気にして、発言を控えることがある

（4）　議論をすると、負けてしまうことが多い

（5）　人づきあいは面倒だと思う

（6）　人の話の矛盾点を指摘してしまうことが多い

（7）　人の歩調と合わせるほうだ

（8）　人と何かをするとき、自分がリーダーになることが多い

（9）　周囲に働きかけて巻き込んでいくことが多い

（10）　話を進めるときは人と意見が衝突しないように気を遣うほうだ

構造的把握力検査

構造的把握力検査とは

　仕事で求められる「ものごとの大枠をつかみ、関連性や共通性を構造的に把握する能力」を確認するために、2013年からSPI 3 のオプション検査として構造的把握力検査が登場しました。

　「ものごとの大枠をつかみ、関連性や共通性を構造的に把握する能力」は、次のような場面で必要であると考えられています。

①問題に直面したとき
　　複雑な問題の大枠を理解して、過去の類似した事例を見つけ、解決の糸口をつかみます。
②新しいサービスなどを開発するとき
　　顧客のニーズや既存のサービスの課題を分析し、既存のサービスをもとにして新しいサービスを開発します。
③相手の認識を確認するとき
　　相手の要望や意見を整理してその内容を要約し、相手に確認を求めます。また、複数の相手の要望や意見をまとめ、共通点や相違点を見つけます。

　構造的把握力検査は、4つか5つの選択肢の中から類似するものを探します。この類似点を見つけるのに、論理的な思考力だけでなく、直感力やひらめきなどが求められます。

構造的把握力検査に対する対策

　構造的把握力検査は20分程度で行われるので、1問を解く時間が限られています。そのため、選択肢の関連性を素早く判断する必要があります。構造的把握力検査の例題は110ページ以降に掲載しますので、問題に取り組み、慣れておきましょう。

構造的把握力検査の問題形式

　構造的把握力検査では、言語系の問題と非言語系の問題が同程度出題されます。ここでは、それぞれの問題の特徴を説明します。

●言語系の問題

　言語系の問題形式は「文の仕分け」です。

　5つの選択肢を、指示に従って2つと3つのグループに分けます。このとき、共通点をもつ2つを選び、それ以外の3つと分けることが大切です。共通点となるのは文章の内容だけでなく、文章の構造や論理的な誤りなども含まれます。

◎具体的な出題内容
・文章の内容自体
・文章の前半と後半の関係
・2つの文章の関係
・命題の逆・裏・対偶
・三段論法　など

●非言語系の問題

　非言語系の問題形式は「文章問題の仕分け」です。

　文章問題とは「能力検査」の計算で扱われるような問題です。ただし、問題を解く必要はなく、問題の構造が似ている選択肢を選びます。「問題の構造が似ている」とは「同じような解き方をするもの」、つまり「和や差を求める」のか「比や割合を求める」のかなどということです。
　具体的な計算式を考える必要はありません。複雑な問題も出てきますが、まずは選択肢の文章を読んだだけで、問題の構造、すなわち「和・差・比や割合」のどれを使って求めるのかが思い浮かぶようになることが大切です。

　次のア～オを指示に従ってP（2つ）とQ（3つ）に分けるとき、Pに分類されるものはどれか。下の選択肢A～Jで答えなさい。

指示：次のア～オは、2つの事柄の関係についての記述である。その関係性の違いによって、PとQの2グループに分けなさい。

ア　線路に人が立ち入ったため、いつもの電車が遅れている。
イ　今年は初雪が遅かったから、春が来るのが早いはずだ。
ウ　一日中サッカーの練習をしたせいで、明日はきっと早起きできないだろう。
エ　水筒のお茶を飲み切ってしまい、コンビニでジュースを買った。
オ　新しいDVDを買ったので、今月は生活が苦しい。

A　アとイ　　　B　アとウ　　　C　アとエ　　　D　アとオ　　　E　イとウ
F　イとエ　　　G　イとオ　　　H　ウとエ　　　I　ウとオ　　　J　エとオ

解答　E

解説　1つの選択肢の前半と後半の文について、どのような関係にあるかを考えることが基本的な解法である。
　ア～オを見ると、アは「ため」、イは「から」、オは「ので」という接続語が使われているため、この3つは前半の文が後半の文の原因・根拠を示していることがわかる。ところがウやエも、よく読むと前半の文が後半の文の原因・根拠を示しているため、これだけでは判断ができない。
　そこで、今度はそれぞれの選択肢の後半の文に着目する。ア・エ・オは事実や結果を断定しているのに対し、イは「はずだ」、ウは「きっと～だろう」のように仮定や推測であることがわかる。

　以上より、グループPは「根拠→推測」の関係であるイとウ、グループQは「原因→結果」の関係であるアとエとオがあてはまる。

　次のア〜オを指示に従ってP（2つ）とQ（3つ）に分けるとき、Pに分類されるものはどれか。下の選択肢A〜Jで答えなさい。

指示：次のア〜オは、2つの文からなっている。その関係性の違いによって、
　　　PとQの2グループに分けなさい。

ア　きっと今回のテストも1位だ。他の人の何倍も勉強をした。
イ　早く掃除をしなければならない。部屋がとても散らかっている。
ウ　しばらく円高が続くようだ。海外旅行をするチャンスだろう。
エ　間食するのをやめよう。先月から3kgも太ってしまった。
オ　雨に濡れて体が冷えている。ゆっくり温泉に入りたい。

A　アとイ　　　B　アとウ　　　C　アとエ　　　D　アとオ　　　E　イとウ
F　イとエ　　　G　イとオ　　　H　ウとエ　　　I　ウとオ　　　J　エとオ

解答　I

解説　ア〜オを見てみると、どれも理由や現象の説明と、それに起因する判断や考えで構成されている。そこで、理由と判断のそれぞれを表しているのが前半の文か後半の文かを確認する。
ア　「きっと今回のテストも1位だ」←「他の人の何倍も勉強をした<u>ので</u>」
イ　「早く掃除をしなければならない」←「部屋がとても散らかっている<u>ので</u>」
ウ　「しばらく円高が続く<u>ので</u>」→「海外旅行をするチャンスだろう」
エ　「間食するのをやめよう」←「先月から3kgも太ってしまった<u>ので</u>」
オ　「雨に濡れて体が冷えている<u>ので</u>」→「ゆっくり温泉に入りたい」

　以上より、グループPは前半が理由で後半が判断となっているウとオ、グループQは前半が判断で後半が理由となっているアとイとエがあてはまる。

　次のア～エの４つのうち、問題の構造が似ているものを２つ選び、その組合せを下の選択肢Ａ～Ｆで答えなさい。

ア　食塩水Ｓの重さは食塩水Ｔの重さの$\frac{1}{2}$であり、濃度は食塩水Ｓが7.5％、食塩水Ｔが５％である。食塩水に含まれる食塩の重さが重いのはどちらか。

イ　商品Ｓは原価1000円で1800円の定価をつけた。商品Ｔは、原価が商品Ｓの原価の$\frac{3}{5}$で、1020円の定価をつけた。見込む利益の割合はどちらの商品が高いか。

ウ　Ｓさんはある距離を分速60ｍで12分間歩いた。ＴさんはＳさんの分速の$\frac{4}{5}$の速さで16分間歩いた。どちらの歩いた距離が長いか。

エ　Ｓ市の人口密度は280人/km^2、Ｔ市の人口密度は200人/km^{2}である。Ｓ市の面積はＴ市の面積の$\frac{2}{3}$である。どちらの市の人口が多いか。

A　アとイ　　　B　アとウ　　　C　アとエ
D　イとウ　　　E　イとエ　　　F　ウとエ

解答　C

解説　この問題は、「和・差・割合」の違い以外に、数値をそのまま計算式にあてはめるもの、仮の数値をあてはめて考えるもので分ける、やや難しいものである。

アの計算方法

$$濃度 = \frac{食塩の重さ}{食塩水の重さ} \times 100$$

食塩水Ｓの重さは食塩水Ｔの$\frac{1}{2}$なので、仮に食塩水Ｓの重さを100ｇとすると、食塩

水Tは200gとなる。　　S：100×0.075＝7.5［g］　　　　T：200×0.05＝10［g］

　よって、食塩水Tに含まれる食塩のほうが重い。この問題は、一方の食塩水の重さを仮定してもう一方の食塩水の重さを求め、両方の食塩の重さを比較する。

イの計算方法

　定価＝原価×（1＋見込む利益の割合）

S：1800＝1000×（1＋x）　　800＝1000x　　x＝0.8

T：1020＝1000×$\dfrac{3}{5}$×（1＋y）　　420＝600y　　y＝0.7

　よって、商品Sのほうの見込む利益の割合が高い。この問題は求める利益の割合をx、yとして、定価を原価で割り算して計算する。

ウの計算方法

　距離＝速さ×時間　　S：60×12＝720［m］　　T：60×$\dfrac{4}{5}$×16＝768［m］

よって、Tさんの歩いた距離のほうが長い。この問題は速さ×時間で計算できる。

エの計算方法

　人口密度＝$\dfrac{人口}{面積}$

　S市の面積はT市の面積の$\dfrac{2}{3}$なので、仮にS市を2km²とするとT市は3km²となる。

S市：280×2＝560［人］　　　T市：200×3＝600［人］

　よって、T市の人口のほうが多いことがわかる。この問題は、一方の面積を仮定してもう一方の面積を求め、比較する。

　ゆえにアとエは計算式の分母（食塩水の重さ、面積）の数値を仮定して、分子（食塩の重さ、人口）を計算し、その数値で比較するという共通性がある問題である。

　なお、ここでは説明のため、各選択肢について、計算式を解いて数値を出しているが、実際の検査では正確な数値を出す必要はない。

SPIの性格検査

■能力検査では測り切れない部分を探る

　SPIでは、「言語能力検査」「非言語能力検査」「性格検査」の3種類が実施される。能力検査が実際に仕事をしていく能力や知識をみるものであるのに対し、性格検査は受検者のパーソナリティをみるために実施される。

　企業が人材を採用するにあたって、高い能力や学力を持つ人間を希望するのは当然であるが、それ以上に重視されるのは、同僚や上司、取引先の相手などと良好な人間関係を築いていけるか、その職業が好きか、適性があるかなど、能力検査では測り切れないその人自身の姿である。

■人柄、職務・組織への適応力を4側面18種類の尺度で

　SPI3の性格検査は性格を4側面18種類の尺度で分類し、その人が一般的な水準でどういう位置にあるかを評価する。企業に向けての報告では、ある検査項目で平均より高い場合、あるいは低い場合に、どのような考え方や行動につながるかが示される。さらに複数の尺度による解釈では、人物イメージを深め、具体的な仕事場面における行動特性を予想することもできる。

■事前に自宅でパソコンやスマホで受検が主流

　SPIには4つの実施方法があるが、近年主流になってきたテストセンター方式では、性格検査は事前に自宅で受検する。具体的な流れとしては、①企業からテストセンターでの受検が指示される、②自分で受検する日程・会場を予約する、③自宅のパソコンやスマートフォンで性格検査を受検、④予約した日にテストセンターで能力検査を受検、となる。ただし、この方式に2022年からオンライン会場が加わった。WEBカメラを通じて監督者と接続し受検する。これにより、両検査とも自宅等での受検が可能になった。

　なお、インハウスCBTでは能力検査、性格検査ともに企業のパソコンで、WEBテスティングではいずれの検査も自宅や学校のパソコンで、ペーパーテスティングではいずれの検査も企業が設けた会場でそれぞれ受検する。

第4章

SCOA

NOMA総研のSCOAは多くの企業に利用されています。能力検査は、英語や社会、理科など幅広い分野から出題されるのが特徴で、SPIとは別の対策が必要となります。マークシート、テストセンター、SCOA cross[*]という実施方式があり、また、Web方式・短時間・4尺度で検査するテストも用意されています。

*オンライン監督官付Web方式とテストセンター方式のいずれかを受検者が選択できる。

言語

SCOAの問題数は120問。
これを60分で解く。

解答・解説 → 別冊P41〜42

ポイント

①言語問題は20問。長文読解と熟語や慣用句の知識を問う問題。
②知識を問う問題は、読み方や意味を覚えていれば解答は簡単。長文読解の対策はSPI、Webテストに近いのでそちらを参照すること。

1 次に示す言葉の意味で、正しいものをA〜Eの中から1つ選びなさい。

（1）　泥をかぶる
　　　A　災害に遭うこと
　　　B　ぐっすりと眠ること
　　　C　隠していた罪を白状すること
　　　D　他人の責任までを自ら負うこと
　　　E　泥にまみれた状態

（2）　口をぬぐう
　　　A　素知らぬふりをすること
　　　B　満腹になること
　　　C　間に立ってとりもつこと
　　　D　かたく口を閉ざして黙ること
　　　E　話を合わせること

（3）　峠を越す
　　　A　非常に遠くへ出かけること
　　　B　いちばん盛んなときが過ぎること
　　　C　ここいちばんの勝負に出ること
　　　D　時機に遅れて間に合わないこと
　　　E　たどり着いてほっとしたさま

（4）　羽目をはずす
　　　A　追い込まれて困り果てること
　　　B　規則を無視して自由にふるまうこと
　　　C　能力や気力が下がること
　　　D　勢いが強くなること
　　　E　調子に乗り、度を過ごすこと

（5）　耳にたこができる
　　　A　批判などを不愉快に思うこと
　　　B　何度も同じことを聞かされること
　　　C　古い話で、すでに知っているということ
　　　D　驚きあきれること
　　　E　体調が悪いこと

（6）　馬脚をあらわす
　　　A　隠していた素性や実力のほどが露呈すること
　　　B　俊足であること
　　　C　頭が悪く、物覚えが悪いこと
　　　D　分量などをかさ上げし、ごまかすこと
　　　E　脚立が壊れること

（7）　さじを投げる
　　　A　降参すること
　　　B　融通をきかせること
　　　C　相手の技量を賞賛すること
　　　D　ひどく驚くこと
　　　E　あきらめ、見放すこと

（8）　ふに落ちない
　　　A　腹が立ち、いらいらすること
　　　B　落ち着かずに歩き回ること
　　　C　納得できないこと
　　　D　腹におさめて我慢すること
　　　E　こちら側に落ち度がないこと

言語

2 次に示す言葉の意味で、正しいものをA～Eの中から1つ選びなさい。

（1） 蛇足

    A　たくさん脚のある生き物。むかで

    B　よけいなもの、無駄なもののたとえ

    C　昆虫の脚の部分のこと

    D　くねくねと曲がっている山道のこと

    E　追加の用件を記すこと、追記

（2） 一日の長

    A　長命で知識の深い人のこと

    B　彼岸が過ぎて日が長くなること

    C　催しなどで、一日だけ長をつとめること

    D　知識や経験がいちだん上のこと

    E　月初め、特に元旦をいう

（3） 月とすっぽん

    A　比べものにならないこと

    B　よく似ていること

    C　似ているように見えて、実は異なること

    D　やっても無駄なこと

    E　見かけは違っても、本質は同じであること

（4） 人口に膾炙する

    A　口に合わないこと

    B　広く世間に知られること

    C　人数が増えること

    D　暮らし向きが世俗的でないこと

    E　批判や非難の声が高まること

（5）　木に竹を接ぐ
- A　その場限りの策を講じること
- B　よく似合うこと
- C　機転をきかすこと
- D　予想もしないできごと
- E　つじつまが合わないこと

（6）　青天白日
- A　何もやましいことがないこと
- B　思いがけずに起きた変事のこと
- C　大変よい景色のこと
- D　にわか雨のこと
- E　ひとりだけすぐれていること

（7）　烏合の衆
- A　そろいの衣装をつけたグループのこと
- B　何もない状態になること
- C　専門家の集団のこと
- D　声を出さずに行う芝居のこと
- E　規律や統一がない集団のこと

（8）　寝た子を起こす
- A　非常事態を知らせること
- B　紛糾していた物事が落ち着くこと
- C　おさまった物事に手出しをし、問題を起こすこと
- D　寝る間を惜しんで働くこと
- E　人に先んじてとりかかること

（9）　腐っても鯛
- A　分不相応な見栄をはること
- B　どんなにいいものであっても、状況によっては使えないこと
- C　立派な集団の最後につくより、小さな集団の先頭に立つのがよい
- D　すぐれたものは悪くなったようでも値打ちがあるということ
- E　昔の業績をいつまでも得意に話す人のこと

言語

数理

SCOAの問題数は120問。
これを60分で解く。

解答・解説 —→ 別冊P42〜44

> **ポイント**
> ①数理問題は25問。四則演算、方程式・不等式、数列、文章題など。
> ②ルートや指数の計算、方程式など、ほぼ数学の問題。中学校程度の
> 内容なので、復習をしっかりと。文章題の対策はSPIを参照。

1 次の計算をしなさい。

（1）　$(-2)^2 \times (-2) + 5^2 \times 3$
　　　A　83　　　B　67　　　C　-67　　　D　50　　　E　25

（2）　$-5 \times 7 - (-4)^2 \div 2$
　　　A　27　　　B　-27　　　C　43　　　D　-43　　　E　-35

（3）　$-6^2 \div (-3) + (-3)^2 \times 7$
　　　A　41　　　B　12　　　C　-63　　　D　75　　　E　-75

（4）　$-5^2 \times 2 - 36 + (-5)^2 \div 5$
　　　A　-50　　　B　-36　　　C　-86　　　D　-81　　　E　14

（5）　$(-2)^2 \div (-4) - 12 \div (-3)$
　　　A　5　　　B　-5　　　C　3　　　D　1　　　E　0

（6）　$4^2 \div (-2) \times (-3 + 2^2)$
　　　A　-8　　　B　8　　　C　-16　　　D　16　　　E　9

（7）　$\left(\dfrac{1}{2}\right)^2 \times \dfrac{2}{3} \div 4$
　　　A　$\dfrac{1}{3}$　　　B　$\dfrac{2}{3}$　　　C　$\dfrac{1}{6}$　　　D　$\dfrac{1}{12}$　　　E　$\dfrac{1}{24}$

(8) $\dfrac{4}{9} \times \left(-\dfrac{1}{2}\right)^2 - \dfrac{3}{4}$

A $\dfrac{23}{36}$　　B $-\dfrac{23}{36}$　C $\dfrac{27}{36}$　　D $\dfrac{1}{9}$　　E $-\dfrac{1}{9}$

(9) $\left(-\dfrac{1}{3}\right)^2 \times \dfrac{3}{2} \times (-4)^2$

A $\dfrac{8}{3}$　　B $\dfrac{3}{8}$　　C 5　　D 2　　E $\dfrac{4}{3}$

(10) $\sqrt{12} + \sqrt{27} - \sqrt{3}$

A $2\sqrt{2}$　B $2\sqrt{3}$　C $4\sqrt{3}$　D $4\sqrt{2}$　E $\sqrt{3}$

(11) $(\sqrt{2} + \sqrt{3})^2$

A $\sqrt{5}$　　B 5　　C $2 + 2\sqrt{3}$　　D $5 + 2\sqrt{6}$　　E $5 + 2\sqrt{3}$

(12) $4\sqrt{8} - \sqrt{98}$

A 2　　　　B $2\sqrt{2}$　　C $-\sqrt{2}$　　D $\sqrt{2}$　　E $11\sqrt{2}$

(13) $\sqrt{2}(\sqrt{6} + \sqrt{8})$

A $2\sqrt{3}$　　B $2\sqrt{3} + 4$　C $\sqrt{3} + 2$　D $8\sqrt{2}$　　E 1

(14) $\sqrt{2}^2 - (2\sqrt{3} - 1)$

A $1 - 2\sqrt{3}$　B $3 - 2\sqrt{3}$　C $\sqrt{2} - 2\sqrt{3}$　D $2\sqrt{3}$　E 0

(15) $\dfrac{1}{\sqrt{3}^2} \times \dfrac{3}{2} + 4\sqrt{3}$

A $\dfrac{1}{2} + 4\sqrt{3}$　B $\dfrac{1}{2} + \sqrt{3}$　C $\dfrac{1}{6} + 4\sqrt{3}$　　D $4\sqrt{3}$　　E $\sqrt{3}$

(16) $\sqrt{32} - \dfrac{\sqrt{6}}{\sqrt{3}} + \sqrt{8}$

A $2 + \sqrt{3}$　　B $3\sqrt{3}$　　C $5\sqrt{2}$　　D $5\sqrt{3}$　　E $9\sqrt{3}$

2 次の式を解きなさい。

（1） $\dfrac{2-x}{2} + \dfrac{2}{3}x - \dfrac{9}{2}x = \dfrac{1}{6}$

   A $x = \dfrac{1}{18}$ B $x = \dfrac{1}{26}$

   C $x = \dfrac{5}{26}$ D $x = \dfrac{7}{26}$

   E $x = \dfrac{11}{26}$

（2） $\begin{cases} x + y = 3 \\ 2x + 4y = 10 \end{cases}$

   A $x = 1$、$y = 2$ B $x = 2$、$y = 1$
   C $x = -1$、$y = -2$ D $x = 2$、$y = -1$
   E $x = -2$、$y = 1$

（3） $\begin{cases} 2x + 3y = 1 \\ 3x - 2y = 1 \end{cases}$

   A $x = 3$、$y = 2$ B $x = \dfrac{1}{6}$、$y = \dfrac{1}{2}$

   C $x = \dfrac{1}{13}$、$y = \dfrac{5}{13}$ D $x = \dfrac{5}{13}$、$y = \dfrac{1}{13}$

   E $x = \dfrac{2}{3}$、$y = \dfrac{3}{2}$

（4） $x^2 + 6x + 8 = 0$

   A $x = -2$、-3 B $x = -3$、2
   C $x = -4$、-2 D $x = 2$、-4
   E $x = 6$、-1

（5） $x^2 - 5x = -6$

    A　$x = 1$、4　　　　　　B　$x = 3$、2

    C　$x = -2$、3　　　　　D　$x = -3$、-2

    E　$x = 5$、-1

（6） $x^2 - 6x = -9$

    A　$x = 3$　　　　　　　B　$x = -3$

    C　$x = 5$　　　　　　　D　$x = 3$、-6

    E　$x = -2$、3

（7） $(x-1)^2 - 4 = 0$

    A　$x = 1$、-1　　　　B　$x = 1$、4

    C　$x = 3$、-1　　　　D　$x = -3$、1

    E　$x = 2$、1

（8） $2(x+1) \geqq x - 3$

    A　$x \geqq 5$　　　　　　B　$x \geqq -5$

    C　$x \geqq -1$　　　　　D　$x \geqq 1$

    E　$x \geqq 3$

（9） $-3(x-5) - 4 > x - 1$

    A　$x > 5$　　　　　　　B　$x > 3$

    C　$x < 3$　　　　　　　D　$x < -3$

    E　$x > -3$

（10） $2 + \dfrac{2x-1}{3} < \dfrac{3x+5}{5}$

    A　$x < 3$　　　　　　　B　$x > 3$

    C　$x < 10$　　　　　　　D　$x < -10$

    E　$x > -10$

数理

3 次の数字はある規則性に従って並んでいる。空欄にあてはまる数字をA〜Eの中から1つ選びなさい。

（1） 4、6、8、10、12、（ ）、（ ）
　　　A　13、15　　B　14、16　　C　14、15　　D　15、17　　E　14、18

（2） 1、4、7、10、13、（ ）、（ ）
　　　A　16、19　　B　15、17　　C　13、16　　D　16、20　　E　14、16

（3） 19、17、15、13、11、（ ）、（ ）
　　　A　9、5　　　B　9、7　　　C　7、5　　　D　10、7　　　E　9、8

（4） 13、15、18、22、27、（ ）、（ ）
　　　A　29、30　　B　29、31　　C　33、40　　D　33、39　　E　31、35

（5） 3、6、12、24、48、（ ）、（ ）
　　　A　64、98　　B　72、98　　C　96、192　　D　96、128
　　　E　128、192

（6） 4、8、12、16、20、（ ）、（ ）
　　　A　22、24　　B　24、28　　C　24、30　　D　28、32　　E　28、34

（7） 2、4、8、16、32、（ ）、（ ）
　　　A　44、68　　B　38、72　　C　64、118　　D　64、156
　　　E　64、128

（8） 88、78、70、64、60、（ ）、（ ）
　　　A　64、60　　B　64、58　　C　60、54　　D　58、58　　E　58、54

（9） 0、3、8、15、24、（ ）、（ ）
　　　A　29、35　　B　30、36　　C　32、38　　D　35、48　　E　48、64

（10）1、1、2、4、7、（ ）、（ ）
　　　A　9、11　　B　9、13　　C　10、14　　D　11、15　　E　11、16

(11)　0、3、4、7、8、( )、( )

　　A　11、12　　B　10、11　　C　10、9　　D　9、13　　E　9、15

(12)　12、11、14、13、16、( )、( )

　　A　15、18　　B　18、15　　C　16、19　　D　19、16　　E　18、20

(13)　2、−4、8、−16、32、( )、( )

　　A　64、128　　B　−64、128　　C　−64、−80　　D　−96、128

　　E　−96、192

(14)　3、3、6、18、72、( )、( )

　　A　144、360　　B　360、2160　　C　360、720　　D　288、1440

　　E　144、2880

(15)　5、2、−1、−4、−7、( )、( )

　　A　−9、−11　　B　−9、−13　　C　−10、−12　　D　−10、−13

　　E　−11、−15

(16)　$\frac{2}{3}$、$1\frac{1}{3}$、4、16、( )、( )

　　A　32、48　　　B　32、$45\frac{2}{3}$　　C　72、80　　　D　80、$96\frac{1}{3}$

　　E　80、480

(17)　$\frac{1}{2}$、$\frac{1}{6}$、$\frac{1}{18}$、$\frac{1}{54}$、( )、( )

　　A　$\frac{1}{162}$、$\frac{1}{486}$　　B　$\frac{1}{144}$、$\frac{1}{432}$　　C　$\frac{1}{96}$、$\frac{1}{128}$　　D　$\frac{1}{72}$、$\frac{1}{144}$

　　E　$\frac{1}{72}$、$\frac{1}{256}$

(18)　1、2、6、12、36、( )、( )

　　A　48、52　　　B　48、96　　C　72、216　　D　72、256

　　E　144、256

論理

SCOAの問題数は120問。
これを60分で解く。

解答・解説 ━▶ 別冊P44～47

ポイント
①論理問題は25問。立方体の回転や展開図、推論、判断推理など。
②回転や展開図は原則を覚えて練習を。推論や判断推理の対策にはSPI
の推論問題も参照。

1 立方体とその展開図がある。立方体を指示された方向に回転させたとき、
回転後に上の面にウが出ないものをA～Eの中から1つ選びなさい。

（1）

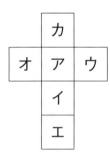

A ③
B ④→③
C ①→①→①
D ②→③→④
E ②→③

（2）

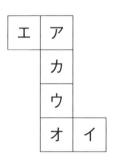

A ③→①→②
B ④
C ③→④
D ③→③→④
E ①→③→④

2 立方体とその展開図がある。図の状態から指示された方向に回転したとき、上の面に出る文字の順番として正しいものをA～Eの中から1つ選びなさい。

（1）

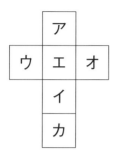
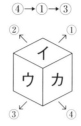

(4)→(1)→(3)

A　エ→カ→ウ
B　エ→ウ→エ
C　ウ→ア→エ
D　エ→ウ→イ
E　ウ→イ→カ

（2）

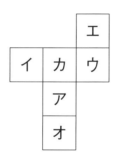

(3)→(4)→(3)

A　ア→カ→イ
B　ア→オ→カ
C　ウ→カ→ア
D　ウ→ア→カ
E　ウ→エ→イ

（3）

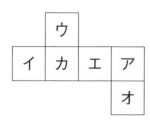

(1)→(1)→(4)

A　ア→イ→ウ
B　ウ→イ→オ
C　オ→イ→カ
D　オ→ウ→イ
E　カ→イ→ア

3 図のような道がある。PからQへ行く最短距離の道順は何通りあるか。

(1)

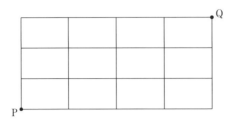

A　12通り
B　16通り
C　20通り
D　35通り
E　42通り

(2)

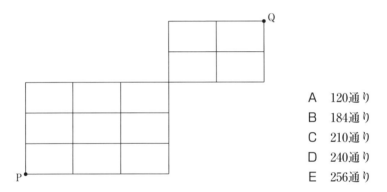

A　120通り
B　184通り
C　210通り
D　240通り
E　256通り

4 円周上に点が10個ある。このうち4個を選んで四角形を作ると、四角形は何個できるか。

A　120個
B　160個
C　210個
D　240個
E　280個

5　P、Q、R、S、Tの 5 チームでフットサルのリーグ戦を行った。結果について、以下のことがわかっている。なお、同順位のチームはいなかった。

・Qは 1 位ではない。

・TはPに勝ち、Rに負けた。

・SはQに負けた。

・PはSに勝った。

次のうち、必ずしも誤りといえないものはどれか。

A　Tは 1 勝しかできなかった

B　Sは 3 位であった

C　Pは 3 勝 1 敗だった

D　SはRに勝った

E　QはPに負けた

6　次のように、P〜Wの 8 人でテニスのトーナメント戦を行った。結果について以下のことがわかっている。

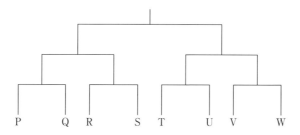

・RはSに負けた。

・PはSと対戦しなかった。

・Tは 2 勝した。

次のうち、確実にいえることはどれか。

A　Sは決勝に行った

B　VはWに勝った

C　Qは 1 回戦で負けた

D　UとVは対戦しなかった

E　優勝はTであった

論理

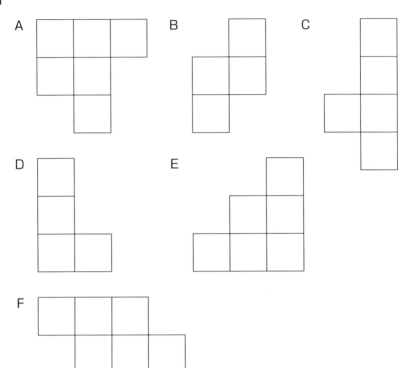

A

B

C

D

E

F

8 立方体、直方体、三角柱を組み合わせた立体がある。この立体を真上から見たものが図1、矢印の方向から見たものが図2である。このとき、アの方向から見た図として正しいものはどれか。

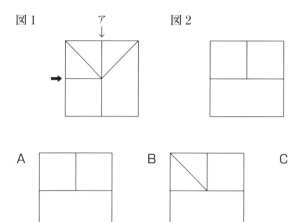

図1　　ア

図2

A　　　　　　　B　　　　　　　C

D　　　　　　　E

英語

SCOAの問題数は120問。
これを60分で解く。

解答・解説 → 別冊P47〜49

ポイント 🎵

①英語問題は30問。単語の意味を英文選択肢から選ぶ、慣用句や前置詞の知識、発音などの出題。

②基礎的な英文法の知識が必要。中学、高校時代の教科書を復習しよう。

---

1 次の単語の意味として適切なものを選びなさい。

(1) significant
- A immediate
- B infamous
- C immense
- D important
- E incorrect

(2) decade
- A ten years
- B twenty years
- C seven days
- D two weeks
- E six months

(3) approximately
- A across
- B about
- C under
- D against
- E over

(4) liberty
- A problem
- B limit
- C relation
- D nerve
- E freedom

(5) opportunity
- A purpose
- B donation
- C volunteer
- D chance
- E concept

(6) legal
- A legitimate
- B remarkable
- C competent
- D concrete
- E arrogant

(7) visit
    A put up with   B take part in   C drop in at
    D go through with   E stand up for

(8) deliberately
    A by accident   B on purpose   C at any rate
    D for good   E with ease

(9) emit
    A take off   B take over   C give off
    D give up   E put off

(10) consider
    A bring up   B get rid of   C let down
    D take account of   E think better of

(11) cause
    A burst into   B take care of   C figure out
    D make out   E bring about

(12) break the ice
    A feel at ease   B start a conversation   C get angry
    D stop talking   E make a decision

2 次の文の（ ）に入る語として適切なものを選びなさい。

(1) In this class you can talk only （ ） English.
    A with   B on   C by   D in   E at

(2) Jim is satisfied （ ） his new job.
    A with   B on   C by   D in   E at

(3) It's rainy today, so I can't go （ ） bike. I'll take a bus.
    A by   B for   C at   D over   E about

英語

(4) We are looking forward (　　) visiting Australia next month.
A　with　　　B　to　　　　C　for　　　　D　at　　　　E　about

(5) I know that woman (　　) is singing on the stage.
A　who　　　B　which　　C　what　　　D　whose　　E　whom

(6) I think that the man (　　) you met yesterday was Mr. Johnson.
A　which　B　in which　C　what　　D　whom　　E　whoever

(7) She is the woman (　　) son has become a doctor.
A　who　B　which　C　whomever　D　whose　E　by whom

(8) My father always tells me (　　) my hands before eating.
A　washed　　　　　B　washing　　　　　C　to wash
D　to washing　　　E　have washed

3 次の語と同じ発音をもつ語を選びなさい。

(1) h<u>o</u>ld
A　ab<u>ou</u>t　B　w<u>o</u>rk　C　t<u>a</u>lk　D　br<u>ou</u>ght　E　b<u>ow</u>l

(2) w<u>or</u>k
A　h<u>ar</u>d　　B　t<u>ear</u>　　C　h<u>ear</u>d　D　p<u>ow</u>er　E　<u>or</u>ganize

4 次の日本文の意味をもっとも適切に表す英文を選びなさい。

(1) 「こんなに美しい絵は見たことがない。」
A　This is the beautiful painting I saw before.
B　This is not the beautiful painting I have seen.
C　I have seen a lot of beautiful paintings like this.
D　I have never seen such a beautiful painting like this.
E　I have ever seen such a beautiful painting before.

（2）　「父は私が家を出たとき、悲しかったに違いない。」

A　My father is sad when I leave home.

B　My father was sad when I left home.

C　My father must be sad when I leave home.

D　My father must have been sad when I left home.

E　My father must had been sad when I have left home.

（3）　「あの教会はこの国でいちばん古い。」

A　That church is older than this country.

B　That church is older than any other in this country.

C　That church is the old in this country.

D　That church is as old as other ones in this country.

E　No other church is the oldest in this country.

5　次の下線部に入るもっとも適切な文を選びなさい。

（1）　Tom：Do you mind if I ask you a personal question?

Kei：＿＿＿＿＿＿＿＿＿＿＿

A　How's it going?

B　Of course not.

C　Yes, I do. Go ahead.

D　Yes, of course.

E　I'm sorry, but I can't.

（2）　Tom：What is your plan for the summer vacation?

Kei：＿＿＿＿＿＿＿＿＿＿＿

A　I enjoyed swimming in Okinawa.

B　The summer vacation is about four weeks.

C　I'm going to do volunteer work abroad.

D　I'll answer all the question they ask.

E　I like winter better than summer.

英語

135

常識

SCOAの問題数は120問。
これを60分で解く。

解答・解説 → 別冊P49〜51

ポイント
①常識問題は20問。社会と理科が10問ずつ出題される。
②社会は、公民、歴史、地理など。理科は、生物、化学、物理、地学
と全分野にわたる。おおむね中学レベルの基本知識が問われる。

1 次の各問いに答えなさい。

(1) 日本国憲法の三大原則とは、次のうちどれか。
　　A　平和主義、象徴天皇制、基本的人権の尊重
　　B　集団的自衛権、国民主権、自由選挙制
　　C　国民主権、平和主義、基本的人権の尊重
　　D　財産権の保障、国民主権、政教分離
　　E　平和主義、象徴天皇制、政教分離

(2) 「衆議院の優越」に関する次の説明のうち、正しいものはどれか。
　　A　衆議院の機能が参議院よりも優先されるということ
　　B　衆議院議員の被選挙権年齢が参議院議員よりも高いということ
　　C　参議院議員定数より衆議院議員定数のほうが多いということ
　　D　法律案を衆議院単独で可決することができるということ
　　E　衆議院議員選挙が参議院議員選挙よりも優先されるということ

(3) 誰一人取り残さない持続可能でよりよい社会の実現をめざす世界共通の目
　　標で、2030年を達成年限に17のゴールと169のターゲットから構成されて
　　いるものは何か。
　　A　UNEP
　　B　ODA
　　C　COP21
　　D　SDGs
　　E　PKO

2 次の各問いに答えなさい。

（1） 江戸時代の改革の名称と中心人物の組合せのうち、正しいものはどれか。

A　寛政の改革　　水野忠邦

B　正徳の治　　　徳川綱吉

C　天保の改革　　松平定信

D　享保の改革　　徳川吉宗

E　安政の改革　　田沼意次

（2） 三権分立論を説き、絶対王政に批判的立場をとり、フランス革命やアメリカの民主主義制に影響を与えたフランスの法学者で、『法の精神』を著したのは誰か。

A　ルソー

B　モンテスキュー

C　モンテーニュ

D　ヴォルテール

E　ルター

（3） 日本が国際連盟を脱退したきっかけとなった事件は何か。

A　柳条湖事件

B　甲午農民戦争

C　盧溝橋事件

D　二十一カ条の要求

E　義和団事件

（4） 古代インド文明の説明として誤っているものはどれか。

A　モヘンジョダロ、ハラッパーなどの遺跡が残されている

B　街路や用水路など、都市計画に基づく建設が見られる

C　文字は使われなかった

D　インダス川流域で発展した

E　砂漠化によって衰退したという説が提唱されている

常識

3 次の各問いに答えなさい。

（1） 偏西風と暖流の影響を受けて夏は涼しく、冬は温暖で、年間を通じて適度な降水がある気候区分を何というか。

A　サバナ気候

B　地中海性気候

C　温暖湿潤気候

D　西岸海洋性気候

E　ステップ気候

（2） 次の記述にあてはまる国はどこか。

「集約化・機械化による生産性の高い農業と酪農が有名で、特に花卉（かき）の生産では、小国ながら生産額で世界第2位である。天然ガス資源が豊富で、エネルギー・資源産業の世界企業シェルの本社があった。低湿地帯の国土で、国名は『低地の国』を意味する言葉に由来する」

A　フランス

B　ベルギー

C　スウェーデン

D　アイスランド

E　オランダ

（3） 次の地形と地名の組み合わせのうち、誤っているものはどれか。

A　洪積台地　　　　武蔵野台地

B　河岸段丘　　　　片品川流域

C　リアス海岸　　　三陸海岸

D　陸繋島　　　　　志賀島

E　シラス台地　　　秋吉台

（4） 図の中心から任意の1点までの方位と距離が正しく表される図法はどれか。

A　メルカトル図法

B　正距方位図法

C　サンソン図法

D　モルワイデ図法

E　正角円錐図法

4 次の各問いに答えなさい。

（1） 時速72kmで走っていた自動車が停止するためにブレーキをかけ、20秒後に止まったとき、ブレーキをかけ始めてから停止するまでの平均の加速度はいくらか。

A　0.5m/s^2

B　$1\,\text{m/s}^2$

C　1.2m/s^2

D　1.5m/s^2

E　$2\,\text{m/s}^2$

（2） 光の性質についての次の記述のうち、誤っているものを選べ。

A　水に入れた硬貨が、実際よりも浅い場所にあるように見えるのは、光の屈折の作用による

B　シャボン玉の表面が7色に輝くのは、光の干渉の作用による

C　小さな穴（ピンホール）を通過した光が同心円状の縞模様を描くのは、光の回折の作用による

D　空が青く見えるのは、光の散乱の作用による

E　プリズムを通った光が7色に分けられるのは、光の干渉の作用による

（3） 抵抗R_1とR_2を図のようにつなぎ、回路に12Vの電圧をかけた。それぞれの抵抗に流れる電流はいくらか。

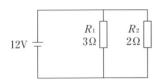

A　R_1：4〔A〕、R_2：6〔A〕

B　R_1：6〔A〕、R_2：4〔A〕

C　R_1：2.4〔A〕、R_2：2.4〔A〕

D　R_1：0.25〔A〕、R_2：0.16〔A〕

E　R_1：2〔A〕、R_2：4〔A〕

5 次の各問いに答えなさい。

（1）「一定量の気体の体積は、圧力に反比例し、絶対温度に比例する」。この法則を何というか。

A　アボガドロの法則

B　ボイルの法則

C　ボイル・シャルルの法則

D　気体反応の法則

E　ファラデーの法則

（2）次の化学反応式で誤っているものはどれか。

A　$2Cu + O_2 \rightarrow 2CuO$

B　$2H_2O_2 \rightarrow 2H_2O + O$

C　$CO_2 + 2Mg \rightarrow C + 2MgO$

D　$HCl + NaOH \rightarrow NaCl + H_2O$

E　$3NO_2 + H_2O \rightarrow 2HNO_3 + NO$

（3）共有結合についての次の記述のうち、正しいものはどれか。

A　原子同士が価電子を共有することで結合する

B　自由電子をもち、電気や熱をよく導く

C　金属元素と非金属元素が結合する場合の結合である

D　陽イオンと陰イオンの静電気力による結合である

E　金属元素同士が結合する場合の結合である

（4）物質の構成についての次の記述のうち、誤っているものはどれか。

A　物質を構成する最小単位を原子という

B　1種類の原子からできている物質を単体という

C　同位体とは、質量が等しく、原子番号（陽子の数）が異なるものをいう

D　同じ原子からなる単体で性質の異なるものを同素体という

E　分子は原子が結合したもので、物質の性質を表す最小単位の粒子である

6 次の各問いに答えなさい。

（1）細胞の構造や器官についての次の記述のうち、誤っているものはどれか。

A　ゴルジ体は、物質の形成、分泌、輸送などのはたらきをもつ

B　葉緑体は、植物細胞に特有のもので、光合成を担う

C　ミトコンドリアは、好気呼吸によって発生するエネルギーでATPを作り、生物の活動に必要なエネルギーを供給する

D　細胞膜は、動物細胞に特有のもので、半透性をもち、物質を選択的に取り入れ、不要な物質を排出する

E　核は核膜で包まれ、中には、遺伝子の実体であるDNAを含む染色体がある

（2）次のうち、脂肪の分解にはたらく酵素はどれか。

A　アミラーゼ

B　リパーゼ

C　ペプシン

D　マルターゼ

E　オキシダーゼ

（3）ヒトのABO式血液型について、両親ともにAB型であった場合に、子どもの血液型として考えられないものはどれか。

A　A型

B　B型

C　O型

D　AB型

E　O型とAB型

（4）生態系でいう「消費者」の役割は、次のどれか。

A　有機物を無機物に分解する

B　有機物から無機物を合成する

C　有機物を直接に、また間接的に利用する

D　無機物を直接に、また間接的に利用する

E　有機物から有機物を生成する

7 次の各問いに答えなさい。

（1）太陽系の惑星とその特徴についての次の記述のうち、正しいものはどれか。

A　海王星　大型で低密度の木星型惑星。メタンを主成分とする大気をもつ

B　水星　小型で高密度な木星型惑星。非常に薄い大気が確認されている

C　土星　大型で低密度の木星型惑星。多数の環をもち、太陽系で最大の惑星

D　火星　小型で高密度な地球型惑星。自転方向が地球と逆になっている

E　金星　小型で高密度な地球型惑星。表面温度は水星より高く、大気はほとんど存在しない

（2）次のうち、火成岩に分類されないものはどれか。

A　安山岩

B　花崗岩

C　石灰岩

D　玄武岩

E　黒曜石

（3）気象に関する次の記述のうち、誤っているものはどれか。

A　北西太平洋、南シナ海に存在する熱帯低気圧で、低気圧内の最大風速がおよそ17m/s以上のものを台風という

B　水蒸気を含む風が山を越え、風下側に高温をもたらすことをフェーン現象という

C　日本の梅雨は、冷たく湿ったオホーツク海気団と高温多湿の小笠原気団による停滞前線が日本南部に形成されることによりもたらされる

D　西に高気圧、東に低気圧が発達する日本列島の冬の典型的な気圧配置を西高東低とよぶ

E　海岸地帯の陸と海の温度差により、昼は陸から海へ、夜は海から陸へと風向が変化する風を海陸風という

第5章

SHLテスト

SHL社の適性検査CABやGABは論理的思考度を測るテストで、ペーパーテストではSPI3に次ぐシェアを占めるといわれています。近年は難易度の高いWebCABが出題されることもあるため、しっかりと対策しておくことが必要です。OPQはCAB、GAB共通の性格検査です。

暗算

CABの暗算は50問。これを10分で解く。
WebCABでは50問を9分で解く。

解答・解説 → 別冊P52

ポイント

①四則計算のみだが桁数が多い。真正直に計算すると時間切れとなる。
②概数計算、小数点以下の桁数などを利用し、選択肢を絞り込む。
③P146〜147は、WebCABに対応した四則逆算の問題である。

---

1 以下の問題を暗算で解き、正しいと思う選択肢を選びなさい。

（1） $99 + 27 = ?$
A　32　　B　4112　　C　325　　D　126　　E　5188

（2） $28 \times 73 = ?$
A　1568　　B　306　　C　2044　　D　724　　E　86

（3） $45 \times 52 = ?$
A　2340　　B　200　　C　35　　D　2056　　E　425

（4） $25.4 - 12.246 = ?$
A　130.45　B　-22.32　C　54.68　D　-15.24　E　13.154

（5） $308 + 66 + 2793 = ?$
A　3167　　B　433　　C　89　　D　3966　　E　968

（6） $8703 - 638 = ?$
A　564　　B　8065　　C　18　　D　1006　　E　283

（7） $2741 - 820 = ?$
A　2501　　B　190　　C　1921　　D　621　　E　72

（8） 935の22%は？
A　200　　B　205.7　　C　0.682　　D　20.5　　E　2057

(9)　732の39%は？

A　2.8548　　B　2854.8　　C　0.28548　　D　28.548　　E　285.48

(10)　$18.31 + 27.04 + 394.69 =$ ？

A　440.04　　B　4.4004　　C　1.98　　D　45.28　　E　398

(11)　$24.33 + 49.21 + 657.38 =$ ？

A　7034　　B　125.22　　C　730.92　　D　12.522　　E　7.0392

(12)　$562 + 27 + 2468 + 725 =$ ？

A　8524　　B　37002　　C　468　　D　3782　　E　1335

(13)　$408 - 36 - 17.8 =$ ？

A　282.2　　B　69.8　　C　354.2　　D　456.8　　E　35.42

(14)　$825 - 27 - 11.9 =$ ？

A　786.1　　B　65.9　　C　348.2　　D　800　　E　1021

(15)　$83 + 7314 + 239 =$ ？

A　5210　　B　3396　　C　682　　D　7636　　E　8942

(16)　$62.7 - 37.393 =$ ？

A　32.85　　B　25.307　　C　17.47　　D　451.4　　E　-23.64

(17)　$504 \div 18 =$ ？

A　16　　B　15.75　　C　28　　D　9.88　　E　5.805

(18)　$9702 \div 396 =$ ？

A　24.5　　B　332.2　　C　32.8　　D　162.45　　E　9.56

(19)　$76 \times 3 \times 0.4 =$ ？

A　1.98　　B　216　　C　2832　　D　0.25　　E　91.2

C
A
B

暗
算

2 式の中の□に入る数値として正しいものを、選択肢から1つ選びなさい。

（1） $8 \times 3 = \square \times 6$
A　8　　　　B　5　　　　C　2　　　　D　4　　　　E　12

（2） $\square - 3162 = 7954$
A　9996　　B　11116　　C　1266　　D　11333　　E　12546

（3） $0.6 \div 0.05 = \square$
A　12　　　B　0.12　　C　0.012　　D　120　　　E　1200

（4） $25 \times \square = 17.5 \times 2$
A　1.4　　　B　1.25　　C　0.4　　　D　0.71　　E　1.04

（5） $8 \times \square + 52 = 12 \times 7$
A　2　　　　B　8　　　　C　4　　　　D　12　　　E　6

（6） $28 + 37 = \square - 14$
A　51　　　B　31　　　C　21　　　D　25　　　E　79

（7） $600の\square\% = 102$
A　25　　　B　15　　　C　65　　　D　17　　　E　57

（8） $0.5 \times \square = 50 \div 0.4$
A　125　　　B　250　　C　10　　　D　25　　　E　100

（9） $0.8 \div \square = 4/50$
A　20　　　B　10　　　C　25　　　D　40　　　E　100

（10） $0.04 \times \square = 3 \div 300$
A　0.025　　B　2.5　　C　0.25　　D　25　　　E　250

（11） $33 \div \square = 9 \div 0.25 \div 6$
A　6　　　　B　198　　C　1.5　　　D　5.5　　　E　3.3

(12) $2 \div 25 / 2 = \square \times \square$ （□には同じ数値が入る）

    A　0.2　　　B　0.8　　　C　0.6　　　D　0.3　　　E　0.4

(13) $4 / 15 = 1 / 5 \times \square$

    A　1 / 3　　B　4 / 3　　C　3 / 5　　D　5 / 3　　E　3 / 4

(14) $0.4 \times \square = 14 \div 70$

    A　40　　　B　0.2　　　C　0.4　　　D　2　　　E　0.5

(15) $1 / 8 + 1 / 4 = \square$

    A　25%　　B　45%　　C　22.5%　D　37.5%　E　55.5%

(16) $3 \times \square = 48 \div \square$ （□には同じ数値が入る）

    A　4　　　B　5　　　C　7　　　D　8　　　E　12

(17) $1 \div 6 + 1 / 6 = 1 / 9 \div \square$

    A　3　　　B　1 /27　　C　2 / 3　　D　6　　　E　1 / 3

(18) $6 \times (\square + 0.3) = 0.3 \times 18$

    A　0.3　　　B　0.6　　　C　0.9　　　D　5.4　　　E　6.3

(19) $3 / 5 + 17/10 = \square + 1 / 2$

    A　3.6　　　B　0.5　　　C　5　　　D　1.8　　　E　2.4

(20) $0.5 \times \square = 1 / 5 + 1 / 8$

    A　25%　　B　65%　　C　55%　　D　35%　　E　50%

(21) $1 /10 + 1 / 8 + 1 / 5 = \square$

    A　18.5%　B　45%　　C　33.5%　D　12.5%　E　42.5%

(22) $52.8 \div \square = 44 \times 0.04$

    A　3　　　B　300　　C　30　　　D　0.3　　　E　0.03

C
A
B

暗
算

147

法則性

CABの法則性は40問。これを15分で解く。
WebCABでは30問を12分で解く。

解答・解説 ─→ 別冊P53

ポイント

①図形群から法則性を見つけ、隠された図形を推測する。
②図形の動きをメモし、シミュレーションしていく。
③法則は複数あるのが一般的だが、1つのこともまれにある。

設問 以下の図形群の法則性を見つけ、欠けている1個にあてはまるものを選択肢の中から選びなさい。

1

2

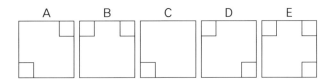

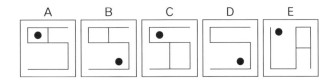

3

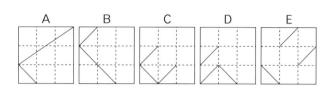

4

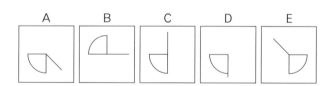

C
A
B

法則性

5

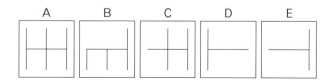

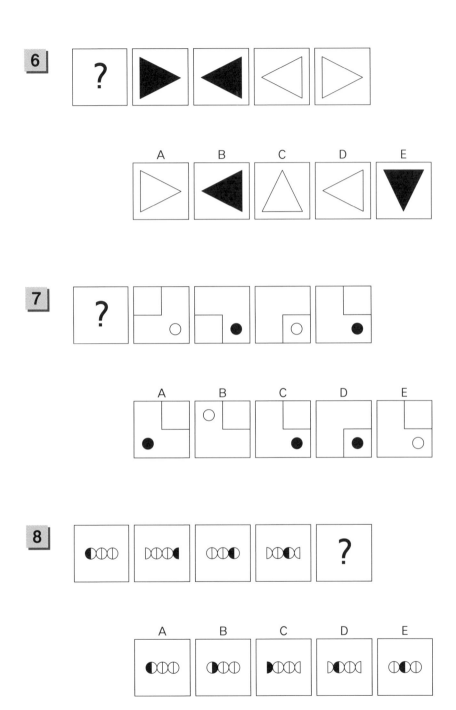

9

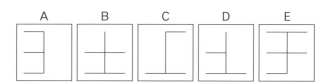

10

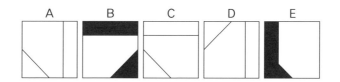

11

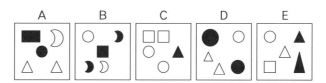

12

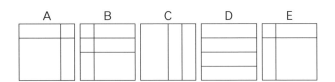

13

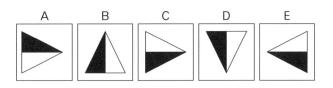

14

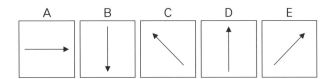

15

16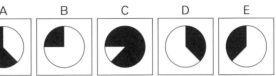

17

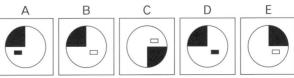

命令表

CABの命令表は50問。これを20分で解く。
WebCABでは36問を15分で解く。

解答・解説 → 別冊P53〜54

ポイント
①命令表に従って図形を変化させ、その結果を答える。
②変化の途中経過は必ずメモしていく。
③命令の読み違いに注意する。

設問 次の命令表を用いて答えなさい。命令表には10の命令記号があり、それぞれの記号は図形に特定の変化をさせます。上から順に命令を実行し、すべての命令を実行した結果を選択肢の中から選びなさい。

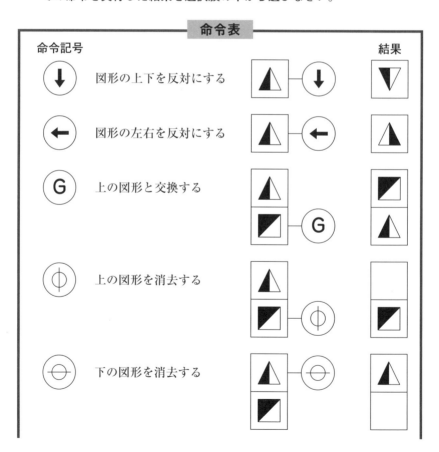

上の命令を無効にする

 下の命令を無効にする

R　図形の上から 1 → 2 → 3 → 4（または 1 → 2 → 3）の並びを 4 → 3 → 2 → 1（または 3 → 2 → 1）に変換する

J　図形の上から 1 → 2 → 3 → 4 の並びを 2 → 1 → 4 → 3 に変換する

S　図形の上から 1 → 2 → 3 → 4（または 1 → 2 → 3）の並びを 3 → 4 → 1 → 2（または 3 → 1 → 2）に変換する

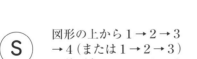

C A B

命令表

1

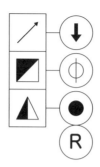

A	B	C	D	E

2

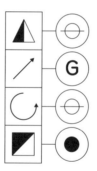

A	B	C	D	E

3

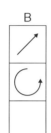

A	B	C	D	E

4

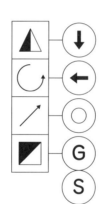

A	B	C	D	E

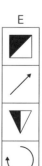
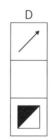
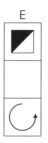

5

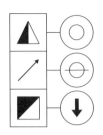

A	B	C	D	E
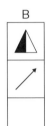	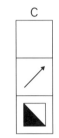			

6

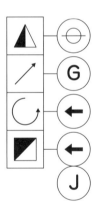

A	B	C	D	E
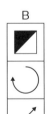				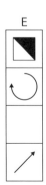

7

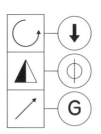

A	B	C	D	E
 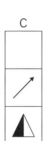 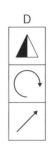 

8

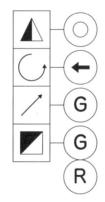

A	B	C	D	E
 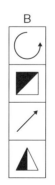  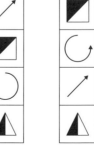 

C
A
B

命令表

159

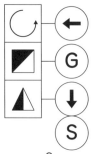

A	B	C	D	E

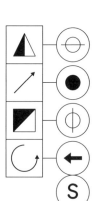

A	B	C	D	E

11

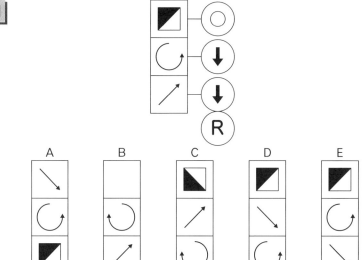

12

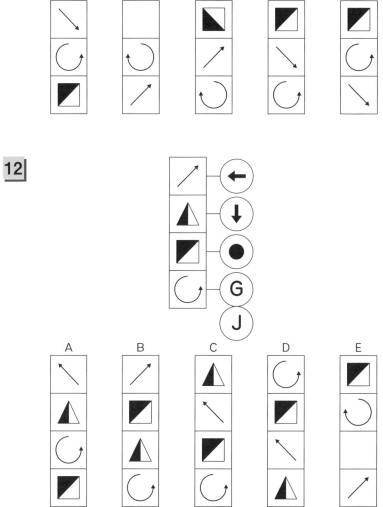

暗号解読

CABの暗号解読は39問。これを20分で解く。
WebCABでは30問を16分で解く。

解答・解説 ⟶ 別冊P54〜55

ポイント

①図形の変化から、図形を変化させる暗号を推測する。
②図形の共通の変化から共通暗号を探し出す。
③図形の変化は必ずメモし、作業を進める。

設問 2つの図形の間にある暗号の意味を解読しなさい。その暗号に従って、設問の？に入る図を選択肢の中から1つ選びなさい。

指令

　この「暗号」はすべて、図形を「大きくする」「丸くする」「黒くする」のように、図形を変化させるものであることがわかっている。しかし、個々の「暗号」が、どのように図形を変化させるかは、まったく不明であるため、図形の変化から「暗号」の内容を割り出すしかない。

　図形はすべて四角の中にある。また、「暗号」はすべて丸の中にある。たとえば下の例では、暗号⊗は、「図形を小さくする」という内容であり、暗号⊙は、「図形を黒くする」という内容である。

（例）

　矢印の方向に図形は変化していく。また、2種類の矢印が使われていることがあるが、ある図形が変化していく方向は1種類の矢印に限られ、別の種類の矢印のほうへは進まない。1つのブロックの中では、同じ「暗号」は常に同じ内容になる。ただし、別のブロックでは、同じ「暗号」が別の内容を示すことがある。たとえば、問題1である暗号が「図形を大きくする」という内容であっても、問題2で同じ内容を示すとは限らない。

　この解読した「暗号」を使い、設問の空欄に適した選択肢を選び、意味が通じるようにせよ。

1

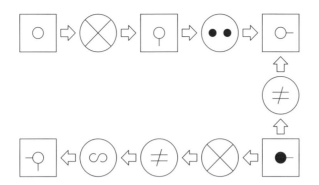

C
A
B

暗号解読

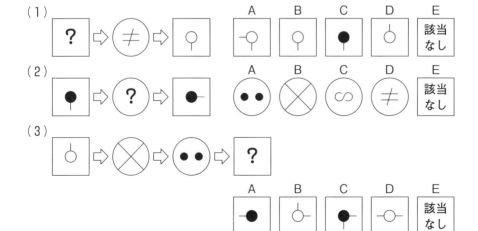

2

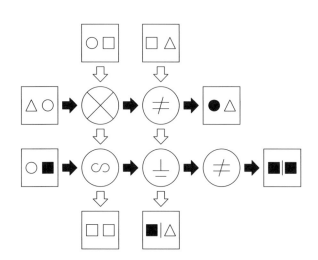

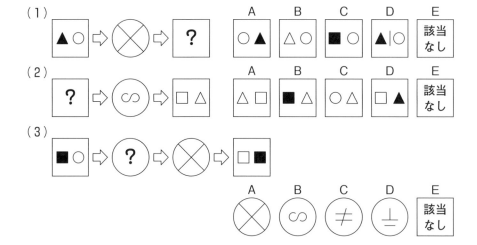

3

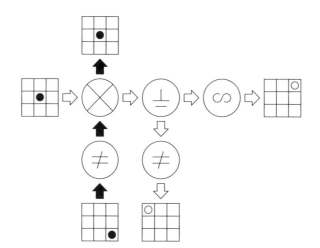

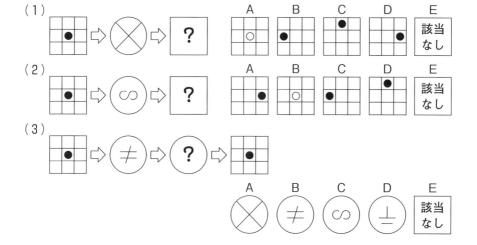

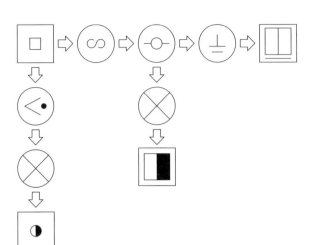

(1)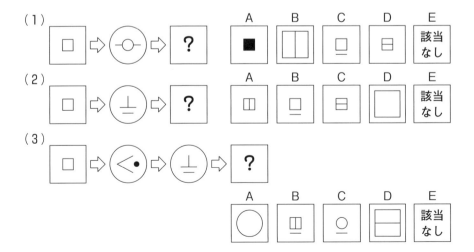

166

5

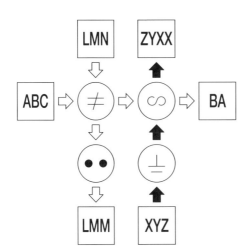

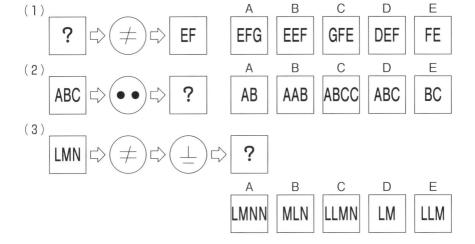

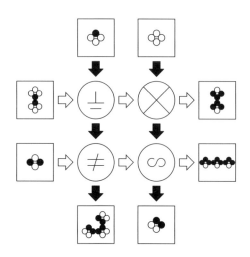

(1)

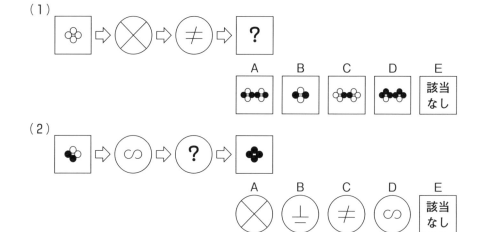

(2)

(3)

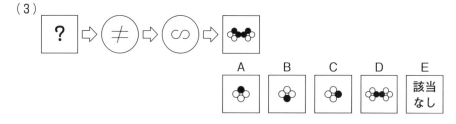

7

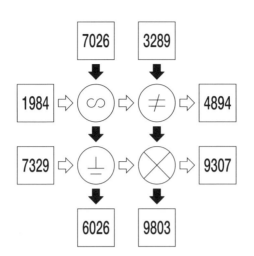

（1）

A	B	C	D	E
9859	9584	4504	9509	該当なし

（2）

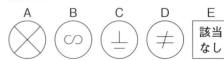

（3）

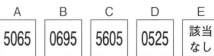

計数

GABの計数は40問。これを
35分で解く。

解答・解説 ⟶ 別冊P56〜57

ポイント
①いくつかの表から数値を読み取り、設問に答える。
②どの表についての設問かを把握する。
③計算が必要な場合、求めた数値は必ずメモしておく。

次の計数表に基づいて、以下の設問に答えなさい。

T－Oil油田資料（2XX3年度）　　売値＝2,500円（1バレルあたり）

採掘地	日平均産油量 （千バレル）	年間産油量 前年度比（％）	年間経費 （億円）
X101	185	105	250
X103	220	95	300
X107	380	110	320
X110	250	90	280
X112	160	120	250
X115	340	95	300

Jディスカウントショップ　売れ筋上位5製品売上数　　　（台）

製品	11月	12月	1月
デジタルカメラ	130	128	87
タブレット端末	80	95	66
スマートフォン	250	190	155
オイルヒーター	45	56	38
家具調こたつ	32	45	28

（株）P電機　2XX3年度PC生産台数　　　　　　（台）

	北関東工場	関西工場	九州工場
第1期	1,200	1,800	2,400
第2期	1,100	1,600	2,800
第3期	1,200	1,800	2,500
第4期	900	1,100	2,200

S商会決算表要旨　　　　　　　　　　　　　　　　　　（万円）

	2XX4年	2XX3年	2XX2年	2XX1年
資本金	1,922	1,800	1,680	1,550
税引前利益	314	203	166	288
売上高：資本金	1.4：1	1.5：1	1.3：1	1.6：1

Wトラベル神田支店　上半期旅行先別客数　　　　　　（人）

	アメリカ（ハワイを含む）	東南アジア	中国	オーストラリア	その他
4 月	46	112	24	18	8
5 月	88	154	69	74	26
6 月	24	95	33	22	10
7 月	42	115	20	22	12
8 月	107	206	90	62	30
9 月	58	164	46	15	11

Q食品株式会社　社員用学資ローン借入期間別返済額（均等返済）

（月額・円）

	100万円	150万円	200万円
3 年	28,500	42,600	56,700
5 年	17,200	25,900	34,500
10年	9,000	13,300	17,600

Y県福祉施設状況

施設の種類	施設数	従事者数（人）	入所者・利用者数(人)
保育所	350	6,288	38,560
保護施設	3	34	322
老人ホーム	120	8,960	11,086
障害者支援施設	36	674	1,040
その他の施設	212	5,188	18,960

Zハウス駅ビル店　仕入原価表

	1枚（足）	10枚（足）	20枚（足）
Tシャツ	300円	2,800円	5,200円
スパッツ	450円	4,000円	7,500円
スカーフ	700円	6,000円	11,000円
ソックス	120円	1,200円	2,400円

G A B

計数

1 150万円を3年の借入期間で借りると、完済までの支払い合計金額はいくらになるか。

A 1,580,500円　　B 1,650,000円　　C 1,533,600円
D 1,800,000円　　E 2,102,500円

2 入所者・利用者数の1施設あたりの平均人数がもっとも多い施設の種類は何か。

A 保育所　　B 保護施設　　C 老人ホーム　　D 障害者支援施設
E その他の施設

3 1日平均産油量がもっとも多い採掘地はどこか。

A X101　　B X103　　C X107　　D X110
E X115

4 S商会の売上高がもっとも多かったのはどの年か。

A 2XX4年　　B 2XX2年　　C 2XX3年　　D 2XX1年
E どの年も同じ

5 神田支店の扱った5月の旅行客は何人か。

A 250人　　B 280人　　C 322人　　D 400人
E 411人

6 売れ筋上位5製品の1月の売上数合計は、11月に比べてどれくらい減少したか。

A 変わらない　　B 約1割　　C 約2割　　D 約3割
E 約5割

7 2XX3年度の関西工場の生産台数はいくらか。

A 4,400台　　B 6,300台　　C 9,900台　　D 10,700台
E 15,300台

8 いちばん仕入原価が安くなるようにしてＴシャツを25枚仕入れた場合、1枚あたりの原価はいくらか。

A　250円　　　　B　268円　　　　C　280円　　　　D　300円
E　302円

9 X 101、X 112の2つの採掘地の2XX2年度の年間産油量の合計はおよそいくらか。（選択肢の単位は千バレル）

A　約128,900　　B　約125,900　　C　約116,800　　D　約113,000
E　約102,200

10 PCの1台あたりの単価が12万円とし、生産台数をすべて売却した場合、第2期の3工場合計の売上額はいくらか。

A　6億6,000万円　　B　6,600万円　　C　66億円
D　6億4,800万円　　E　6,480万円

11 Y県の就学前児童の数はおよそ9万人である。保育所を利用している児童の割合はどれくらいか。

A　約15％　　　B　約23％　　　C　約30％　　　D　約38％
E　約43％

12 S商会の資本金に対する税引前利益率が減少したのはどの期間か。

A　2XX1年〜2XX2年　　B　2XX2年〜2XX3年　　C　2XX3年〜2XX4年
D　2XX1年〜2XX2年と2XX2年〜2XX3年　　E　いずれでもない

13 200万円を5年の借入期間で借りると、完済までの利子分の合計はいくらになるか。

A　128,000円　　B　95,000円　　C　70,000円　　D　56,000円
E　32,000円

14 2XX3年度の北関東工場の生産台数は前年度比で25％増加した。前年度の生産台数はいくらか。

A　3,000台　　B　3,520台　　C　4,400台　　D　5,500台
E　6,250台

15 スパッツを20枚仕入れて定価600円で売る。完売した場合、利益の合計は
いくらになるか。

A　2,000円　　　B　3,000円　　　C　4,500円　　　D　5,500円
E　8,800円

16 神田支店の扱った中国への旅行客は、上半期の合計で何人か。

A　846人　　　B　365人　　　C　282人　　　D　156人
E　97人

17 デジタルカメラとタブレット端末の売値がともに19,800円の場合、この2
製品の12月の売上合計額はいくらか。

A　1,980,000円　　　B　2,534,400円　　　C　1,881,000円
D　4,415,400円　　　E　5,243,800円

18 2XX4年度のＸ115の産油量が前年度比で12%増加した。Ｘ115の産油量は
2XX2年度に比べてどれくらい増減したか。

A　3.2%減少　　B　5.0%増加　　C　7.0%減少　　D　6.4%増加
E　増減なし

19 2XX1年と2XX4年を比較して、Ｓ商会の売上高は何%増加したか。

A　3.0%　　　B　8.5%　　　C　－20%　　　D　－9.1%
E　14.2%

20 Ｙ県の福祉施設で仕事に従事している人の総計は何人か。

A　13,804人　　B　15,980人　　C　18,000人　　D　20,040人
E　21,144人

21 100万円を借入期間5年で借りた場合と、150万円を借入期間3年で借りた
場合の利子分の差額はいくらか。

A　1,600円　　　B　5,200円　　　C　32,000円　　　D　35,200円
E　41,200円

22 スカーフ80枚を10枚単位で仕入れた場合と20枚単位で仕入れた場合では、仕入額の合計はいくら違うか。

A　2,000円　　　B　2,500円　　　C　3,200円　　　D　3,500円
E　4,000円

23 神田支店が扱った7月にオーストラリアへ旅行した人の数は、7月に旅行した人全体のどれくらいにあたるか。

A　約50%　　　B　約40%　　　C　約30%　　　D　約20%
E　約10%

24 200万円を10年の借入期間で借りた場合、5年間の返済が終了した時点で返済残額はいくらになるか。

A　980,500円　　　B　1,020,000円　　　C　1,056,000円
D　1,150,000円　　　E　1,218,000円

25 2XX3年度の九州工場での生産台数は、2XX3年度PC生産台数の何割にあたるか。

A　7割2分　　　B　6割5分　　　C　5割8分　　　D　4割8分
E　3割5分

26 売れ筋上位5製品のうち、前月と比べてもっとも売上数が増加したのはどの月のどの製品か。

A　12月のタブレット端末　　　　B　12月の家具調こたつ
C　12月のオイルヒーター　　　　D　12月のスマートフォン
E　1月のオイルヒーター

27 1バレルあたりの年間経費がもっとも高くつく採掘地はどこか。

A　X112　　　B　X101　　　C　X115　　　D　X103
E　X107

言語

GABの言語は13長文52問。
これを25分で解く。

解答・解説 → 別冊P57

─ ポイント ─
①400〜800字程度の文章を読み、設問に答える。
②設問がその文章の論理に合っているかどうかを答える。
③常識にとらわれず、文章の論理のみで判断する。

---

1 それぞれの設問文がA〜Cのいずれであるか、選びなさい。
A：本文の論理から考えて正しい。
B：本文の論理から考えて誤っている。
C：本文からだけでは論理的に判断ができない。

　一般的に企業の目的は、ものを作ったり、サービスを提供したりして、社会の中で利潤をあげ、確固たる位置を占めることにあります。そのためには、昔からいわれているように、モノ、カネ、ヒトをうまく動かしていくことが必要になります。

　この企業の3要素というべきものの中で、最近重要視されているのがヒト、すなわち人間的要素なのです。モノやカネは、いくらでも補充も代替もききますが、企業を構成する人間そのものは、それぞれが固有であり、それぞれの価値を持っています。企業の活動が、このヒトの要素によって左右されることもありえます。当然、企業としてはすぐれたヒト、企業活動を左右するほどの能力を秘めたヒト、いわゆる「人材」を求めることになります。

　また、現在の世界は変動を続けており、企業といえども過去の実績にのみ頼っていては生き残れない状況となっています。そして、この変動する社会に対応し、新しい方向へと企業を転換していけるのは、モノでもカネでもありません。すぐれたヒトのみがそういう方向づけを可能にするのです。当然企業としては、生き残りをかけてすぐれた「人材」を発掘する努力をせざるをえないのです。

　他社から優秀な人間を引き抜く「ヘッドハンティング」や、中途入社社員枠を広げるなど、企業はいろいろな手段で人材を確保しようとしています。この情勢の中、新入社員の採用にあたっても、その基準は「将来企業にとってどれだけ優秀な人材となるか」ということになります。

（1）　企業を動かしているのはモノ、カネ、ヒトの 3 要素であり、なかでもヒト
　　　の占める役割がもっとも大きい。
　　　A　　　B　　　C

（2）　企業の目的としては、営利以外にも文化事業による利益還元や環境改善な
　　　ど、さまざまなことがあげられる。
　　　A　　　B　　　C

（3）　いくら資金や技術力が豊富であっても、優秀な人材がいない会社は生き残
　　　れないだろう。
　　　A　　　B　　　C

（4）　企業が新入社員を採用するときに基準にするのは、優秀な人材となれるか
　　　どうか、ということである。
　　　A　　　B　　　C

G
A
B

2　　それぞれの設問文がA～Cのいずれであるか、選びなさい。
　　　A：本文の論理から考えて正しい。
　　　B：本文の論理から考えて誤っている。
　　　C：本文からだけでは論理的に判断ができない。

言
語

　先日、「イグノーベル賞」というものをテレビで知った。いわば、裏ノーベル
賞とでもいえばいいか、ノーベル賞の対象にあげられないような研究に的を絞り、
賞を授与する、というものだ。アメリカの科学雑誌の編集者が始めたもので、す
でに12回目となるそうだ。対象となる研究としては、たとえば「ビールの泡の消
え方を表す公式」や「象の体表面積の測定法」などがある。平和賞や経済学賞な
ども用意されている。先日の授賞式では、日本のおもちゃメーカーが「犬語の翻
訳機」で平和賞を授与された。人間と動物とのコミュニケーションをより有効な
ものとしたのが、平和賞授与の理由である。

　ノーベル賞と異なり、賞金はない。受賞した場合にもらえるものは「笑う口」
の置物だけ。さらに、授賞式には自費で参加しなければならない。

　お遊びだ、といえばそれまでだが、この賞の選考には、それこそノーベル賞ク
ラスの大学教授や研究者が名を連ねる。選考基準は、誰もやっていないこと、理
論づけがきちんとされていること、たぶん、楽しい、おもしろいという要素も加

味されているだろう。思いつきだけでは受賞はできない。

　こういうイベントを見て思うのは、遊びにも全精力を傾けるアメリカ人の姿勢だ。アメリカ人に限らず、欧米でもこの傾向はある。日本人には悪ふざけすれすれに見えることも多く、そのあたりの線引きは微妙なところだが、見習うべきところもある。何よりも実用を優先してばかりでは、新しい視点は生まれない。

（1）　イグノーベル賞は裏ノーベル賞として有名で、テレビで授賞式のようすが中継されるほどである。
　　　　A　　　B　　　C

（2）　イグノーベル賞の対象となる研究は、何よりもユニークで、楽しく、おもしろいものであることだ。
　　　　A　　　B　　　C

（3）　遊びに全精力を傾けるのは欧米人の多く持つ特徴であり、日本人に欠けている部分である。
　　　　A　　　B　　　C

（4）　日本でも本格的なお遊びの賞を設定すれば、そこから何か新しい発想や視点が生まれる。
　　　　A　　　B　　　C

3　それぞれの設問文がA〜Cのいずれであるか、選びなさい。
　　A：本文の論理から考えて正しい。
　　B：本文の論理から考えて誤っている。
　　C：本文からだけでは論理的に判断ができない。

　図書館では現在業務委託が進んでいる。実に公立図書館の6割強がなんらかの業務委託をしているという統計結果がある。業務委託については、賛否両論があり、反対派の主な理由としては、「サービスの低下」「プライバシーの侵害」「経費の増大」がある。

　「サービスの低下」という問題は、業務委託という制度の形態に根ざしたものである。業務委託の場合、実際の勤務先である図書館の上司は委託職員に対して指揮命令ができず、また図書館が直接雇用するわけではないので、職員の入れ替

わりが激しい。そのため、利用者の声が図書館に届きにくくなったり、職員が経験を積むことが難しくなったりというようなことが起き、その結果サービスの質が低下する可能性がある。

　続いて「プライバシーの侵害」であるが、これについては、委託職員が、予約していた資料を早く読みたいがために他の予約者になりすましたという、予約者リストの私的利用の実例があった。このように委託職員がプライバシーの侵害を犯すことがあるというのが問題とされているが、これは少々疑問である。委託職員だから起こった事例とはいい切れず、いささか短絡的すぎて、業務委託についてだけの問題点とはいいにくい。

　また、「経費の増大」は、非常勤職員を使うよりも委託したほうが経費が高くなるということである。これは正直微妙なところで、委託業者の決定方法に入札方式を導入する、というようなことも行われており、一概に結論は出せない。ただ、図書館の経費のうち、多くを占めるのは人件費であり、しかしこれはいうなれば「人」こそが図書館業務の中心であるということにもなる。その中心である「人」に対する費用を、経費削減という名目で削り続けてよいのか、という新たな問題を提起することにもなる。

（1）　図書館の業務委託により、「サービスの低下」や「プライバシーの侵害」
　　　　が起こる。
　　　　A　　　B　　　C

（2）　「サービスの低下」は業務委託の制度の形態に根ざしており、業務委託を
　　　　するうえでは避けられない。
　　　　A　　　B　　　C

（3）　委託職員がプライバシーの侵害を犯した実例があり、問題とされている。
　　　　A　　　B　　　C

（4）　図書館の経費で多くを占める人件費は、業務委託によってかなり削減でき
　　　　る。
　　　　A　　　B　　　C

G
A
B

言語

性格テスト

OPQは68問。これを30分で回答する。

解説 → 別冊P58

ポイント

①CAB、GAB共通で実施される性格テスト。
② 4 つの選択肢から、自分に近いもの、遠いものを選ぶ。
③尺度として、説得力や社会性、緻密さなど30項目が使われる。

設問 4つの質問文の中から、自分にもっとも近い文を 1 つだけ選び、「Yes」に○をつけなさい。また、自分にもっとも遠い文を 1 つだけ選び、「No」に○をつけなさい。

(1)

		Yes	No
A	自分のやり方にこだわるのが好き	A	A
B	人の相談を受けるのが好き	B	B
C	相談しながら進めるのが好き	C	C
D	統計データを扱うのが得意	D	D

(2)

		Yes	No
A	複雑な問題を解くのが好き	A	A
B	人が自分をどう思うか気にならないほうだ	B	B
C	怒っても顔に出さないほうだ	C	C
D	高い目標をめざす努力が好き	D	D

(3)

		Yes	No
A	交渉ごとが苦にならない	A	A
B	何でも話せる友人が多いほうだ	B	B
C	人前での説明が好き	C	C
D	手先を使う作業が得意	D	D

(4)

		Yes	No
A	控えめだと思う	A	A
B	美的なセンスに自信があるほうだ	B	B
C	創意工夫をするのが好き	C	C
D	締切を守るほうだと思う	D	D

（5）

		Yes	No
A	緻密な作業が得意	A	A
B	トラブルが起きても悲観的に考えないほうだ	B	B
C	休みの日は外に出かけるのが好き	C	C
D	決断をあとに延ばすのが嫌い	D	D

（6）

		Yes	No
A	負けず嫌いなほうだ	A	A
B	知的好奇心が強いと思う	B	B
C	グループのまとめ役になるのが好き	C	C
D	人を楽しませるのが好き	D	D

（7）

		Yes	No
A	何ごとも自分の基準を持つのが好き	A	A
B	人の行動を観察するのが好き	B	B
C	オーソドックスな方法が好き	C	C
D	前もって計画を立てるのが好き	D	D

（8）

		Yes	No
A	チームの先頭に立つのは嫌いでない	A	A
B	音楽が好き	B	B
C	未経験のことを試すのが好き	C	C
D	ものごとを中断させたままにすると気になる	D	D

（9）

		Yes	No
A	気持ちの切り替えが得意だと思う	A	A
B	計画の欠点や矛盾に気がつくほうだ	B	B
C	古い価値観は尊重すべきだ	C	C
D	人を説得するのが好き	D	D

（10）

		Yes	No
A	冗談を言うのが好き	A	A
B	自分の成果の話はしたくない	B	B
C	人の面倒をみるのが好き	C	C
D	パソコンが好き	D	D

OPQ

性格テスト

(11)			Yes	No
	A	論理的に考えるのが好き	A	A
	B	正確にするのが好き	B	B
	C	大事なイベントで緊張するほうだ	C	C
	D	感情を抑えるほうだ	D	D

(12)			Yes	No
	A	人からの批判が気にならないほうだ	A	A
	B	楽観的にものごとを見るのが好き	B	B
	C	アドバイスすることが好き	C	C
	D	交際範囲は広いほうだと思う	D	D

(13)			Yes	No
	A	人を指図して仕事をまとめるのが得意	A	A
	B	独創的なのが好き	B	B
	C	やったことがないことをやるのが好き	C	C
	D	感情を表に出さないほうだ	D	D

(14)			Yes	No
	A	競争ごとが好き	A	A
	B	余暇は体を鍛えるのが好き	B	B
	C	素早く状況判断をするのは得意	C	C
	D	問題はみんなで話し合うのがいい	D	D

(15)			Yes	No
	A	数字を扱うのが得意	A	A
	B	保守的だと思う	B	B
	C	細かいところに注意を払うほうだ	C	C
	D	いつもリラックスしている	D	D

(16)			Yes	No
	A	時間に正確なのが好き	A	A
	B	自慢話はあまりしない	B	B
	C	美術関係に興味がある	C	C
	D	抽象的な議論が好き	D	D

第6章

Webテスト

ここではWebテストで頻出する「玉手箱」と「TG-WEB」を紹介します。どちらも、計数、言語、英語、性格テストで構成され、いくつかの出題形式があります。制限時間が短いため、形式に慣れ、解答速度を上げる対策が必要です。なお、「玉手箱」の性格テストはSHLテストのOPQと共通です。そちらを参照してください。

※TG-WEBはテストセンターで受検する方式（出題内容はWeb版と一部異なる）も導入されている。

計数

四則逆算は50問を9分、図表読み取りは29問を15分、表の穴埋めは20問を20分で解く。

解答・解説 → 別冊P59〜64

ポイント
①四則逆算、図表読み取り、表の穴埋めのどれか1形式が出題される。
②四則逆算、図表読み取りはスピード重視。電卓を活用する。
③表の穴埋めは全体を眺め、法則性のある部分を見つけ出す。

1　□に入る数値を選択肢の中から1つ選びなさい。

（1）　$(5 + □) × 4 = 32$
　　　1　1　　　　2　2　　　　3　3　　　　4　4　　　　5　5

（2）　$(12 - □) ÷ 4 = 2.5$
　　　1　2　　　　2　2.5　　　3　4　　　　4　5　　　　5　8

（3）　$12 ÷ (9 - □) = 3$
　　　1　2　　　　2　4　　　　3　5　　　　4　6　　　　5　8

（4）　$(12 + □) ÷ 4 = □ - 3$
　　　1　0.8　　　2　3　　　　3　4　　　　4　6　　　　5　8

（5）　$3 × □ ÷ 0.2 = 54 + 36$
　　　1　0.8　　　2　3　　　　3　3.5　　　4　6　　　　5　8

（6）　$(12 × 8) ÷ (11 - □) = 72/6$
　　　1　2　　　　2　3　　　　3　4　　　　4　5　　　　5　7

（7）　$9 × 2/3 = □ × 1/2$
　　　1　8　　　　2　$8\dfrac{2}{3}$　　　3　10　　　　4　12　　　　5　$12\dfrac{1}{3}$

(8) $6.5 \times \square = 26 \div 1/5$

1   0.5   2   20   3   25   4   100   5   200

(9) $14/5 \div 7/3 = \square \div 2/3$

1   $\dfrac{2}{3}$ 2 $\dfrac{4}{5}$ 3 $\dfrac{5}{6}$ 4 $\dfrac{5}{4}$ 5 $\dfrac{6}{5}$

(10) $(\square + \square \times 4) \times 30 = 60 \times 12.5$

1   2   2   3   3   4   4   5   5   12

(11) $24 \times 2.5 = (\square \times 2 - \square) \times 20$

1   3   2   4   3   6   4   8   5   10

(12) $85 \div 4 = \square \div 72$

1   325   2   730   3   1250   4   1530   5   1775

(13) $0.05 \div 0.2 = 50 \div \square$

1   10   2   20   3   50   4   100   5   200

(14) $2/9 = 1.5 \div \square$

1   $3\dfrac{1}{4}$ 2 $3\dfrac{2}{3}$ 3 $5\dfrac{1}{4}$ 4 $6\dfrac{3}{4}$ 5 $6\dfrac{4}{5}$

(15) $\square \div 5 = 5 \times 3/75$

1   1   2 $1\dfrac{1}{4}$ 3 $2\dfrac{1}{5}$ 4 $2\dfrac{23}{75}$ 5 $4\dfrac{4}{5}$

(16) $1/100 \div \square = 2.5 \div 50$

1   $\dfrac{1}{5}$ 2 $\dfrac{1}{4}$ 3 $\dfrac{2}{5}$ 4 $\dfrac{5}{4}$ 5 $\dfrac{8}{5}$

(17) $(\square - 4) \div (\square + 4) = 1/5$

1   5   2   6   3   8   4   10   5   16

玉手箱

計数

(18) $234.9 \div \square = 32.4$

1   $5\dfrac{1}{2}$ 2 $7\dfrac{1}{2}$ 3 $7\dfrac{1}{4}$ 4 $8\dfrac{1}{2}$ 5 $8\dfrac{1}{4}$

(19) $1/6 \div 1/4 = \square \times 3$

1   $\dfrac{1}{3}$ 2 $\dfrac{2}{9}$ 3 $\dfrac{2}{3}$ 4 $3\dfrac{1}{2}$ 5   8

(20) $1/4 + 1/2 = 2 \div \square + 4 \div \square$

1   4   2   6   3   8   4   10   5   12

2 グラフを見て次の問いに答えなさい。

【日本の輸出先別自動車輸出額】

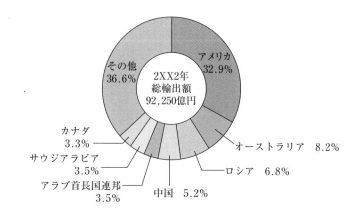

2XX2年の中国に対しての輸出額は前年比 −14％であった。前年の中国に対する輸出額にもっとも近い額を以下の選択肢の中から1つ選びなさい。

1   4,797億円   2   4,829億円   3   5,578億円   4   5,986億円
5   6,712億円

3 グラフを見て次の問いに答えなさい。

【年代別日本の人口】

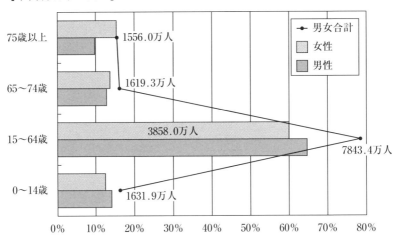

次の記述のうち、グラフを正しく説明しているものはいくつあるか。以下の選択肢の中から1つ選びなさい。

①75歳以上の女性の人口は約964万人である

②前年比の人口増加の割合がもっとも大きいのは15歳〜64歳である

③15〜64歳と65〜74歳の男性の人口の差は約2500万人である

④0〜14歳の男性の人口と65〜74歳の男性の人口では、0〜14歳の男性の人口のほうが少ない

1　0　　　2　1つ　　　3　2つ　　　4　3つ　　　5　4つ

4 表を見て次の問いに答えなさい。

【Z市の図書館別入館者数の推移】

	2XX0年	2XX1年	2XX2年	2XX3年
図書館A	603,500人	821,200人	933,400人	1,224,000人
図書館B	871,600人	844,750人	965,000人	967,000人
図書館C	615,500人	636,000人	671,220人	885,850人
図書館D	209,450人	335,550人	464,950人	512,470人
図書館E	654,800人	630,500人	577,600人	525,500人

図書館Aの2XX2年から2XX3年における入館者の増加数と、図書館Cの同年における入場者の増加数との差は何人か。以下の選択肢の中から1つ選びなさい。

1　8,650人　　2　75,970人　　3　98,670人　　4　290,600人
5　338,150人

5 表を見て次の問いに答えなさい。

【Y市の各区における人口統計】

	男性		女性		世帯数
	人	%	人	%	
A区	45,660	34.3	45,275	32.6	34,280
B区	25,860	19.4	24,840	17.9	18,523
C区	42,528	32.0	46,412	33.5	33,608
D区	19,050	14.3	22,098	16.0	24,008
合計	133,098	100.0	138,625	100.0	110,419

（1）　B区における女性の数はY市全体の人口に対して何%か。以下の選択肢の中から1つ選びなさい。

1　6.2%　　2　9.1%　　3　15.6%　　4　17.0%　　5　17.9%

（2）　A区全体の人口に対する1世帯あたりの人数は、D区全体の1世帯あたりの人数の何倍か。以下の選択肢の中から1つ選びなさい。

1　0.64倍　　2　0.92倍　　3　1.49倍　　4　1.54倍　　5　2.26倍

6 グラフを見て次の問いに答えなさい。

【各国の天然ガス生産量の推移】

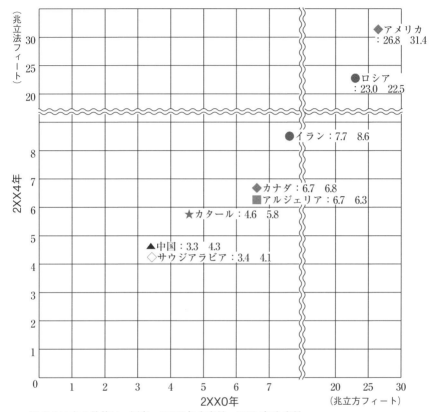

（縦軸）2XX4年（兆立法フィート）

（横軸）2XX0年（兆立方フィート）

◆アメリカ：26.8　31.4
●ロシア：23.0　22.5
●イラン：7.7　8.6
◆カナダ：6.7　6.8
■アルジェリア：6.7　6.3
★カタール：4.6　5.8
▲中国：3.3　4.3
◇サウジアラビア：3.4　4.1

※グラフ中の数値は、国名：2XX0年生産量　2XX4年生産量

グラフ中の8か国のうち、2XX0年と2XX4年の比較において天然ガス生産量の増加率が1番目に高いのはどの国か。以下の選択肢の中から1つ選びなさい。

1　サウジアラビア
2　中国
3　カタール
4　イラン
5　アメリカ

玉手箱

計数

189

7 表を見て次の問いに答えなさい。

【諸外国の品目別自給率（2XX4年・試算）】

（単位：%）

国名	穀類	野菜類	果実類	肉類	卵類	乳製品	魚介類
アメリカ	125	92	72	112	103	101	66
カナダ	180	59	17	133	94	97	109
オランダ	20	303	32	175	326	178	89
スウェーデン	120	35	3	72	87	93	55
スイス	51	47	57	80	48	115	2
オーストラリア	241	88	88	160	98	168	32
日本	26	83	42	57	96	71	53

スイスにおける年間の肉類の総消費量（自給＋輸入）が魚介類の総消費量の4倍である場合、自給の肉類の消費量は魚介類の消費量の何倍か。以下の選択肢の中から1つ選びなさい。

1　16倍　　　　2　2倍　　　　3　86倍　　　　4　160倍　　　　5　320倍

8 表を見て次の問いに答えなさい。

【日本の自動車輸出額の推移】

（単位：億円）

輸出先	2XX1年	2XX2年	2XX3年	2XX4年	2XX5年
アメリカ	42,386	22,551	28,512	24,497	30,330
オーストラリア	7,944	5,200	6,882	6,086	7,525
ロシア	13,019	1,366	4,319	5,886	6,242
中国	4,231	3,609	6,167	5,578	4,794
アラブ首長国連邦	4,832	1,586	2,727	2,175	3,236
サウジアラビア	3,785	2,273	2,755	1,983	3,017
カナダ	4,722	2,857	3,238	2,529	3,004

2XX2年と2XX3年の輸出額の比較において、前年比が一番増加したのはどの国か。以下の選択肢の中から1つ選びなさい。

1　中国　　　2　アメリカ　　　3　アラブ首長国連邦　　　4　ロシア
5　オーストラリア

9 表はある会社に勤務しているＴさんのある年の 3 か月間の給与明細である。3 月の差引支給額はいくらと推測できるか。

【3 か月間の給与明細】

月／項目	1 月	2 月	3 月
基本給	300,000円	300,000円	300,000円
残業手当	40,000円	20,000円	35,000円
住宅手当	20,000円	20,000円	20,000円
通勤手当	0円	25,000円	0円
源泉所得税額	△18,000円	△17,000円	?
差引支給額	342,000円	348,000円	?

1　330,000円　　2　337,250円　　3　340,250円　　4　341,000円
5　342,750円

10 表はある企業のコピー機の保守点検回数およびコピー使用枚数とその使用料金の月別表である。12月の使用料金はいくらと推測できるか。

【コピー契約】

使用状況	9 月	10月	11月	12月
保守点検回数	2 回	1 回	0 回	1 回
20,000以下の枚数	20,000枚	18,900枚	20,000枚	20,000枚
20,000超の枚数	13,000枚	0枚	4,500枚	32,000枚
合計枚数	33,000枚	18,900枚	24,500枚	52,000枚
使用料金	15,200円	10,000円	11,800円	?

1　16,900円　　2　17,600円　　3　18,900円　　4　22,800円
5　24,600円

玉手箱

計数

11 表はある食品メーカーの営業部員に関するデータをまとめたものである。
Fの給与支給額はいくらと推測できるか。

【営業課の給与計算】

項目 ＼ 名前	A	B	C	D	E	F
年齢（歳）	23	24	24	26	25	28
勤続年数（年）	1	2	1	3	4	4
訪問会社数（社）	45	52	48	55	58	54
今月の新規契約数（件）	12	12	14	20	10	15
勤務時間（時間）	160	166	156	187	134	160
給与支給額（千円）	210	220	220	270	230	?

1　235,000円　　2　240,000円　　3　245,000円　　4　255,000円
5　265,000円

12 表はある企業の商品別の仕入高と売上高を集計したものである。12月の売上高合計はいくらと推測できるか。

【商品別の仕入高と売上高】

商品名	項目	9月 数量	9月 価格(円)	10月 数量	10月 価格(円)	11月 数量	11月 価格(円)	12月 数量	12月 価格(円)
A	仕入高	100	90,000	200	180,000	150	135,000	250	225,000
B	仕入高	200	240,000	200	240,000	0	0	400	480,000
C	仕入高	0	0	0	0	300	450,000	100	150,000
月間合計 売上高 A		100		200		150		250	
B		200	438,000	200	564,000	0	729,000	400	?
C		0		0		300		100	

1　840,000円　　2　866,000円　　3　929,000円　　4　1,023,000円
5　1,119,000円

13 表はあるクリスマスケーキの製造に関する経験年数別の従業員数とその作業量をまとめたものである。Ｅ工場の10年から20年未満の従業員数は何人と推測できるか。

【経験別ケーキ作業量】

従業員数 ＼ 工場名	A	B	C	D	E
20年以上の従業員（人）	5	4	2	6	5
10年から20年未満の従業員（人）	0	0	0	2	?
5年から10年未満の従業員（人）	15	4	15	20	8
5年未満の従業員（人）	10	10	10	5	20
完成個数／日	300	170	240	375	370

1　0人　　　2　3人　　　3　6人　　　4　9人　　　5　12人

言語

GAB形式は36問を15分、IMA
GES形式は32問を10分で解く。

解答・解説 ➡ 別冊P64〜65

── ポイント ──
①GAB形式（P176〜で紹介）、IMAGES形式のいずれかが出題される。
②IMAGES形式は設問がその文章の趣旨に合っているかどうかを答える。
③参考までに*趣旨把握形式（筆者の考えに近いものを選ぶ）も掲載。

＊近年は出題が見られない。

1 以下の長文を読んで、各設問についてＡ・Ｂ・Ｃのいずれにあてはまるか
選びなさい。

　　Ａ：筆者がいちばん訴えたいこと（趣旨）が述べられている。
　　Ｂ：長文に書かれているが、いちばん訴えたいことではない。
　　Ｃ：この長文とは関係ないことが書かれている。

　最近、就職活動中の学生から「就職活動のために、ボランティア活動はしてお
いたほうがよいですか？」という質問を受けることが何件かあった。「ボランテ
ィア活動が希望する業界に何かしら関係があるの？」と聞くと、「いえ、そのほ
うが何となく人事の方に与える印象がよいのかなと思いまして……」。こういっ
た学生たちは、仕事探しに対しても、ボランティア活動に対しても、その本質を
見失っているように思えてならない。確かに面接において、何かしらPRできる
素材があることは安心できるであろう。ただし、就職活動のために、今から付け
焼き刃的なボランティア活動をすることが果たして、次の選考段階に進む、もし
くは内定をとることにつながるかといえば私は疑問に思う。
　ボランティア活動とは本来、何の見返りも求めない奉仕活動である。その活動
を通して、新しい経験をし、今までに見えなかった事柄が見えてくるものである
と私は考える。就職活動とは、自分の仕事探しである。これまでの経験を生かし
た仕事を考えるもよし、会社の規模で考えるもよしである。仕事に対して自分が
何を優先するのか熟慮し、1社でも多く情報収集を行い、足を運び、社会に出る
前に自分を改めて見つめ直す機会であるともいえよう。
　学生に気づいてもらいたいのは、就職活動とは、内定というパズルを完成する
ために、自分に足りないピースを無理やり作り出し、あてはめることではないと
いうことだ。これまでの自分を振り返り、何をしてきたのか、そしてこれから社
会に出て何をしたいのかということを限られた時間のなかで考えてもらいたい。

（1）　就職活動で大切なのは1社でも多く情報収集を行い、足を運ぶことである。
　　　A　　　B　　　C

（2）　ボランティア活動は面接試験で自己PRするうえで最良の素材である。
　　　A　　　B　　　C

（3）　仕事探しやボランティア活動の本質を見失っている学生がいるようだ。
　　　A　　　B　　　C

（4）　就職活動中の学生はこれまでの自分を見つめ直し、これから何をしたいのかを考えることが大切である。
　　　A　　　B　　　C

2　以下の長文を読んで、各設問についてA・B・Cのいずれにあてはまるか選びなさい。
　　　A：筆者がいちばん訴えたいこと（趣旨）が述べられている。
　　　B：長文に書かれているが、いちばん訴えたいことではない。
　　　C：この長文とは関係ないことが書かれている。

　就職活動中の学生に対して、面接練習を行っていると志望理由でつまずく学生が多いことに驚かされる。「あなたはなぜ、当社を希望されたのですか？」「はい、ええと、……」といった具合である。さまざまな業種、企業の採用試験を受けていくが故に、志望理由も頭のなかで整理できていないのであろうか。このような状態で採用面接を受けるのかと思うと危機感を覚えざるをえない。

　大学新卒者の内定率は改善傾向にあるとはいえ、依然として厳しい状況にあることに変わりない。政府も企業に対し新卒者の雇用促進を引き続き提言しているが、景気は本格的な回復の軌道に乗ったとはいえず、企業は積極採用には踏み切れないまま厳選採用が続いている。定年延長、非正規労働者の採用といった現状を見ると、若者たちが不安になるのも頷ける。

　しかし、ここはあせらず、いま一度原点に立ち返ってみてはどうだろうか。

　自分にはどんな能力・スキルがあるのか、どんな性格の持ち主なのか、それをどう生かしたいのか、どんな基準で企業や職種を選びたいのか。自分と企業についてじっくりと考えてみることだ。そこから得た答えを自分の言葉で表現することが大切なのだ。会社案内やインターネットで得た知識を流暢に並べ立てようと

玉手箱　言語

する必要はないのである。

（１）　志望理由を考えるうえでは同業他社との比較が重要である。
　　　　A　　　B　　　C

（２）　十分な面接準備をしていない学生に危機感を感じる。
　　　　A　　　B　　　C

（３）　基本に立ち返って、自分と企業をじっくり研究し、自分の言葉で表現する
　　　　ことが大切だ。
　　　　A　　　B　　　C

（４）　政府は景気回復を急ぐべきだ。
　　　　A　　　B　　　C

3　以下の長文を読んで、各設問についてＡ・Ｂ・Ｃのいずれにあてはまるか
　　　選びなさい。
　　　　Ａ：筆者がいちばん訴えたいこと（趣旨）が述べられている。
　　　　Ｂ：長文に書かれているが、いちばん訴えたいことではない。
　　　　Ｃ：この長文とは関係ないことが書かれている。

　食材の偽装表示が相次いで発覚した。関西の有名ホテルが「食材の誤表示があ
った」と発表したのをきっかけに、大手ホテル、百貨店などに次々と広がった。
ブラックタイガーを車海老、牛脂を注入した肉を霜降り肉のステーキ、パック入
りの既製品のジュースを搾りたてのフレッシュジュースと表示するなど、偽装の
例は多数にのぼった。
　問題の背景のひとつには法的規制の有無があるらしい。外食店のメニューには
原則として品種や産地を表示する義務がない。一般に小売りされている生鮮食品
や加工食品は、ＪＡＳ法（当時。平成27年４月から「食品表示法」に移管された）
で産地や材料などの表示について規制されているが、レストランなどの外食店は
表示が義務づけされていないということである。これが、食材の偽装につながっ
た可能性が指摘されている。高級食材をアピールすることで、より多くの利益を
上げようとしたのではないかと利益優先の姿勢を批判する声もある。また、調理
の現場では「以前から小さい海老を芝海老、大きな海老を車海老とよんでいた」

というように、昔からの慣行がそのまま続けられていたといった例もあるようだ。

　法の不備、業界の悪しき慣行を指弾することももちろん必要だ。しかし今回の問題は、消費者側にも大きな教訓を残したといえるのではなかろうか。グルメ情報を追い、高級ブランドやこだわりの食を求める消費者の行動が、今回の食材偽装と無関係だったとはいえないだろう。消費者は地に足をつけ、自分の味覚を大事にして、おいしいものを楽しむという食の基本に立ち返る絶好の機会とすべきだ。舌を鍛えるとともに、食に対する考え方を見直したい。

（１）　食材偽装を防止するには、外食店もスーパーなどの小売店と同じ法律を適用すべきだ。
　　　　A　　B　　C

（２）　高級食材をアピールすることで利益増加を図った可能性がある。
　　　　A　　B　　C

（３）　近年、グルメ情報が増え続けている。
　　　　A　　B　　C

（４）　消費者は、食材偽装をきっかけに食に対する考え方を見直すべきだ。
　　　　A　　B　　C

玉手箱

言語

4 次の文章を読んで、筆者の訴えにもっとも近いものを選択肢の中から1つ選びなさい。

　私たちの人生には、自分や家族の病気、障害、失業、死亡など様々なリスクが潜んでおり、自立した生活が困難になるリスクを抱えている。健康で長生きすることは望ましいことであるが、誰にも自分の寿命はわからないため、老後の生活費が不足するリスクもある。また、将来の経済や社会の状況には予測が困難な領域もある。このような、個人の力で備えることに限界があるリスクに対して、社会全体で国民の生涯にわたる生活を守っていくことが社会保障の役割である。

　社会保障の機能は、まず、生活安定・向上機能である。

　病気や負傷をした場合には、一定の自己負担で医療を受けることができ、現役引退後の高齢期には、老齢年金や介護保険により安定した生活を送ることができる。失業した場合には、雇用保険受給により生活の安定が図られるとともに、業務上の疾病等を負った場合には、労災保険により、自己負担なしで受診できる。

　社会保障が持つ機能の2つめは、所得再分配機能である。

　社会保障制度の財源である税や社会保険料の多くは、所得に応じて額が決められている。所得の高い人がより多くの税や保険料を拠出するようになっており、所得の格差を緩和する効果がある。また、低所得者はより少ない税・保険料負担で社会保障の給付を受けることができている。

　社会保障が持つ機能の3つめは、経済安定機能である。

　雇用保険制度は、失業中の家計収入を下支えする効果に加え、マクロ経済的には個人消費の減少による景気の落ち込みを抑制する効果（スタビライザー機能）がある。また、公的年金制度のように、経済不況期においても継続的に一定の額の現金が支給される制度は、高齢者などの生活を安定させるだけでなく、消費活動の下支えを通じて経済社会の安定に寄与している。雇用・労働政策全般についても、困った時には支援を受けられるという安心をもたらすことによって、個人消費の動向を左右する消費者マインドを過度に萎縮させないという経済安定の機能があるといえる。

　　A　私たちの人生には、予測不能なリスクが多く潜んでいる。
　　B　社会保障は、社会全体で国民の生涯を支えるために多様な生活上のリスクに備えるしくみである。
　　C　社会保障の機能で最も大切なのは、生活・安定機能である。
　　D　雇用保険制度の効果はスタビライザー機能で説明することができる。

英語

GAB形式、IMAGES形式と
もに、24問を10分で解く。

解答・解説 → 別冊P65〜70

ポイント
①GAB形式、IMAGES形式のどちらか1形式が出題される。
②GAB形式は英文の論理を判断する。素早く概要が把握できるように練習する。
③IMAGES形式は英文について設問に答える。速読と情報検索力を磨こう。

---

1 Read the text and choose the best description for each of the question that follow.

> A : The statement is patently TRUE or follows logically, given the information or opinions contained in the passage.
>
> B : The statement is patently UNTRUE or the opposite follows logically, given the information or opinions contained in the passage.
>
> C : You CANNOT SAY whether the statement is true or untrue, or follows logically, without further information.

As Japan went through rapid economic growth after World War II, their diet became westernized. It is said that serving milk and bread as school lunches greatly influenced children's taste in food. Many fast-food restaurants and restaurants that serve western meal increased in numbers around urban areas in the 1970s, which also encouraged westernized diet.

Has there been any change in Japanese diet in the past 20 years? According to the household expenditure survey conducted by the Ministry of Internal Affairs and Communications, annual purchases of rice and bread switched places in 2011, bread being more purchased than rice.

Annual purchase cost of rice was more than 60,000 yen in 1990, which dropped to 27,780 yen in 2011. On the other hand, there has not been a significant change in the purchase cost of bread. This means that the purchase cost of rice fell on its own, without the influence of that of bread.

Together with falling birth rate and prolonged economic depression, change

玉手箱

英語

in the way of rice consumption is considered to be one of the reasons accounted for this situation. Although they still have opportunities to eat rice, many people came to eat it in the form of onigiri or boxed lunch purchased at convenient stores, instead of cooking rice at home.

Question 1 : The westernization of Japanese diet is assumed to be due to the Western restaurants that appeared in 1970s.
A   B   C

Question 2 : In Japan annual expenses for rice have decreased, while those for bread have been increasing these twenty years.
A   B   C

Question 3 : While people don't buy rice itself, they buy onigiri and boxed lunch that contain rice. So the amount of rice Japanese people eat has not changed.
A   B   C

2 Read the text and choose the best description for each of the question that follow.

> A : The statement is patently TRUE or follows logically, given the information or opinions contained in the passage.
> B : The statement is patently UNTRUE or the opposite follows logically, given the information or opinions contained in the passage.
> C : You CANNOT SAY whether the statement is true or untrue, or follows logically, without further information.

The history of perfume dates back more than 4,000 years to the ancient Mesopotamia and Egypt. The first form of perfume was incense, which gives off its odor when burned. The incense was made of aromatic gums and spices, and was mainly used in religious ceremonies. Then people learned to soak the fragrant woods and resins in water and oil, and the use of perfume started becoming more personal. People used them daily for cosmetic reasons, such as while taking baths, as well as medicinal reasons. Myrrh, frankincense, peppermint and rose were common ingredients in early perfumes.

The Egyptians invented glass and utilized glass perfume bottles to store their perfumes. The art of making perfume was then passed on to the Romans, the Greeks, the Persians, and the Arabs. Although perfume and perfumery also existed in East Asia, much of its fragrances were incense based.

The process of extracting oils from flowers by means of distillation, the procedure most commonly used today, was developed by the Arabs. They also acquainted Europe with alcohol, the perfect diluting agent and carrier for scent.

In the 1500's France became the perfume center of Europe. The region around the town of Grasse, near the Mediterranean Sea, supplied the flowers, as it does today. Paris became the center for manufacture and still makes the most expensive perfumes. The United States leads the world in quantity of production and is also the largest consumer.

Question 1 : When perfume originated in ancient Mesopotamia and Egypt, people burned aromatic plants and flowers in their house.

A　　B　　C

Question 2 : Until modern age perfume was expensive and ordinary people could not easily get them.

A　　B　　C

Question 3 : France was the commercial heart of perfume in 1500's, and there we still can see the most expensive ones being produced.

A　　B　　C

玉手箱

英語

A : The statement is patently TRUE or follows logically, given the information or opinions contained in the passage.

B : The statement is patently UNTRUE or the opposite follows logically, given the information or opinions contained in the passage.

C : You CANNOT SAY whether the statement is true or untrue, or follows logically, without further information.

Robert Frost is one of the most popular and critically respected American poets of the twentieth century. He is highly regarded for his realistic depictions of rural life and his command of American colloquial speech. Frost was honored frequently during his lifetime, receiving four Pulitzer Prizes for Poetry, and he was awarded the Congressional Gold Medal in 1960 for his poetical works.

Robert Lee Frost was born on March 26, 1874, in San Francisco. After his father's death when he was eleven, the family moved across the country to Lawrence, Massachusetts, where he became interested in reading and writing poetry during his high school years. He enrolled at Dartmouth College and after leaving school, he returned home to teach and to work at various jobs including delivering newspapers and factory labor. In 1894 he sold his first poem, "My Butterfly," which appeared in the New York newspaper *The Independent.*

In 1895, Frost married Elinor Miriam White, who was a major inspiration for his poetry until her death in 1938. Together, they lived in Derry, New Hampshire, where Robert worked at the farm for nine years, while producing many of the poems that would later become famous. The couple moved to England in 1912, and he was influenced by contemporary British poets. By the time Frost returned to the United States in 1915, he had published his first book of poetry, *A Boy's Will*, and the next one, *North of Boston*, which gained international reputation.

His reputation was established, and by the 1920s, he was the most celebrated poet in America, and with each new book, his fame and honors increased. Although he never graduated from college, Frost received over 40 honorary degrees, including ones from Princeton, Oxford and Cambridge universities.

Frost was 86 when he read his well-known poem "The Gift Outright" at the inauguration of President John F. Kennedy on January 20, 1961. He died in Boston two years later, on January 29, 1963.

Question 1 : Frost received four Pulitzer Prizes during his lifetime and was awarded the Congressional Gold Medal after his death.

A　　B　　C

Question 2 : Having a wish to cultivate his sensitivity as a poet, Frost decided to move to England with his wife.

A　　B　　C

Question 3 : He published his first book of poetry while he was in England.

A　　B　　C

玉手箱

英語

以下の英語の文章を読んで、設問に適する解答をA～Eの選択肢から選び
なさい。

In Japan, profiling one's personality or character based on blood type is very popular, and many books are published about it, including future overview or outlook, based on the profile. However, most Japanese may not know the fact that this is only the case in Japan and a few other countries. In most parts of the world, people usually have no idea about or have less interest in what their blood type is. Why then, do Japanese have such an interest?

All four blood types are almost equally divided among Japanese. Most common blood type is A, which accounts for up to 38% of the population. Then comes type O, which makes up about 31%, then type B, 22%. The smallest group is type AB, which accounts for 9 % of all types. So, if we have 10 Japanese people in one room at the same time, it should cover all the four blood types. This can be a good reason for people to be interested in what blood type they have and others have.

The composition ratio is quite different in other countries. In the United States, people with type O (45%) and A (41%) add up to cover most of the population, leaving type B and AB with small percentages. Canada and European countries have similar ratios.

More extreme examples can be seen in Central American countries such as Nicaragua and Guatemala, where people with type O make up almost 90% of the population, leaving only 10% for other types. In such a case, people have less interest in what blood type they have, and what others have, since nearly all of them have the same one.

In South Korea, the composition ratio is quite similar to that of Japanese, and personality profiling based on blood types is also popular. They even made a movie called, "My Boyfriend is Type-B".

Question 1 ：What is thought to be a reason for Japanese people getting interested in their blood type?
  A Blood type can tell exactly what a person's character is like.
  B The percentage of each blood type is relatively equal among Japanese.

C　Information of blood type is needed when a person gets transfusion.

D　Telling fortune by blood type is important when people decide something.

E　Judging people's personality by blood type is popular around the world.

Question 2：What is the percentage of blood type A in the US?

A　22 percent

B　31 percent

C　38 percent

D　41 percent

E　45 percent

Question 3：What is the feature of blood type in some Central American countries?

A　Most of the population has type O blood.

B　Most of the population has type O or type A blood.

C　Most of the men have type B blood.

D　All of the population has type O blood.

E　In those countries blood types are unknown.

5　以下の英語の文章を読んで、設問に適する解答をA～Eの選択肢から選びなさい。

When we talk about the "size of the universe", there can be two definitions. One is the observable universe and the other one includes the region outside the observable universe. Generally speaking, the "universe" refers to the former meaning. This region is not literally observed but visible in principle, from Earth, which is considered to be a sphere with a radius of about 46 billion light years.

If someone says, "the end" of the universe, it doesn't mean there is a cliff on the edge, but it should mean the limiting point of visible observing. Today, the universe is discussed based on theory of relativity, and according to the theory, there is no center or corner. The universe may be infinite or it may be looped, but no one knows for sure.

The universe is supposedly 13.798 billion years old. Does the age of the universe being 13.8 billion years old contradicts the fact that it is 46 billion light years in radius? No, because it is expanding faster than light can traverse it.

Question 1 ： What is the definition of "the observable universe"?

A   The universe that we can theoretically observe.

B   The universe that humans are capable of reaching by a spacecraft.

C   The universe that is visible with the largest telescope in the world.

D   The universe that includes whole space and time.

E   The universe that forms a sphere and has a cliff on the edge.

Question 2 ： What is the end of the universe like?

A   There are no stars or visible things.

B   There is a cliff on the edge.

C   According to the theory of relativity, the universe has no end.

D   You can see the birth of the universe there.

E   There is the other end of the universe.

Question 3 ： How old is the universe?

A   13.8 billion years old

B   46 billion years old

C   60 billion years old

D   138 billion years old

E   460 billion years old

計数

Aタイプは9問を18分、B
タイプは36問を8分で解く。

解答・解説 → 別冊P70〜74

━ポイント

①Aタイプとβタイプの2種類がある。
②Aタイプは、推理問題と図形問題。難易度が高い。
③Bタイプは、図表の読み取りと四則逆算。計算に慣れるのがポイント。

1 A〜Fの6人が1から10までのカードを1枚ずつ取ったところ、同じ数字
を取った者はいなかった。以下のことがわかっているとき、Fの取った数
字はいくつか。
・全員の取ったカードの数字を足すと21だった。
・AとCのカードの数字を足すと7だった。
・BとEのカードの数字を足すと8だった。
・CとDのカードの数字を足すと10だった。

1　1　　　　2　2　　　　3　3　　　　4　4　　　　5　5

2 図のような黒色と白色の小立方体で構成された直方体がある。黒い小立方
体が表面に見えている部分は、反対の面まで貫通して黒い小立方体が並ん
でいる。このとき、白い小立方体の数はいくつか。

1　64個　　　2　63個　　　3　62個　　　4　61個　　　5　60個

3 正方形の紙を図のように点線に沿って折り、黒く抜られた部分を切り取って広げたときにできる図形は次のうちどれか。

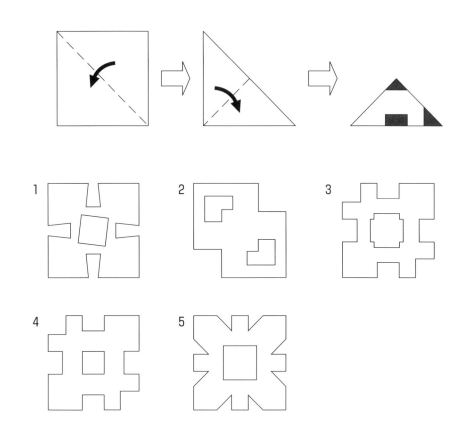

4 図1は図2の展開図を組み立てたサイコロを8個組み合わせたものである。
接する面の和が3か9になるようになっているとき、☆の面はいくつか。

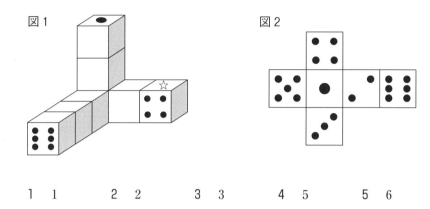

図1　　　　　　　　　　　　　　　　　図2

1　1　　　　2　2　　　　3　3　　　　4　5　　　　5　6

5 A～Dの4チームがリーグ戦でフットサルの試合をした。その結果につい
て次のことがわかっている。引き分けはなかった。

Ⅰ：Aは、2勝1敗だった

Ⅱ：Bは、Dに勝った

Ⅲ：Cは、Dに負けた

Ⅳ：Dは、Aに勝った

以上のことから確実にいえるのは、次のどれか。

1　Aは、Bに勝った

2　Bは、Cに勝った

3　Cは、Aに勝った

4　Cは、Bに勝った

5　Dは、Cに負けた

6 図のような段差を正三角形が滑ることなく回転して乗り越えて、Aの位置からBの位置まで移動した。正三角形の一辺の長さと、Aから段差までの距離、段差の高さ、横の長さは同じである。このとき、正三角形の頂点Pの描く軌跡として、正しいものはどれか。

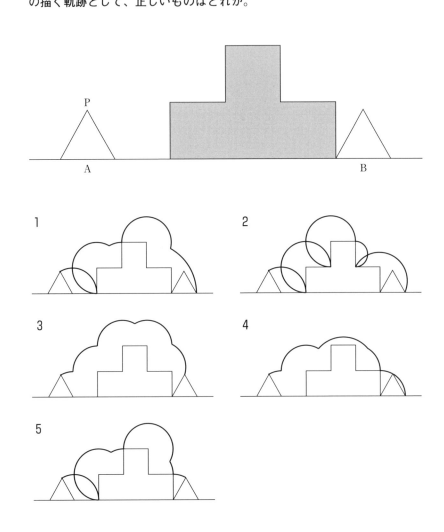

7 表はある日における各支店の商品の販売個数である。渋谷支店の販売個数はその日のおよそ何％か。

商品＼支店	池袋	新宿	渋谷	品川	東京
O 商品（個）	25	10	5	10	30
P 商品（個）	50	10	45	25	5
Q 商品（個）	35	30	30	60	35
R 商品（個）	60	25	10	30	25
S 商品（個）	40	20	30	35	70

1　7％　　　2　13％　　　3　16％　　　4　19％　　　5　25％

8 表は各ゲームの年代別販売割合とその売上額である。10代に対する売上額は全体の売上額のおよそ何％か。

ゲーム名＼年齢	10歳未満	10代	20代	30代	計	売上総額（億円）
A	20％	40％	15％	25％	100％	2
B	10％	15％	45％	30％	100％	5
C	30％	30％	20％	20％	100％	3
D	65％	25％	5％	5％	100％	0.5

1　18.5％　　2　24.5％　　3　27.1％　　4　33.9％　　5　36.4％

9 □にあてはまる数字はどれか。

$0.4 \times □ = 50 \div 0.2$

1　100　　　　2　25　　　　　3　625　　　　4　250　　　　5　125

10 □にあてはまる数字はどれか。

$0.2 \times □ = 14 + 66$

1　200　　　　2　400　　　　3　800　　　　4　20　　　　5　40

11 □にあてはまる数字はどれか。

$6 \div □ = 8 \div 0.4 \div 5$

1　0.5　　　　2　5　　　　　3　1.5　　　　4　0.25　　　　5　2.5

12 □にあてはまる数字はどれか。

$0.4 \div □ = 4/100$

1　1　　　　　2　2　　　　　3　10　　　　4　20　　　　5　100

13 □にあてはまる数字はどれか。

$5 \times (□ + 12) = 0.4 \times 325$

1　6　　　　　2　10　　　　3　12　　　　4　14　　　　5　120

14 □にあてはまる数字はどれか。

$4/5 + 2/6 = □ + 1/3$

1　1/5　　　　2　1/3　　　　3　2/5　　　　4　1/2　　　　5　4/5

15 □にあてはまる数字はどれか。

$0.2 \times □ = 3/7 + 2/5$

1　7/25　　　　2　7/29　　　　3　25/7　　　　4　29/7　　　　5　27/9

言語

ポイント
①AタイプとBタイプの2種類がある。
②Aタイプは、長文読解問題。空欄補充、整序、文章理解の3種類。
③Bタイプは、同義語・対義語、慣用句の知識問題と文章理解の問題。

---

1 次の文章の空欄に入る語句として適切なものはどれか。

　中世の封建社会では、国王が領土に暮らす人々をすべて直接的に支配していた
というわけではなく、地方の領主との封建関係を通して間接的に支配していたと
ころも少なくはなかったのです。したがって、国王の命令権は、領民すべてに対
してストレートに及ぶというわけではなかったのです。また、国王自身も他の国
の国王から封土を受け、封臣という立場にあることもありました。ローマ法王を
頂点とする教会や自治都市も、それぞれに支配権をもっていました。
　このような複雑で（　　　）は、十六世紀ごろになると、経済構造の変化や中
央集権化をめざす国王の野心をエネルギー源として解きほぐされて、一本化され
ていきます。　　　　　　　　　　　　　　　　　（渋谷秀樹『憲法への招待』）

　　1　一元的な支配関係
　　2　複合的な支配関係
　　3　重層的な支配関係
　　4　体系的な命令関係
　　5　絶対的な命令関係

---

2 A〜Eの各文を、意味が通る文章に並べ替えた場合、妥当なものはどれか。

A　現在ではそれは影を潜め、それだけ漢字の使い方はやさしくなったような
　感じがします。
B　しかし現代日本語をよく読み、よく書けるようになるには、やはり漢語が
　大きな役割をしています。
C　昔は、むずかしい、人の知らないような漢字の言葉を振りまわす人が、い

かにも学問がある、言葉がよく分かる人と扱われました。

D　現在、カタカナ語が猛烈な勢いでふえています。

E　とはいえ、一見ありふれた言葉、ありふれた漢字も、よく考えて見ると微妙な働きをしています。そのことに心を配ることは、よい文章を読み書きしたいと思う人には大切です。
（大野晋『日本語練習帳』）

1　C→A→B→D→E
2　C→A→D→B→E
3　D→C→B→A→E
4　D→B→C→A→E
5　D→E→C→B→A

3　次の文章の題名として適切なものはどれか。

　食事をとる、電車に乗って通勤する、テレビを見る、電気をつける、友達のところに行く、携帯電話で両親と話す、ブログで日記をつける。意識しているか否かは別として、そうしたそれぞれの何気ない毎日でも皆、人、地域、そして地球とのかかわりの中で生きている。もっと言えば、かかわりの中でしか現代は生きていけなくなっているとも言える。

　食べ物には海外で作られた野菜が使われているだろうし、テレビのニュース番組には海外での取材が必要な場合も多いだろう。テレビを見るには電気や電波が常時、送られていなければならない。友達のところに行こうとするにも、車に乗る場合、ガソリンスタンドで中東などから輸入されたガソリンを買う必要があるし、地球に優しく、二酸化炭素排出を減らそうと思えば高額な電気自動車などに乗ったり、公共交通機関を使ったりする必要がある。海外旅行に行ったとき、自分の携帯電話の通信方式とその国の通信方式が同じ場合において、国際ローミングに対応した携帯電話を利用することにより、自分の携帯電話から日本の両親に電話をすることができる。そしてインターネットが世界につながっていることによって初めて世界各地の人からブログで書いた日記にコメントが付き、新しい交流が生まれる。

　つまり、情報社会の進展とも絡み合って、人・モノ・カネ・情報が大量に世界を対流する中にあってはその相互依存はますます強まり、日々の日常生活はそうした相互依存の中でしか成り立っていない。

1　多様化する人々の日常生活
2　日常生活で希薄になった相互関係性
3　日常生活で高まる相互依存性
4　情報社会の進展と世界の対流
5　日本人の生活と海外依存

4　筆者の主張にもっとも合致しているものはどれか。

　言葉は道具ではないのです。第二言語、第三言語は道具ですが、母語＝第一言語は道具ではありません。アメリカでは、二十世紀の前半に「言語は道具である」という考えが流行しました。アメリカの合理主義と相まって、一時期、世界を席巻しますけれども、やがてだんだんと、そうではない、母語は道具ではない、精神そのものであるということがわかってきます。母語を土台に、第二言語、第三言語を習得していくのです。ですから結局は、その母語以内でしか別の言葉は習得できません。ここのところは言い方がちょっと難しいのですが、母語より大きい外国語は覚えられないということです。つまり、英語をちゃんと書いたり話したりするためには、英語より大きい母語が必要なのです。だから、外国語が上手になるためには、日本語をしっかり――たくさん言葉を覚えるということではなくて、日本語の構造、大事なところを自然にきちっと身に付けていなければなりません。

（井上ひさし『日本語教室』）

1　言語は道具であるという考え方は世界の共通認識である
2　第二言語も第三言語も第一言語以内でしか習得できない
3　第二言語を長く学習すれば第一言語よりも上達することができる
4　日本語をきちっと身につければ外国語は必ず上手になる
5　言語は道具ではなく精神である

5　「手段」の同義語として妥当なものは、次のどれか。

1　戦略　　　2　方法　　　3　目的　　　4　実践　　　5　工夫

6　「落胆」の同義語として妥当なものは、次のどれか。

1　落着　　　2　落涙　　　3　肝胆　　　4　失望　　　5　豪胆

TG-WEB

言語

7 「倹約」の同義語として妥当なものは、次のどれか。

1 節約　　　2 簡略　　　3 省略　　　4 要約　　　5 質素

8 「残念」の同義語として妥当なものは、次のどれか。

1 後悔　　　2 遺憾　　　3 反省　　　4 疑念　　　5 観念

9 「卓越」の同義語として妥当なものは、次のどれか。

1 偉大　　　2 卓見　　　3 超越　　　4 自信　　　5 傑出

10 「末梢<ruby>末梢<rt>まっしょう</rt></ruby>」の対義語として妥当なものは、次のどれか。

1 末節　　　2 中枢　　　3 先頭　　　4 中央　　　5 先端

11 「架空」の対義語として妥当なものは、次のどれか。

1 想像　　　2 理性　　　3 実在　　　4 実現　　　5 着実

12 「脆弱<ruby>脆弱<rt>ぜいじゃく</rt></ruby>」の対義語として妥当なものは、次のどれか。

1 補強　　　2 頑健　　　3 列強　　　4 安全　　　5 強靭

13 「勤勉」の対義語として妥当なものは、次のどれか。

1 堕落　　　2 漫遊　　　3 怠慢　　　4 放任　　　5 漫然

14 「保守」の対義語として妥当なものは、次のどれか。

1 破壊　　　2 攻勢　　　3 守備　　　4 革新　　　5 進歩

15 「焼け石に水」の意味をもっともよく表しているものは、次のうちどれか。

1　人の好意を無にすること。
2　あまりに少しばかりで何の役にも立たないこと。
3　他人の努力を認めないこと。
4　うまくいっていることにケチをつけること。
5　争いごとの仲裁をすること。

16 「傍目八目（岡目八目）」の意味をもっともよく表しているものは、次のうちどれか。

1　一挙に多数の収穫をあげること。
2　なまかじりの知識をあちこちでひけらかしてまわること。
3　当事者よりも、第三者のほうが事情を冷静に見て、適切な判断ができること。
4　自分の持っている全精力を注ぎ込むこと。
5　いったん衰えた力を再び盛り返すこと。

17 「二階から目薬」の意味をもっともよく表しているものは、次のうちどれか。

1　物事は慎重に行わなければならないという戒め。
2　目標をもって行動すること。
3　思うようにならなくて、じれったいこと。
4　思いがけない手助け。
5　よいことはためらわずに実行する。

18 「朝令暮改」の意味をもっともよく表しているものは、次のうちどれか。

1　方針がしばしば変わってあてにならないこと。
2　朝と夕に改まって挨拶を交わすこと。
3　一日を振り返って反省すること。
4　その場その場の状況に応じて適切な方法をとること。
5　大事なことを時間をかけて慎重に決めること。

TGI WEB

言語

19 「つぶしがきく」の意味をもっともよく表しているものは、次のうちどれか。

1　仕事が丁寧なこと。
2　世間に顔が広い。
3　体力に恵まれている。
4　見込み通りになる。
5　現在の仕事以外でもいろいろな能力がある。

20　次の文章の、筆者の考えにもっともよく合致するものはどれか。

　言葉づかいが適切かどうかの判断は、結局それまでに出あった文例の記憶によるのです。人間は人の文章を読んで、文脈ごと言葉を覚えます。だから、多くの文例の記憶のある人は、「こんな言い方はしない」という判断ができます。

　よい行動をしていきたいと思う人は、よいことをした人の話を聞いて見習うでしょう。同じように、よい言葉づかいをしたいと思う人は森鷗外、夏目漱石、谷崎潤一郎とか、現代だったら誰でしょうか、言葉に対してセンスが鋭い、いわゆる小説家・劇作家・詩人・歌人たち、あるいは適切な言葉を使って論文を書く学者、そういう人たちの作品・文章を読んで、文脈ごとの言葉を覚えるのがよいのです。

（大野晋『日本語練習帳』）

1　文例を記憶することによって語彙が豊富になる。
2　言葉づかいをよくするには、よりたくさんの文例を暗記することが大切だ。
3　よい言葉づかいはよい行動をしてきた人から学ぶべきだ。
4　作家や学者の文章をまねることにより言葉の感覚が磨かれる。
5　よい言葉づかいのためには、言葉のセンスがすぐれた人の文章に触れ、文脈ごとの言葉を覚えるとよい。

21 次の文章で、筆者が「日本の自然が豊かすぎる」例としてあげているもの
は、次のうちどれか。

　日本人は自然保護の思想が貧困だといわれる。なぜそうなのかを少し考えてみ
たい。一言にしていえば、日本の自然が豊かすぎるからである。国土面積の森林
被覆率は70％弱、これは森と湖の国フィンランドに匹敵する世界有数の森林国と
いえよう。木材の国カナダといえども森林被覆率は33％、ドイツやフランスで27
％だから、日本は大変な森林国である。それに種類も多い。フィンランドへ行っ
てびっくりするのは、樹種が非常に少ないことだ。カンバ類三種と松、トウヒく
らい知っていると、どこの森へ行っても間に合う。

　わが国は、世界でも有数の天災多発国だ。毎年台風が襲来して草木をなぎ倒し、
そこここで洪水が起こる。地震や火山の噴火で山は崩れ、山火事で全山が燃えつ
きることもある。しかし、しばらくするとススキや笹が生え、ついで低木や松の
緑が破壊された地肌を覆ってしまう。日本の森は、壊れても焼かれても復元する
強靭さをもっており、世界中でも最も回復力が強い森だといってよい。

（河合雅雄『子どもと自然』）

　　　1　地震などの天災が多発すること
　　　2　自然保護思想が貧困なこと
　　　3　森の自然回復力が強いこと
　　　4　森林の風景が変化に富んで美しいこと
　　　5　森を愛する伝統があること

TG
I
WEB

言語

英語

解答・解説 ━▶ 別冊P79〜80

ポイント
①設問は、空欄補充、言い換え、長文読解の3種類。設問文は定型なので、覚えておく。
②内容が完全に理解できなくても単語などから類推して解答は可能。

1 以下の長文を読んで、設問に答えなさい。

The tiger is the largest wild cat in the world, weighing up to 720 pounds (327 kilograms), stretches 6 feet (2 meters) long, and has a 3 foot (1 meter) long tail. It's easily recognized by its coat of reddish-orange with dark stripes.

If you ask someone, "Do tigers live in Africa?" the answer would probably be "Yes", which is wrong because tigers never lived in Africa. Their (①) in the Felidae family of cats which also includes lions and leopards, originated in Africa. At some point, probably around 2 million years ago, a single offshoot of Felidae migrated toward Asia and those cats evolved into the orange-black cats that we know today. (②) why tigers never returned to Africa once they inhabited in Asia, scientists aren't exactly sure, although there are many speculations.

Sadly, ③tigers are running out of their numbers, and are endangered in India, Nepal, Indonesia, Russia, and China. At the start of the 20th century, it is estimated there were over 100,000 tigers in the wild, but the number is now between 1,500 and 3,500. They have been overhunted for their fur and other body parts such as their bones used in traditional medicine. Their habitat has also dwindled seriously as humans have developed land for uses such as farming and logging.

Now, although tigers ④are not indigenous to Africa, they can be found there in zoos and special reserves. As one of the many conserving efforts, rare tiger cubs from China are brought to a remote corner of South Africa in hopes of having them adapt to living in the wild. So, if tigers breed and increase in numbers there in the future, the answer to the question "Do tigers live in Africa?" could be really "Yes".

(1) Choose the most suitable word (s) from those given below to fill in the blank (　①　).

　　A　ancestor　　B　descendant　　C　protector　　D　owner
　　E　researcher

(2) Choose the most suitable word (s) from those given below to fill in the blank (　②　).

　　A　Therefore　　B　As to　　C　Because of　　D　Besides
　　E　According to

(3) Choose the phrase from those given below which best translates the underlined words ③.

　　A　tigers are running away from their home
　　B　tigers are being kept in numerical order
　　C　the number of tigers is decreasing
　　D　a number of tigers are run over by a car
　　E　tigers are increasing more and more

(4) Choose the phrase from those given below which best translates the underlined words ④.

　　A　are not increasing in
　　B　are not well-adapted to
　　C　have not moved away from
　　D　have not become extinct in
　　E　did not come into existence in

(5) Choose the sentence from those given below which best agrees with what is mentioned above.

　　A　The recognition that tigers are African animal is correct.
　　B　Tigers originated from the different family from lions or leopards.
　　C　Tigers emigrated from Africa to Asia and are increasing in number.
　　D　Efforts are being made to have tigers adapt to living in Africa.
　　E　We can now see some tigers living in nature in Africa.

TG-WEB

英語

性格テスト

　TG-WEBでは、複数の性格テストが用意され、それぞれで測る能力が異なっている。検査の種類は次のとおり。このうち、主な検査を簡単に紹介する。

・A8（Another 8：コンピテンシー適性検査）
・G9（コーピング適性検査）
・W8（チーム・コミュニケーション適性検査）
・Q1（ジョブ・クラフティング適性検査）
・U1（グローバルリーダーシップ適性検査）
・P8（ハピネス適性検査）
・B5（ベーシックパーソナリティ適性検査）

A8（コンピテンシー適性検査）

　コンピテンシーとは、「高い業務成果を生む特徴的な行動特性」などと定義される。そのコンピテンシーを客観的に測定するための検査で、個人の強みをみるもの。適した職務を明確化し、採用後の人材配置などにも使われる。

　仮に高度な思考力、成果イメージ、動機・パーソナリティ、知識・経験を有していたとしても、それらを行動に還元できなければ成果には結びつかないとの考えから、実際に行動を起こしてきた場面や頻度、方法を測定する。

G9（コーピング適性検査）

　コーピングとは、問題に対処する技法や能力をいう。この検査は、将来遭遇するストレスに対処できるかどうかを測定するもの。併せて、ストレスから回復する力「レジリエンス」についても測定する。

【測定項目の例】

①ストレス反応　心理的・身体的・行動的な変化を数値化して測定
②ストレッサー（キャリア版のみ）　ストレスの元になる事象を「量的ストレッサー」と「質的ストレッサー」に分けて測定

③ソーシャルスキル・ソーシャルサポート　積極的なコーピングを行う重要な資源として測定

W8（チーム・コミュニケーション適性検査）

チームで力を発揮できるかどうか、異なる意見や価値観の人と協働してシナジー（相乗効果）を生み出すことができるかどうかを測定する検査。チーム・コミュニケーション能力が高い人材は、自尊感情、他尊感情の両方が高いということから、これらを評価項目に加えている。

【測定項目の例】

①自尊・他尊の行動傾向

②コンプライアンス違反傾向　周囲の目を気にしすぎるあまり、ルール違反をしてでも自分を守ろうとするパーソナリティ特性がある場合にアラート

Q1（ジョブ・クラフティング適性検査）

エンゲージメント向上のカギとなる行動特性「ジョブ・クラフティング」を測定する検査。エンゲージメントとは、仕事にのめり込み、働きがいをもつこと。検査では、仕事への取り組み方・考え方を積極的・消極的の2つの側面から分析し、エンゲージメント状態を自ら高められる人材なのかどうかを測定する。次の3つの測定項目がある。

【測定項目の例】

①ジョブ・クラフティング　積極的／消極的

②エンゲージメントタイプ　自分で成果を生み出す（個人）／チームでシナジーを生み出す（集団）／解を次々と見いだす（定型）／新たな価値を生み出す（非定型）

③ネガティブな要素を引き起こすパーソナリティ要因　たとえば、衝動性が強すぎるなど

B5（ベーシックパーソナリティ適性検査）

組織で働くという視点から、多様化と成熟が進む組織でこれから必要とされるパーソナリティを「普遍的な5つの性格特性（ビッグファイブ）」に加え「成果を阻害する要因（ディレールメント）」から測定する検査。

【測定項目の例】

①ビッグファイブ　外向性／協調性／誠実性／開放性／情緒安定性

②ディレールメント　成果を阻害する恐れのある要因を分析。たとえば、自己卑下あるいは自信過剰など

TG-WEB

性格テスト

本書に関する正誤等の最新情報は、下記のURLをご覧ください。
https://www.seibidoshuppan.co.jp/support/

上記アドレスに掲載されていない箇所で、正誤についてお
気づきの場合は、書名・発行日・質問事項・氏名・住所・
FAX番号を明記のうえ、下記宛に**封書**でお願いします。
〒140−0013　東京都品川区南大井3−26−5　3F
株式会社ワードクロス

※電話でのお問い合わせはお受けできません。
※**本書の正誤に関する質問以外にはお答えできません。**また
　受検指導などは行っておりません。
※ご質問の到着確認後10日前後に、回答を普通郵便または
　FAXで発送いたします。
※ご質問の受付期間は2025年4月末日必着といたします。ご
　了承ください。

本文デザイン
ワードクロス・小林辰江

編集協力
青木佳奈子・野村太希・ワードクロス
企画・編集
成美堂出版編集部

最新最強の適性検査クリア問題集　'26年版
2024年5月20日発行

編　著　成美堂出版編集部
発行者　深見公子
発行所　成美堂出版
　　　　〒162-8445　東京都新宿区新小川町1-7
　　　　電話(03)5206-8151　FAX(03)5206-8159
印　刷　大盛印刷株式会社
©SEIBIDO SHUPPAN　2024　PRINTED IN JAPAN
ISBN978-4-415-23832-6
落丁・乱丁などの不良本はお取り替えします
定価は表紙に表示してあります

最新最強の '26年版
適性検査クリア問題集

別冊 解答と解説

● 第1章 適性検査……P1
● 第2章 SPI3能力検査……P9
● 第3章 SPI3性格検査……P38
● 第4章 SCOA……P41
● 第5章 SHLテスト……P52
● 第6章 Webテスト……P59

➡ 矢印の方向に引くと別冊の「解答と解説」が外れます。

成美堂出版

第1章　適性検査
解答と解説

問題 → 本冊P8〜26

クレペリン　　問題 → 本冊P8〜9

1 解答

(1)

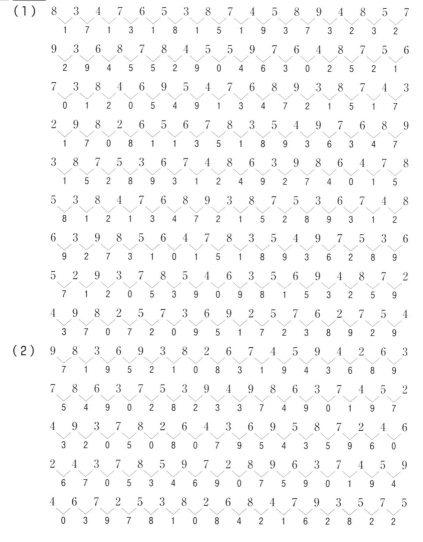

(2)

（3）

解説　実際の検査は1行（116個）1分の制限時間で、前半15分、休憩5分、後半15分で実施される。作業の到達量や平均量などをもとに、性格を分析する目的で使われる。重視されるのは作業の到達量だが、量が多いほどよいというものではなく、ある一定の型に沿っているかどうかをみる。「定型」と判定されるのは、1行の作業量がある程度多い（おおむね半分程度）、前半の作業量がU字型、後半の作業量が前半を上回る、など。

抹消・打点

問題 → 本冊P10〜11

1 解答

わ	り	て	さ	や	ま	め	み	る	た	ひ	な	ら	へ	る	さ	ま	の
う	ん	め	～	を	の	ろ	わ	せ	て	は	う	た	え	が	け	へ	～
～	せ	ん	と	き	た	て	ぬ	～	の	～	て	ん	き	め	さ	が	た
も	と	こ	む	や	う	つ	を	～	む	も	く	て	と	て	り	れ	た
も	を	ん	た	は	～	て	た	そ	な	あ	～	ね	げ	の	も	け	と
き	～	～	が	と	す	て	せ	き	～	せ	あ	に	の	が	～	な	た
す	ま	と	の	う	ゆ	な	に	～	が	～	と	て	に	お	ら	が	こ
き	て	り	～	～	の	～	と	が	と	せ	～	さ	に	～	の	～	き
こ	お	は	と	さ	な	あ	れ	が	り	こ	さ	み	ろ	り	こ	が	～
た	は	を	も	～	よ	ほ	を	き	～	ろ	に	き	が	こ	に	て	そ

解説 抹消では、何度も文字列を見返すのは時間の無駄。まず消すべき文字を暗記してしまうのが早道だ。リズムよく作業を進められるように練習しておく。

2 解答

2	9	～	3	～	3	8	6	4	～	2	9	6	2	9	～	4	8
4	3	8	～	6	8	2	6	4	9	3	4	～	6	2	～	6	～
3	9	～	8	3	～	2	～	2	3	8	～	4	6	～	8	3	2
9	4	～	3	～	～	6	～	2	3	8	2	4	6	3	～	～	9
8	4	～	9	6	～	3	～	6	～	8	9	2	4	2	6	9	3
4	3	4	～	6	3	9	～	～	3	～	2	3	～	～	2	4	8
～	9	8	2	～	～	6	8	2	8	9	3	8	4	4	～	～	2
4	2	～	～	6	3	～	8	6	～	3	2	6	3	9	～	8	4
2	～	2	4	6	9	3	～	8	4	～	2	6	6	4	3	～	4
2	9	8	2	9	～	6	4	2	9	2	6	3	4	～	3	4	2

解説 **1** と同様、消すべき数字を暗記してから作業を始める。きちんと斜線を入れないと正解と見なされない。スピードだけを重視せず正確に消し込むこと。

3 解答 略

解説 はみ出しはもちろん、点が枠にかかっても減点の対象となる。筆記具を紙からきちんと離さないと点がつながって見えることもある。そういうものも不正解とされるので気をつけよう。

4 **解答** 略

解説 **3**のバリエーション。より注意深さが要求される。このようなパターンのほかに、枠内に文字を書き込むものもある。

照合 問題 → 本冊P12～13

1 **解答** （1）B （2）D （3）A （4）B （5）E
（6）C （7）E （8）A

解説 意味のない文字や記号の照合では、機械的な作業が要求される。形の似た字、偏やつくりの同じ漢字には特に注意を払うこと。また、意外に手こずるのがカタカナや英文の小文字。（2）（5）のように、文字の入れ替わりもあるので注意。

2 **解答** （1）B （2）E （3）A （4）C （5）B、D

解説 人名や地名、文章の一部などの照合では、読み流して見逃すことがあるので注意しよう。要領は**1**と同じ、意味があるように見える文字列でも機械的に作業をしていくこと。（5）のBは小さく書く文字、Dは似た漢字の間違い。どちらもよく出る。

3 **解答** （1）5 （2）2 （3）1 （4）2 （5）3
（6）2 （7）2 （8）3

解説 このような手引きを使う照合問題もある。見慣れない形式なのでとまどうことも多い。ある程度、練習しておいたほうがよい。手引きの数が少ない場合は暗記してしまうと早く照合できる。数が多い場合や手引きが漢字の場合は、1字か2字をひとまとめにして順番に確実にあたっていく。

置換 問題 → 本冊P14～15

1 **解答** （1）9 10 11 2 3 17 7 14 4 6 15 5 16 8 12 1
（2）11 6 7 17 15 16 9 12 2 14 3 1 5 8 10 4
（3）10 2 15 3 7 14 1 12 4 11 5 9 8 6 17 16
（4）10 6 11 1 2 15 3 4 7 16 8 12 14 17 5 9
（5）17 1 12 9 5 2 10 6 15 8 11 4 16 14 7 3

解説 記号を数字に置き換える問題。これだけ手引きの数が多いと暗記する手は使えない。めんどうでも1字ずつ順番に置き換えるのが、結局は早い。

4

2 **解答** (1) RMVU　(2) VQYZ　(3) QWTP
(4) WYQM　(5) WZSU　(6) NMQT
(7) PUTV　(8) URWY　(9) SMUW
(10) SZMV　(11) NYZP　(12) YURQ
(13) MTVQ　(14) RVSP　(15) ZUNV
(16) PSNM　(17) MRWZ　(18) WTYP

解説　手引きが複数に分かれて示されるパターン。このような手引きでは、左右の手引きの文字を見比べるとき、位置でとらえていくのが早い。ヤがQ、というように頭で一度置き換え作業をすると時間がかかる。

3 **解答** (1) A　(2) B　(3) D　(4) C　(5) A
(6) D　(7) B　(8) A　(9) B　(10) E

解説　正しく置き換えられたものを選び出す形式。選択問題では、明らかに違う選択肢を捨てていくのが原則。3字すべてを置き換えて比較するのではなく、最初の1字からあたっていけば、おおむね2字目くらいで正答が選べる。

4 **解答** (1) C　(2) A　(3) D　(4) D　(5) B
(6) C　(7) D　(8) B　(9) A　(10) A

解説　要領は **3** と同じだが、手引きが分かれているので手間がかかる。**2** と同様に、手引きは位置関係で把握し、1字目から順にあたっていこう。37と73、04と40などの数字を混同しないように。

分類　問題 → 本冊P16～17

1 **解答** (1) B　(2) B　(3) C　(4) C　(5) D
(6) D　(7) B　(8) C　(9) B　(10) D
(11) A　(12) D　(13) B　(14) B　(15) A
(16) C

解説　手引きの数字は順序よく並んでいるわけではないし、それぞれ一定の範囲があるので、慣れないとわかりにくい。どこまで確認すればよいか、まず見当をつけることがポイントとなる。この問題では、上から2桁まで見ればほぼ分類できる。

2 **解答** (1) A　(2) C　(3) D　(4) B　(5) D

(6) B (7) C (8) A (9) D (10) C
(11) C (12) B (13) D (14) A (15) B
(16) C

|解説| ひらがなの分類問題。手引きにも、並んでいる文字列にも法則性はないので、作業は機械的に進めよう。このような分類では、最初の文字を手がかりに探していくのが一般的だが、どこまでの確認が必要か、手引きを一読してから始めること。

3 |解答| (1) C (2) D (3) B (4) E (5) A
(6) D (7) D (8) D (9) C (10) E
(11) C (12) E (13) A (14) A (15) A
(16) E (17) B (18) D (19) B (20) E
(21) B (22) C (23) A (24) B

|解説| 一見意味があるようだが、これも機械的な分類作業だ。要領は他の問題とまったく同じ。似かよった数字が出てくるところは間違いやすいので注意しよう。

4 |解答| (1) B (2) E (3) C (4) C (5) B
(6) A (7) C (8) D (9) B (10) E
(11) C (12) D (13) A (14) A (15) B
(16) D (17) E (18) E (19) D (20) A

|解説| 英字の文字列は同じものがあるので、記号のほうから絞り込むのが正しいやり方。めんどうに思えるが、これは比較的簡単なもの。複数の手引きが重複していたり、範囲のある数字や文字だったり、というさらに複雑なものもある。

図形 問題 → 本冊P18〜19

1 |解答| (1) D (2) A (3) D (4) B (5) E
(6) A (7) D (8) B

|解説| 図の異同を見分けるには、まず基準となる図のポイントとなる部分（塗りつぶされた部分など）の位置関係（隣り合っているか、離れているか、角か真ん中かなど）を把握し、他の図と比べていく。選択肢としてあげられるのは、もとの図を回転させたものか、その鏡像が多い。慣れるまでは実際に図を回転させて比べてみてもよい。

2 |解答| (1) A (2) B (3) C (4) B

解説　ばらばらの図を組み合わせる場合、まず図の数に注目して数の合わないものを先に消去し、それから長さや幅を比較していく。

3 解答　（1）D　（2）B　（3）A　（4）B

解説　断面図は、切断面の真上から見るようにするとわかりやすい。出題されるのは基本的な立体が多いので、問題集などで丸暗記してしまうのも手だ。

フローチャート　問題 → 本冊P20〜21

1 解答　（1）C　（2）B　（3）E　（4）C　（5）D
（6）①　（7）②

解説　図中の長方形の中に書かれているのが処理、ひし形の中に書かれているのが判断となる。（1）「ゲームの結果を見る」の後ろにくるので、ここには勝敗についての判断が入る。MまたはNが勝った場合はMまたはNの点数を増やす処理となるが、このあとに再度判断の処理がくることから、ここはCの「引き分けか？」が適切。（2）YESの場合、Mの点数に1を加えることから、Bの「Mが勝ったか？」が適切。（3）（2）の「Mが勝ったか？」に対してNOとなる場合の処理なので、Eの「Nの点数に1を加える」が適切。（4）続けて勝つのが勝者となるルールなので、負けた場合は点数は一度0に戻る。Mが勝った場合は、Cの「Nの点数を0とする」。（5）Nの点数が3となった場合はNの勝ちとなる。（6）「引き分けか？」の分岐でYESとなる場合、勝負は最初に戻る。（7）3点に満たない場合は再度ゲームを行う。

論理的思考　問題 → 本冊P22〜23

1 解答　（1）D　（2）C　（3）B

解説　（1）条件より、a、bの位置は決められないため、選択肢B、C、Eはいい切れない。Aは誤り。（2）条件より、2つ順位が下がった木村が3位か4位、同じく2つ順位が下がった田中が3位か4位。したがって、昨年の2人の順位は1位と2位であり、決勝戦は2人の試合であったことがわかる。A、B、Eは条件だけではいい切れない。Dは誤り。（3）Aは条件からはいい切れない。文学、社会学関係以外の専門書もありうるので、D、Eもいい切れない。Cは誤り。

2 解答　（1）D　（2）B　（3）D　（4）1組：D、2組：B

解説　（1）出発点から条件に沿って図をかいていく。（2）Sは定刻到着。その前

にＰが到着している。Ｏは５分遅れ、Ｒは15分遅れた。30分待ったＱが定刻15分前に到着していたことになる。（３）専門学校への進学希望者と進路未定者を合わせた数は全体の100－（43＋25）＝32［％］。（44＋20）÷0.32＝200［人］。（４）まず、１組を除いた平均点の合計と全体の平均点の合計より１組の平均点を計算。54.6×５－51.25×４＝68［点］。これより３組の平均点68＋７＝75［点］。２組の平均点をxとおくと、全体の平均点合計－（１組の平均点＋３組の平均点）＝x＋（x＋17）×２。これを計算する。

言語 問題 → 本冊P24〜26

1 解答 （1）Ａ、Ｅ （2）Ｂ、Ｃ （3）Ａ、Ｄ （4）Ｂ、Ｃ
（5）Ｂ、Ｄ （6）Ａ、Ｄ （7）Ｂ、Ｃ （8）Ｂ、Ｄ

解説 熟語の読みや意味を問う問題では、頻出熟語というものがいくつかある。ここにあげたのもその一例。読み、意味ともに覚えておこう。

2 解答 （1）Ｄ （2）Ｂ （3）Ｃ （4）Ａ （5）Ｅ
（6）Ｃ （7）Ｅ （8）Ｂ （9）Ｄ （10）Ａ

解説 （1）読みは「あいしょう」。（2）読みは「しい」。「恣」の訓読みは「ほしいまま」。（3）読みは「かふ」。（4）読みは「りんしょく」。（5）読みは「こうてい」。（6）読みは「こうし」。実力行使、武力行使などと使う。権力や力を実際に使うこと。（7）読みは「めんせき」。責任を免れるのは「免責」。（8）読みは「ようせつ」。（9）読みは「ちき」。自分の心をよく知っている人の意味。（10）読みは「はくび」。中国の故事による。才名のあった蜀の馬兄弟のなかで、眉に白毛のあった馬良が特にすぐれていたことから。

3 解答 （1）Ｂ （2）Ｃ （3）Ｄ （4）Ａ （5）Ｅ
（6）Ｄ （7）Ｂ （8）Ｂ （9）Ｅ （10）Ｂ
（11）Ｄ （12）Ｅ （13）Ａ （14）Ｂ （15）Ｃ

解説 （1）同意語。「委細」はくわしく細かいこと。（2）反意語。（3）反意語。「不易」は変わらないこと。（4）同意語。（5）同意語。「安泰」はやすらかで無事なこと。「泰然」はゆうゆうとしたさま。（6）同意語。星が１年で天を一周し、霜が年ごとに降ることから、「星霜」で歳月を表す。（7）（8）（9）（10）反意語。どれもよく出題される。（11）反意語。同意語は「親善」。（12）同意語。「疲弊」は疲れはてること。（13）反意語。（14）反意語。「大胆不敵」は熟語。（15）同意語。「平等」はすべてが同じであることで、同意語は「公平」。

第 2 章　SPI３能力検査
解答と解説

問題 → 本冊P28〜94

言語能力

言葉の関係
問題 → 本冊P28〜33

1 解答　（1）E　（2）B　（3）D　（4）C　（5）A　（6）B
（7）C　（8）B　（9）C　（10）D　（11）B　（12）D
（13）A　（14）E　（15）A　（16）C

解説　（1）は物とその用途の関係。（2）は包括の関係。塩は調味料の一種。（3）
は物とその原料の関係。（4）は反意語の関係。（5）は包括の関係。どちらが大きい集
合かを確認。（6）は物とその原料の関係。（7）〜（8）は包括の関係。（9）〜（10）
は物とその用途の関係。（11）は包括の関係。（12）は物とその原料の関係。（13）〜
（14）は物とその用途の関係。（15）は反意語の関係。（16）は物とその原料の関係。

2 解答　（1）D　（2）C　（3）A　（4）B　（5）E　（6）B
（7）C　（8）A　（9）B　（10）D　（11）C　（12）C
（13）A　（14）F

解説　（1）包括の関係。2つ該当する場合もあるので注意。（2）包括の関係。秋
は四季のうちのひとつ。（3）〜（4）は物のとその用途の関係。（5）は包括の関係。
（6）〜（8）は反意語の関係。（9）は物とその原料の関係。（10）〜（11）は反意語
の関係。（12）は一組の関係。まな板と包丁はセットで使う。アの引き出しは、たんす
に含まれると考える。イの鉛筆とボールペンはどちらも文房具だが、セットで使うもの
とは考えにくい。（13）は反意語の関係。（14）は包括の関係。

語句の意味
問題 → 本冊P34〜37

1 解答　（1）B　（2）C　（3）A　（4）C　（5）B　（6）A
（7）A　（8）C　（9）E　（10）A　（11）B　（12）A
（13）A　（14）A　（15）C　（16）E

解説　（1）たくさんの中で指を折って数えられるほどすぐれていること。（2）注意
を喚起する、などのように使う。（3）「摯」は十分に気持ちが届く。「真摯」はまじめ

でひたむきなこと。（4）「翻」には、急に変える意味がある。（5）「披瀝」は、心中
の考えを隠さずに打ち明けること。（6）真実を追究するのは「究明」。（7）肩を並べ
ること、同等なことの意味で使う。（8）「瞠」は目をみはるの意味。「瞠目」は驚きな
どで目をみはること。（9）「異色」は他と異なり特色のあること。（10）「紛」は乱れる、
もつれるの意味。「紛争」はごたごた争うこと。（11）「面責」は面と向かって責めるこ
と。（12）「不遜」は謙遜せず思い上がること。（13）「憎まれっ子世にはばかる」などの
「幅をきかす」といった意味もあるが、本来はためらうの意味。（14）この「気」はあ
れこれ考える心の動き。そういう必要がないという意味。（15）「心もとない」は、物足
りず、不安で頼りないさま。（16）「はかばかしい」は物事が順調に進むさま。

2 解答　（1）C　（2）D　（3）B　（4）A　（5）C
　　　　　（6）E　（7）A　（8）D　（9）E　（10）B
　　　　　（11）C　（12）B　（13）D　（14）A　（15）D
　　　　　（16）C　（17）E　（18）B

解説　（1）執る。（2）傷む。傷つき悪くなること。（3）討つ。（4）努める。B、
Dは「務める」で、任務を果たすこと。（5）利く。機敏に働く、活動するの意味。
（6）勧める。（7）代える。B、Eは「換える」。Cは「替える」。（8）著す。（9）
量る。重さや容積を測定するときに使う。時間や数量、温度は「計る」、高さや長さは
「測る」。（10）厚い。（11）部分を指し、「件」と書く。Eは手紙の縦の1行を表し、
「行」と書く。（12）ものが出入りする場所をいう。Aは就職先。（13）技術、能力をい
う。（14）「すら」（極端な例をあげて他を類推させる）の意味。B、C、Eは「だけ」。
Dは「（そのうえに）〜までも」。（15）一緒に、の意味。Aは仮定、Bはその範囲以上
に出ないことを表す。Cは並列、Eは結果。（16）形容動詞の活用語尾。C以外は助詞
で、A、B、Eは場所、Dは結果を示す。（17）上手。A、Cは都合がよい。（18）持つ、
所有する。Cは近い将来に起こるという意味で使う。

文章の並べ替え　問題 → 本冊P38〜39

1 解答　C

解説　文末の「手掛かりとなる」に注目すると、その前にあてはめることができるの
はEかBだが、他の選択肢を見ると、Bを入れた場合に文がうまくつながらない。次に
Aの「地層が堆積した年代や」に注目すると、列挙の助詞「や」とつながるのはBかE
だが、内容的にBは考えにくい。したがって、A→Eの順になる。残る選択肢B、C、
Dを検討すると、Bの「生物の遺骸が」→D「地中に埋もれて」→C「残されたもの
で」とつながる。以上より、B→D→C→A→Eの順になる。

2 解答　A

解説　Cの「健康被害が発生する」に注目すると、Cの前には健康被害の内容を示すEの「呼吸器疾患や肺がんなどの」が入ることがわかる。Eの前には原因・理由を表す助詞「より」で終わるAの「長期間吸い込むことにより」があてはまる。よってA→E→Cという順になる。また、B「微小粒物質で」の前にはこれを修飾するDの「ディーゼル車や工場の排煙に含まれる」が入り、D→Bの順になる。BとCを比べると文末の「リスクが高くなる」の前に入れるのはCが適切で、D→B→A→E→Cの順になる。

3 解答　B

解説　文末の「完成する」の前にはCの「間違いや不明な点がないか推敲をして」があてはまる。また、推敲するのはできあがった文章であることから、前にはAの「実際に文章を作り」が入る。よってA→Cの順になる。残る選択肢を検討すると、小論文作成では「与えられた課題について」→「自分の考えをまとめ」→「起承転結などの構成を組み立て」とつながることがわかるので、全体はE→D→B→A→Cの順になる。

4 解答　D

解説　まずウ「羞恥心のうすくなった時代だ」から、カ「それでも、『恥ずかしい』という語は廃れない」につながる。アの「用いられ方」とはカ「『恥ずかしい』という語」の用いられ方のこと。エとイでは、そのア「用いられ方」を現代と昔の具体例をあげて述べている。そして、結論としてオにつながる。ウ→カ→ア→エ→イ→オの順。

5 解答　C

解説　指示語に着目し、その内容を読み取る。オ「戦後」とエ「それまで」のように時間のつながりがある語句、またエ「パンやパスタ」とア「このような食事」のように同じ意味を表す語句同士を結びつける。また、ウ「その一方で」等の対比を導く語句が文頭にある場合、ア「このような食事」とウ「日本古来の主食」のように対照的な内容の語句を結びつける。以上より、オ→エ→ア→ウ→イの順になる。

長文読解　問題 → 本冊P40～41

1 解答　（1）B　（2）D　（3）D　（4）A

解説　（1）前の部分の具体例に続いている。（2）人間の赤ちゃんの状態を想像する。

「五里霧中」はまわりの状況がまったくつかめないこと。（3）1つ前の文「手前勝手」や「他者が自分の都合のいいように……」から、オは「自分」。これに合わせてあとを判断。（4）最終段落に「他者の人格の理解と尊重に……信頼するのではなく」とある。

空欄補充　問題 → 本冊P42〜43

1 **解答** （1）B　（2）D

解説 （1）「ぬけがけ」は人を出し抜いてものごとをするさま。なお、「さきがけ」は真っ先に始めること。（2）「機微」は容易には察することができない微妙なおもむき。

2 **解答** C

解説 思考からの行動は「論理的に見直すことができる」が、感情からの行動は「そうはいかない（＝論理的に見直せない）」とある第2文がポイント。

3 **解答** B

解説 「対句」とは、構成や音韻が似た句を並べて、強調する技法。

WEBテスティング　問題 → 本冊P44〜45

1 **解答** （1）B　（2）D　（3）A　（4）C　（5）A
2 **解答** （1）A　（2）D　（3）B　（4）A　（5）C
3 **解答** （1）D　（2）C　（3）B　（4）A　（5）C

解説 **1** （2）「善い」と「悪い」で反対の意味。**2** （2）「日」が「照らす」で主述関係。**3** （1）「呼ぶ（のどを大きく開いて息をはく）」と「吸う」で反対の意味。

4 **解答** （1）E　（2）A　（3）D
5 **解答** （1）A　（2）D　（3）B

解説 **4** （1）「成長に合わせて買い替える必要があるから」「子供服市場は盛況だ」という文脈。（2）親子コーディネートの顧客が多い理由が前半にくると考えられる。（3）「家族全員用の服」すなわち「性別問わず、幅広い年齢層の服」。
5 （1）女性が理工系大学への志望を断念する理由が前半にくる。（2）「活躍する女性を増やそうと」「地道な紹介活動を行っている」という文脈。（3）「キャリアプランが〜浸透すれば」「女性の割合は増えていくだろう」という文脈。

非言語能力

計算　問題 → 本冊P46〜57

1　解答　（1）C　（2）①D　②E

解説　（1）子どもの人数をxとすると、あめの個数は、7個ずつ配ったときは$7(x-1)+3$、5個ずつ配ったときは$5x+82$。用意したあめの個数を求めるには$7(x-1)+3=5x+82$。$x=43$であるから、$5\times43+82=297$［個］

（2）①条件「どの紙も、少なくとも2枚以上購入」と「2,000円分になるように購入」から、3円の紙は最低でも30円分にしなければならない。いちばん少ない枚数なので10枚（$3\times10=30$円）で考え、他を2枚ずつ購入するとすると、$200\times2=400$［円］。$120\times2=240$［円］。$50\times2=100$［円］。$3\times10=30$［円］。合計770円となり、あと1,230円分購入できる。1,230円となる最少枚数を考える。200円、120円、50円、3円の組合せから30円という端数が出るのは、3円が10枚の場合（ア）と、50円が奇数枚で120円が4枚（この場合、10の位が$50+80$となる）の場合（イ）。アの最少枚数は、200円が6枚と3円が10枚（$1200+30=1230$）で16枚。イの最少枚数は、50円3枚、120円4枚、200円3枚（$150+480+600=1230$）で10枚。イのほうが少ない。最初の16枚に加えると合計は26枚。②いちばん多い枚数なので3円の紙を多く購入することを優先して考える。最低でも2枚購入の条件から、$200\times2=400$［円］。$120\times2=240$［円］。$50\times2=100$［円］。合計が740円となり、あと1,260円分購入できる。すべて3円の紙を購入すると、$1260\div3=420$［枚］。よって、$2+2+2+420=426$［枚］

2　解答　（1）①B　②E　（2）①E　②C

解説　仕事算では全体を1として、単位時間あたりの仕事量を分数で考えるのが基本。

（1）①残りの作業は$1-\dfrac{1}{6}-\dfrac{1}{10}=\dfrac{22}{30}=\dfrac{11}{15}$となる。それを3日間で均一に行うため、$\dfrac{11}{15}\times\dfrac{1}{3}=\dfrac{11}{45}$　②追加された作業は残り$\dfrac{11}{15}$の$\dfrac{1}{11}$であるから、$\dfrac{11}{15}\times\dfrac{1}{11}=\dfrac{1}{15}$となる。よって、残りの作業は、$\dfrac{11}{15}+\dfrac{1}{15}=\dfrac{12}{15}=\dfrac{4}{5}$となる。1日あたりの作業量は、$\dfrac{4}{5}\times\dfrac{1}{3}=\dfrac{4}{15}$となる。初日の作業量$\dfrac{1}{6}$と比較して、$\dfrac{4}{15}\div\dfrac{1}{6}=\dfrac{8}{5}=1.6$［倍］

（2）①1日目を読み終えたとき、残りは全体の$1-\dfrac{1}{4}=\dfrac{3}{4}$なので、2日目に読んだペ

ージ数は全体の$\dfrac{3}{4} \times \dfrac{1}{6} = \dfrac{1}{8}$となる。したがって、残りは、全体の$1 - \dfrac{1}{4} - \dfrac{1}{8} = 1$

$- \dfrac{3}{8} = \dfrac{5}{8}$　②読んだページ数、読み残したページ数を整理すると下の図のように

なる。4日目に読んだページ数は、3日目の残りの$\dfrac{3}{5}$と10ページ。さらに150ペ

ージ残っているので、図より、$(150 + 10) \div \dfrac{2}{5} = 160 \times \dfrac{5}{2} = 400$［ページ］が、3

日目の残りのページ数。こ
れが、2日目の残りのペー
ジ数の$\dfrac{3}{4} + 25$ページに等し
いので、2日目の残りのペ
ージ数は、$(400 - 25) \div \dfrac{3}{4}$

$= 375 \times \dfrac{4}{3} = 500$［ページ］。

これが全体の$\dfrac{5}{8}$にあたるので全ページ数は、$500 \div \dfrac{5}{8} = 500 \times \dfrac{8}{5} = 800$［ページ］

3 **解答** （1）①F　②B　（2）①E　②C　（3）①E　②F

解説　（1）①15人までは1人800円、それ以上は1人あたり$800 \times 0.8 = 640$［円］。30
名の入場料は、$800 \times 15 + 640 \times 15 = 12000 + 9600 = 21600$［円］。②団体割引を使っ
ているので、入場料総額から正規の15人分の料金を引き、残りを割引料金で割る
と、15人を超えた分の人数が求められる。$(24800 - 12000) \div 640 = 20$、$15 + 20 =$
35［人］

（2）①ランチの料金をxとおき、7人を5人と2人に分けてみる。5人のほうの支払
い額は1人分が半額となり$4.5x$、2人のほうは$2x$。$x = 18200 \div (4.5 + 2) =$
2800［円］。②8人ずつ2回に分かれて食べる場合、8人分の料金は①と同様に考
えて、ランチ料金$\times 7.5$となる。これを二度行うから、総額はランチ料金$\times 15$人
分。16人で食べる場合は、5人ずつの3組と1人に分けられるので、総額はラン
チ料金$\times 14.5$人分（$4.5 \times 3 + 1$）。差額は0.5人分で、$2800 \times 0.5 = 1400$［円］。

（3）①$30000 \div 1200 = 25$から割引なしでも20個を超える。20個までの金額は$10 \times 1200 +$
$10 \times 1080 = 22800$［円］。残り7200円分を20％オフ（$1200 \times 0.8 = 960$［円］）で購入す
ることになる。$7200 \div 960 = 7.5$より7個買える（合計27個）。$960 \times 7 = 6720$［円］。

余るお金は$7200 - 6720 = 480$［円］。②$30000 \div (1200 + 600) \div 16.66$で、20個までは いかないと見当がつく。10個ずつ買うとき、$10 \times (1200 + 600) = 18000$［円］。残り 12000円分を10％オフで購入することになる。$(1200 + 600) \times 0.9 = 1620$［円］を用 いて計算する。$12000 \div 1620 \div 7.41$。よって7個(合計17個)ずつ買える。料金は $1620 \times 7 = 11340$［円］。余るお金は$12000 - 11340 = 660$［円］

4 **解答**　（1）①G　②B　（2）①D　②F

解説　分割払いの問題。全体の金額を1として分数で考える。

（1）①残額$\dfrac{3}{4}$を9で割ると1回分の支払い額が求められる。$\dfrac{3}{4} \div 9 = \dfrac{3}{4} \times \dfrac{1}{9} = \dfrac{1}{12}$

②①より、分割払いの1回分は$\dfrac{1}{12}$である。頭金$\dfrac{1}{4}$を加えて支払い額が$\dfrac{1}{2}$以上にな る計算をする。支払い回数をxとすると、$\dfrac{1}{4} + \dfrac{1}{12} \times x \geqq \dfrac{1}{2}$、$\dfrac{1}{12} x \geqq \dfrac{1}{4}$、$x \geqq 3$［回］

（2）①前払い金$\dfrac{3}{11}$を支払うと残りは料金総額の$\dfrac{8}{11}$である。6回の均等払いで支払うの でこれを6で割れば1回分の支払い額が求められる。$\dfrac{8}{11} \div 6 = \dfrac{8}{11} \times \dfrac{1}{6} = \dfrac{8}{66} = \dfrac{4}{33}$

②支払い済みの前払い金$\dfrac{3}{11}$と①で求めた1回分の支払い額の4回分を足せばよい。

$\dfrac{3}{11} + \left(\dfrac{4}{33} \times 4 \right) = \dfrac{3}{11} + \dfrac{16}{33} = \dfrac{9}{33} + \dfrac{16}{33} = \dfrac{25}{33}$

5 **解答**　（1）①C　②A　（2）①D　②C

解説　（1）①これまでの費用の総計は、$12600 + 15000 = 27600$［円］、1人あたりの額 は$27600 \div 3 = 9200$［円］。これと支払い額の差を求める。Tは$12600 - 9200 = 3400$［円］、Sは$15000 - 9200 = 5800$［円］となる。②1人あたりの負担額がわか れば、精算すべき費用の総額がわかる。Tは900円を受け取ったので、負担額は $12600 - 900 = 11700$［円］、総額は$11700 \times 3 = 35100$［円］。ここから切符代と予約 料を引く。$35100 - 12600 - 15000 = 7500$［円］

（2）①負債残高を同額にするには、Y社に100万円、Z社に200万円を返済することに なる。ここから、Z社のY社への負債70万円をZ社への返済分から渡すとすると、 Y社への支払い額は$100 + 70 = 170$［万円］となる。②負債の精算により、Z社は X社から250万円を受け取り、Y社に70万円を支払うので、差し引き180万円が残

る。新規事業の負担額300万円から180万円を引く。300－180＝120［万円］

6 解答 （1）①E ②A （2）①B ②D （3）①E ②F
（4）①H ②E （5）①C ②G

解説 損益算は定価や損益の計算問題。定価＝原価×（1＋見込む利益の割合）。
（1）①定価を（1＋見込む利益の割合）で割って求める。1300÷（1＋0.3）＝1000［円］。
②2割引きした場合の売値は1300×0.8＝1040［円］。利益は売値－原価となる。
（2）①700×（1＋0.2）＝840［円］。②1つあたりの利益は840－700＝140［円］。利益
の総額3,500円を1つあたりの利益で割ればよい。3500÷140＝25［個］
（3）①定価を1とすると、3割引きなので売値は0.7。これが原価840円の1.2倍にな
ればよいから、売値＝840×1.2＝1008［円］。定価は売値を0.7で割れば求められ
る。1008÷0.7＝1440［円］。②定価の4割引きで売った場合の売値は1440×0.6＝
864［円］、利益は864－840＝24［円］。15個だと24×15＝360［円］
（4）①仕入れ値を x とおく。900個売り切って120,000円の利益を出すには、1.2 x ×
900＝1000 x ＋120000となればよい。これを解くと、 x ＝1500。②上記①から仕
入れ値は1,500円、20％の利益を見込んだ場合の定価は1500×（1＋0.2）＝1800
［円］。仕入れ総額は1500×1000＝1500000［円］。定価で割って、1500000÷1800
＝833.33…。ゆえに、利益を出すには1,000個のうち83.4％以上売ればよい。
（5）①仕入れ値を x とすると、定価＝ x ×（1＋0.2）＝1.2 x 。売価＝1.2 x ×（1－
0.2）＝0.96 x 。売価－原価＝損失から0.96 x － x ＝－120。0.04 x ＝120。 x ＝
3000［円］。②売価－原価＝利益から x －1200＝228で売価 x は1428円。売価＝定
価×（1－割引率）から1428＝ y ×（1－0.15）で定価 y は1680円。定価＝原価×
（1＋見込む利益の割合）から1680＝1200×（1＋ z ）。480＝1200 z で、割合 z ＝
0.4つまり4割。

7 解答 （1）①F ②A （2）①C ②G （3）①G ②B ③E

解説 速度算。速度と距離、かかった時間の間には、速度＝距離÷時間、距離＝速度
×時間、時間＝距離÷速度の関係がある。どの式を使うかの判断がポイント。
（1）①反対方向に歩く場合、2人の距離の差は、それぞれの速度の和×時間となるか
ら、（70＋80）×15＝2250［m］。②同じ方向に歩く場合、2人の距離の差は、速
度の差×時間となるから、（80－70）×15＝150［m］
（2）①兄は父の2時間前に12km/時の速度で出かけたので、2人の距離の差は12×2
＝24［km］、速度の差は42－12＝30［km/時］だから、時間＝距離÷速度より24
÷30［時間］で追いつける。24÷30×60＝48［分］。②1時間10分で兄の進む距

離は$12 \times 1\frac{1}{6} = 14$[km]。この距離をオートバイの速度で割れば時間が求められる。$14 \div 42 = \frac{2}{6}$[時間]。20分で追いつけるから、兄の50分後に出ればよい。

（3）①QR間は4.2km、所要時間は4分だから、普通電車の平均速度は$4.2 \div 4 = 1.05$[km/分]。時速に直すと$1.05 \times 60 = 63$[km/時]。②まず、普通電車のPQ間の平均時速を求める。7kmを7分で走っており、分速は1km、時速は60kmとなる。したがって、準急電車の時速は75km、分速は1.25km。PS間の距離は$7 + 4.2 + 6.3 = 17.5$[km]。準急電車がPS間を走るのにかかる時間は$17.5 \div 1.25 = 14$[分]、S駅到着時刻は9時54分。普通電車の到着時刻は9時56分なので差は2分である。③②で求めた準急電車の分速からPT間の距離を計算すると、$1.25 \times 72 = 90$[km]。ここからPS間の距離を引く。$90 - 17.5 = 72.5$[km]

8 解答　（1）①G　②B　（2）①D　②F

解説　（1）①昨年の女子の数をx、男子の数をyとすると、$x + y = 309 - 9 = 300$、$1.15x + 0.97y = 309$。$y = 300 - x$を$1.15x + 0.97y = 309$に代入すると、$x = 100$、$y = 200$。よって、昨年の男子の入学者数は200人。②今年の女子の入学者数は昨年に比べて15%増えたから、$100 \times 1.15 = 115$[人]

（2）①ふつうのコップの値段をxとすると、業務用のものの値段は$0.8x$と表せる。同じ数ずつ購入するということは、1組$x + 0.8x = 1.8x$の値段のものを買うと考えられる。予算は$40x$円であるから、$40x \div 1.8x = 22.22\cdots$、22個までは買える。②$40x - (1.8x \times 22) = 60$、$x = 60 \div 0.4 = 150$。予算は$150 \times 40 = 6000$[円]

9 解答　（1）①E　②C　（2）①D　②C　（3）①G　②H

解説　（1）①回答数をxとする。会社員とそれ以外の比率は7：3であるから、回答者の$\frac{7}{10}$が会社員。会社員の数は$x \times \frac{7}{10}$となる。また、男女比率は3：2であるから、全体を5とした場合、$\frac{3}{5}$が男性。よって、会社員で男性の数は$x \times \frac{7}{10} \times \frac{3}{5} = 63$。$x = 63 \times \frac{50}{21} = 150$。②

会社員7：会社員以外3

男性…63人		男性
	男性　3	
女性		女性
	女性　2	

会社員の女性は$150 \times \dfrac{7}{10} \times \dfrac{2}{5} = 42$［人］。会社員以外の女性の数を$x$とすると、$42$

$: x = 2 : 1$。$2x = 42$。$x = 21$。同じく男性は$150 \times \dfrac{3}{10} - 21 = 24$。$24 : 21 = 8 : 7$

（2）①90円のチョコレートの数をxとおくと、$90x + 120(15 - x) \leqq 1700$。これを解くと、$x \geqq 3.333\cdots$であるから、4個にすればよい。②箱代100円を引いた1,600円で120円のチョコレートが何個買えるかを計算する。120円のチョコレートをxとおくと、$120x \leqq 1600$、$x \leqq 13.333\cdots$。よって13個買える。

（3）①濃度15%の食塩水300gに含まれる食塩の重さは、$300 \times \dfrac{15}{100} = 45$［g］。この食塩水の半分に水を加えることから、食塩の重さは22.5gとなる。加える水の量をxとおくと、$22.5 \div (150 + x) = 10 \div 100$。$x = 75$であるから、濃度を10%より薄くするには、75gより多くの水を入れればよい。②食塩をxg加えるとすると、$(22.5 + x) \div (150 + x) = 18 \div 100$。$x = 5.48\cdots$。Hの5.5gがもっとも近い。

10 解答 （1）C （2）D

解説 （1）知っていると回答した人数を計算する。男性が600×47［%］$= 600 \times 0.47 = 282$［人］。女性が750×32［%］$= 750 \times 0.32 = 240$［人］。全体は、$\dfrac{282 + 240}{600 + 750}$

$= 0.3866\cdots$。約38.7%。

（2）飲んだことがあると回答した人数を計算する。全体は1350×26［%］$= 1350 \times 0.26 = 351$［人］。女性が750×22［%］$= 750 \times 0.22 = 165$［人］。男性が$351 - 165 = 186$［人］。男性の割合は、$\dfrac{186}{600} = 0.31 = 31$［%］

11 解答 （1）C （2）F

解説 （1）P市の会員数をxとして延べ利用回数の計算式を立てる。$0.08 \times x \times 3 + 0.6 \times x \times 2 + 0.32 \times x \times 1 = 880$［回］。$0.24x + 1.2x + 0.32x = 880$、$1.76x = 880$、$x = 500$［人］

（2）利用回数が0回の会員は$100 - 40 - 45 = 15$［%］。Q市の会員数をxとして（1）と同様に計算式を立てる。$0.4 \times x \times 2 + 0.45 \times x \times 1 + 0.15 \times x \times 0 = 900$［回］。$0.8x + 0.45x = 900$、$1.25x = 900$、$x = 720$［人］。利用回数が0回の会員は$720 \times 0.15 = 108$［人］

12 解答　（1）E　（2）D

解説　（1）X×X＝5×MよりX^2＝5×6＝30を解いてX＝±$\sqrt{30}$。
（2）X×X＝5×MよりX^2＝5×20＝100を解いてX＝±$\sqrt{100}$＝±10。X＞0という条件から、Xは10。

13 解答　（1）B　（2）D

解説　必要なデータを表にする。

	1980年	2000年	2010年
パルプ材の消費量（千m³）	32,737	37,601	35,276
上記のうち原木の消費量（千m³）	2,251	931	499

（1）原木の消費量について問われており、表の下段の数値を使う。
ア　499÷2251＝0.221…。1－0.22＝0.78。約78％減少しているので誤りである。
イ　2251÷931＝2.417…。約2.4倍なので、正しいといえる。
ウ　499÷931＝0.535…。1－0.54＝0.46。約46％減少しているので、誤りである。
エ　1980年から2000年までは、931÷2251＝0.413…、1－0.41＝0.59。2000年から2010年までは、499÷931＝0.535…、1－0.54＝0.46。よって、減少率は1980年～2000年のほうが大きいので、誤りである。
（2）年別のパルプ材の消費量のうち、原木の消費量が占める割合は、ア2010年が499÷35276×100＝1.414…［％］。イ2000年が931÷37601×100＝2.475…［％］。ウ・エ1980年が2251÷32737×100＝6.876…［％］。よって、文章の内容と合致するのはエだけになる。

グラフ・領域　問題 → 本冊P58～59

1 解答　（1）H　（2）C　（3）A

解説　$y＝ax^2$のグラフは放物線となる。（1）グラフが点（1，1）を通るから、$x＝1$、$y＝1$を$y＝ax^2$に代入すると、$1＝a×1^2$、$a＝1$。（2）点（0，2）を通る場合の切片（bの値）は2。（3）2つの式を同時に成り立たせるxの値が解の値となる。$y＝ax^2$のグラフ上の点はすべて$y＝ax^2$を満たす。また、$y＝－x＋b$のグラフ上の点はすべて$y＝－x＋b$を満たす。したがって、2つのグラフの交点はどちらの式も満たすので、点Qのx座標－2、点Pのx座標1が解の値。

2 解答　C

解説 不等号の向きとグラフの領域を整理すると次のようになる。y の値がグラフの表す式より大きいときはグラフの上側、小さいときはグラフの下側、等号がついた場合はグラフの線を含む。

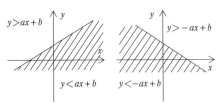

①~③の式の等号を不等号に変えた場合、グラフの領域は右図のとおりとなる。したがって、グレーの部分は
① $y < x + 1$
② $y < -x + 2$
③ $y > 0$
で表される。

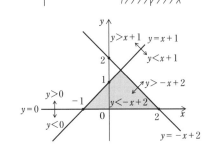

3 **解答** （1）B （2）D （3）F

解説 （1）点 a は部品Aが20個、部品Bが24個。点 d は部品Aが20個、部品Bが30個。部品Aの値は20個で変わらず、両点を結ぶ直線は条件イ「Aは20個以下」の境界線を表す。

（2）点 e は部品Aが15×100＝1500、部品Bが25×75＝1875、合計3,375〔円〕

（3）部品A、Bの重量を各点の個数に乗じて合計重量を計算する。

　　点 e　部品A15×20＝300、部品B25×10＝250、合計550〔g〕

　　点 b　部品A、Bとも点 e より少なく、計算しなくても必ず軽い。

　　点 d　部品A、Bとも点 e より多く、計算しなくても必ず重い。

　　点 a　20gの部品Aが点 e より5個多く、10gの部品Bが点 e より1個少なく、計算しなくても必ず重い。

　　点 c　部品Aは10×20＝200、部品Bは30×10＝300、合計500〔g〕

資料の読み取り 問題 → 本冊P60～65

1 **解答** （1）E （2）D （3）G （4）B

解説 表の中の空欄を補充し、さらに補充した表から問いに答える。

（1）年齢別人口構成比は、年齢が3区分となっている。Q県、S県を合計してみると

20

わかるとおり、あわせて100%となる。R県のわかっている割合を100から引けば求められる。100 − (15.3 + 66.1) = 18.6 [%]

（2）S県の年少人口は18.3%。18.3%の3分の2は12.2%。これがわかれば老年人口の割合が求められる。100 − (12.2 + 60.4) = 27.4 [%]。

（3）1,304千人が64.5%にあたる。人口も千人単位で表されているから、計算は、1304 ÷ 0.645で行えばよい。選択肢からいちばん近い数値を選ぶ。

（4）割合を人数に換算して比較するが、数値が近いため、概算では比較しきれないものもあるので注意する。P県の年少人口は、1134 × 0.122 = 138.348 [千人]。Q県の年少人口は、2021 × 0.142 = 286.982 [千人]。R県の年少人口は、1389 × 0.153 = 212.517 [千人]。S県の年少人口は、1368 × 0.183 = 250.344 [千人]

2 解答　（1）E　（2）H　（3）H

解説　どちらの該当級数も同じだった生徒は、表の対角線上に位置することになる。
（1）漢字の該当級数が英語の該当級数よりよかった生徒は、対角線の下になる。
（2）対角線上の生徒の数を合計する。1 + 4 + 4 = 9 [人]
（3）3級以下の生徒は表より把握できるが、得点に幅があるため、いちばん高い場合と低い場合をおさえる。その間にある点数が平均点として考えられる点である。
　　高い場合　(95 × 7 + 85 × 3 + 79 × 4 + 69 × 1) ÷ 15 = 87 [点]
　　低い場合　(86 × 7 + 80 × 3 + 70 × 4 + 60 × 1) ÷ 15 = 78.8 [点]

漢字検定／英語検定	準1級(100〜96点)	2級(95〜86点)	準2級(85〜80点)	3級(79〜70点)	4級(69〜60点)	5級(59点以下)
準1級(100〜96点)	1	2				
2級(95〜86点)	2				2	
準2級(85〜80点)			4	6	8	1
3級(79〜70点)		7		4		
4級(69〜60点)			3			
5級(59点以下)					1	

3 解答　（1）H　（2）D　（3）A

解説　（1）表1にあるP市の都市面積に表2の2020年の公園面積割合をかける。
616.7 × 0.091 = 56.1197。いちばん近い数値はH。

（2）表1にあるR市の都市面積と2010年の公園面積から求める。$47.0 \div 783.5 \times 100 = 5.998\cdots$［％］、いちばん近い数値はDである。

（3）表1と表2の両方で空欄になっていないT市の公園面積の値を探し、そこから計算する。2020年の公園面積は21.5km²、都市面積に占める公園面積の割合は9.7％であるから、$21.5 \div 0.097 = 221.64\cdots$［km²］、いちばん近い数値はAである。

4 解答 （1）G （2）C （3）E （4）D

解説 （1）表1より、P国輸出量のうち米の占める割合は、$100 - (20 + 10 + 30 + 10) = 30$［％］。表2からP国の農産物輸出量は4国計の農産物輸出量のうち25％を占めるとわかるから、25［％］×30［％］$= 0.25 \times 0.3 = 0.075 = 7.5$［％］

（2）表2より、R国の農産物輸出量の4国計に占める割合は、$100 - (25 + 20 + 40) = 15$［％］。表1のR国輸出量のうちその他の占める割合は20％。15［％］×20［％］$= 0.15 \times 0.2 = 0.03$。3％となる。

（3）表1の4国計の輸出量割合は、各品目の農産物輸出量の合計が全輸出量に占める割合である。P、R、S国の大豆の輸出量が全輸出量に占める割合の合計を計算し、4国計の数値から引けば、Q国の大豆輸出量の全輸出量に占める割合が求められる。21［％］$-$（25［％］×20［％］$+$15［％］×40［％］$+$40［％］×10［％］）$= 0.21 - (0.25 \times 0.2 + 0.15 \times 0.4 + 0.4 \times 0.1) = 0.21 - (0.05 + 0.06 + 0.04) = 0.06$。全体の6％となる。Q国の農産物輸出量は4国計の20％であるから、6％が20％のどれだけにあたるかを計算すればよい。$0.06 \div 0.2 = 0.3$。30［％］

（4）その他に分類されたものはS国の輸出量の30％、その3分の1であるから果物の輸出量は10％。表2から、S国の農産物輸出量は4国計の40％を占めることがわかる。S国の果物の輸出量が4国計の農産物輸出量全体に占める割合は40［％］×10［％］$= 0.4 \times 0.1 = 0.04 = 4$［％］。同様に、P国は25［％］×30［％］$= 0.25 \times 0.3 = 0.075 = 7.5$［％］、Q国は20［％］×10［％］$= 0.2 \times 0.1 = 0.02 = 2$［％］、R国は15［％］×10［％］$= 0.15 \times 0.1 = 0.015 = 1.5$［％］。よって、4国計の農産物輸出量のうち果物の占める割合は、$4 + 7.5 + 2 + 1.5 = 15$［％］

5 解答 （1）D （2）A

解説 仮に、平日昼間の時給を1,000円として他の時間帯を計算する。

	昼間	夜間	深夜
平日	1000	1000×1.2＝1200	1000×1.4＝1400
休日	1000×1.2＝1200	1200×1.2＝1440	1200×1.4＝1680

（1）平日夜間は1200×5＝6000［円］。休日昼間は1200×5＝6000［円］であり、アは正しい。休日深夜は1680×5＝8400［円］。平日夜間は1200×7＝8400［円］であり、イは正しい。平日深夜は1400×7＝9800［円］。休日昼間は1200×8＝9600［円］であり、ウは誤り。

（2）平日昼間は1000×7＝7000［円］。休日夜間は1440×5＝7200［円］であり、アは誤り。休日深夜は1680×3＝5040［円］。平日夜間は1200×4＝4800［円］であり、イは正しい。平日深夜は1400×8＝11200［円］。休日夜間は1440×7＝10080［円］であり、ウは正しい。よって、誤っているのはアのみ。

6 **解答**　（1）E　（2）F　（3）C　（4）H

解説　（1）X社、おとな2人、子ども3人、地域②、休日前出発の条件で計算する。旅行代金は、おとなが89000×2＝178000［円］、子どもが（89000÷2）×3＝133500［円］。燃料サーチャージが2000×5＝10000［円］。合計178000＋133500＋10000＝321500［円］

（2）おとな2人、子ども2人で旅行代金は大人3人分となる。また、どちらがいくら安いかという問題なので、差額を計算すればよい。旅行代金はX社が安く、その差は　103500－102000＝1500　1500×3＝4500［円］。燃料サーチャージはZ社が安く、その差は　3500－1800＝1700　1700×4＝6800［円］。よって、6800－4500＝2300　Z社が2,300円安い。

（3）Y社は燃料サーチャージが旅行代金に含まれるから、旅行代金のみを計算する。イは早割ありで旅行代金が90％なので、{106000×2＋（106000÷2）×3}×0.9＝333900［円］。ロは、91000×4＝364000［円］。よって、イのほうが30,100円安い。

（4）概算で1人分、200000÷3＝66666［円］を目安として計算する。
　ア　各社とも、地域①の平日出発は燃料サーチャージを含めて66,666円未満。
　イ　旅行代金は65,000円で66,666円未満だが、燃料サーチャージ1500×4÷3＝2000［円］を足すと67,000円。66,666円を超えるので、200,000円を超える。
　ウ　1人分の旅行代金72000×0.9＝64800［円］で、66,666円未満。
　エ　1人分の旅行代金が66,666円を超えるので、200,000円を超える。
　オ　旅行代金は64,000円で、燃料サーチャージは4人分で8,000円。概算ではわかりにくいので計算する。64000×3＋8000＝200000［円］
　カ　1人分の旅行代金が66,666円を超えるので、200,000円を超える。

集合・順列・組合せ・確率　問題 → 本冊P66～72

1 **解答**　（1）C　（2）D

解説 条件が表で与えられているが、集合の問題と気づくことが解答のポイントとなる。条件に応じて、それぞれベン図をかいたうえで計算すると、間違いを起こさずにすむ。

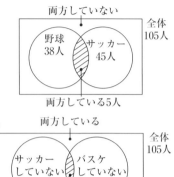

（1）全体の数から円の部分の数を引けば、野球もサッカーもしていない子どもの数が求められる。野球もサッカーもしている子どもは、野球をしている子どもの数にも、サッカーをしている子どもの数にも重複して含まれるので、$105-(38+45-5)=27$［人］となる。

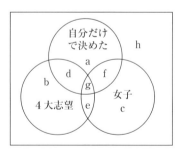

（2）「サッカーをしていない」かつ「バスケットボールをしていない」人数は、$60×0.5=30$［人］。$105-(60+44-30)=31$［人］

2 解答 （1）B （2）H

解説 進路を自分だけで決めた生徒、4年制大学志望者、女子の数でベン図をかく。グループが3つの場合は重複部分が多いので、各部分に記号をふるとわかりやすい。条件でわかっている数値を、この記号部分にあてはめる。

（1）結果から、進路を自分だけで決めた生徒は $a+d+f+g=44$［人］、うち4年制大学志望者は $d+g=38$［人］。進路を誰かに相談して決めた4年制大学以外を志望する男子は、図の円の部分に含まれないから $h=23$［人］、進路を誰かに相談して決めた4年制大学以外を志望する女子は $c=48$［人］。進路を誰かに相談して決めた生徒は $b+c+e+h=180-44=136$［人］、ここに c と h の数値を代入すると、$b+e=65$［人］。4年制大学志望者は $b+d+e+g=(b+e)+(d+g)=65+38=103$［人］

（2）女子の数は $c+e+f+g$。$c=48$、また新しい条件から、$f+g=14$、$e+g=50$ とわかるが、これらの数値を代入しても、$48+e+14$、あるいは $48+f+50$ となり、e または f が不明なので女子の数はわからない。正解はH。

3 解答 （1）E （2）D

解説 語学、マラソン、創作活動でベン図をかく。

（1）結果から、a + d + f + g = 24、b + d + e + g = 16、c + e + f + g = 17、d + g = 7、f + g = 7、e + g = 6。どれか1つあるいは2つをやってみたい人は、a + b + c + d + e + f で求められる。a + d + f + g = 24、d + g = 7 より、a + f = 17。同様に、c + e = 10、b + d = 10 がわかるから、a + b + c + d + e + f = 37〔人〕

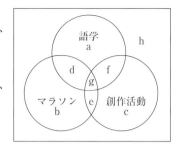

（2）（1）の結果と新しい条件 h = 9 から求める。50 − 37 − 9 = 4〔人〕

4 解答 （1）F　（2）G　（3）A

解説　（1）ゲーム好きの人と映像鑑賞好きの人の合計は 226 + 311 = 537〔人〕。ここから重複して含まれる両方好きな人の数を引くと、537 − 102 = 435〔人〕。これを全体の人数から引く。500 − 435 = 65〔人〕

（2）スポーツ好きの人とゲーム好きの人の合計から、重複して含まれる両方好きな人の数を引き、さらに全体の人数から引く。500 − (125 + 226 − 32) = 181〔人〕

（3）スポーツも映像鑑賞も好きな人の数は、スポーツ好きの人の4割で、125 × 0.4 = 50〔人〕。これらの条件から、たとえばスポーツ好きの人の数125人から、ゲームも好きな人（32人）、映像鑑賞も好きな人（50人）の数を引き、重複して引かれた3つとも好きな人（22人）の数を足せば、スポーツだけが好きな人の数が求められる。125 − (32 + 50) + 22 = 65〔人〕。ゲーム好き、映像鑑賞好きの人も同様に求める。226 − (32 + 102) + 22 = 114〔人〕。311 − (50 + 102) + 22 = 181〔人〕。よって、好きなものが3つのうちどれか1つだけという人は 65 + 114 + 181 = 360〔人〕

5 解答 （1）D　（2）C

解説　（1）1の位のカードの選び方は2か4の2通り。10の位、100の位は残りのカードのどれでもよいから、選び方は4通りと3通り。2 × 4 × 3 = 24

（2）6の倍数は、3の倍数でかつ偶数であるもののみ。3の倍数は各桁の数字を足し合わせた数が3の倍数という性質があるから、5枚のカードのうち、この組合せになるものを選び、そこから1の位が2か4となる並べ方を選ぶ。各桁の数字を足して3の倍数になるカードは、1・2・3と、1・3・5と、2・3・4と、3・4・5である。この中で1の位が2か4となる並べ方は、132、312、234、432、324、342、354、534の8つ。

6 解答 （1）F　（2）G

解説　異なる n 個のものから r 個を取って並べる場合、その並べ方の数を「順列」といい、$_nP_r = n \times (n-1) \times (n-2) \times \cdots \times (n-r+1)$ で表す。また、異なる n 個のものから r 個を取り出す取り出し方の数を「組合せ」といい、$_nC_r = \dfrac{_nP_r}{r!}$ で表す。なお、$r! = r \times (r-1) \times (r-2) \times \cdots \times 1$ である。

（1）まとまった女子を1人と数えて計5人の順列を $_5P_5 = 5 \times 4 \times 3 \times 2 \times 1 = 120$ で計算する。このそれぞれに女子3人の並び方 $_3P_3 = 3 \times 2 \times 1 = 6$ が考えられるから、$120 \times 6 = 720$［通り］

（2）女子の間に必ず男子が入る順列を考える。女子が入るべき場所は、4人の男子の間3か所と先頭の男子の前、最後の男子の後ろの計5か所なので、$_5P_3$。それぞれに男子4人の並び方が考えられるから、$_5P_3 \times _4P_4 = 60 \times 24 = 1440$［通り］

7 解答 （1）D　（2）D

解説　（1）$_4C_2 \times _5C_3 = 6 \times 10 = 60$［通り］。（2）すべての場合（$_9C_5$）からA群が2科目未満の場合（A群から1科目B群から4科目：$_4C_1 \times _5C_4$、A群から0科目B群から5科目：$1 \times _5C_5$ の2パターン）の数を引く。よって $126 - 21 = 105$［通り］

8 解答 （1）C　（2）H

解説　「回転して同じになるときは、同じ塗り方とする」というのは円順列の考え方。円順列とは、異なる n 個のものを円周上に並べる順列をいい、円順列の個数 $= (n-1)!$ で求められる。

（1）真ん中の⑤の色の選び方は $_5C_1 = 5$ 通り。①から④の色の選び方は、円順列の式に入れ、$(4-1)! = 3 \times 2 \times 1 = 6$［通り］。よって $5 \times 6 = 30$［通り］。

（2）6色から5色を選ぶ選び方は、$_6C_5 = 6$［通り］。選んだ5色それぞれで30通りの塗り方があるから、$6 \times 30 = 180$［通り］

9 解答 （1）D　（2）G

解説　（1）向かい合う2つの席は、①④と②⑤と③⑥の3通り、それぞれに父母がどちらに座るかで2通り。したがって、父母の座り方は、$3 \times 2 = 6$［通り］。このそれぞれに、残り4つの席に4人の子どもが座る座り方 $_4P_4 = 4 \times 3 \times 2 \times$

１＝24〔通り〕が考えられるから、求める座り方は、6×24＝144〔通り〕

（2）6人のすべての座り方は、$_6P_6 = 6×5×4×3×2×1 = 720$〔通り〕。両親が隣り合う座り方は、①②、②③、④⑤、⑤⑥の4通りで、それぞれに父母がどちらに座るかで2通りがあるから、両親が隣り合う座り方は、$4×2 = 8$〔通り〕。このそれぞれに、残り4つの席に4人の子どもが座る方$_4P_4 = 4×3×2×1 = 24$〔通り〕が考えられるから、両親が隣り合う6人の座り方は、$8×24 = 192$〔通り〕。したがって、求める座り方は、$720－192 = 528$〔通り〕

〔別解〕両親のすべての座り方は、$_6P_2 = 6×5 = 30$〔通り〕、両親が隣り合う座り方は$4×2 = 8$〔通り〕、両親が隣り合わない座り方は$30－8 = 22$〔通り〕。子どもの座り方は24通りなので、求める座り方は、$22×24 = 528$〔通り〕

10 解答 （1）A （2）D

解説　（1）1戦目から3戦目までの勝敗の場合の数は、$2^3 = 8$〔通り〕。Xが0勝の場合の数は1通り。Xが1勝のみの場合の数は$_3C_1 = 3$〔通り〕。したがって、3戦してXが2勝以上である場合の数は$8－(1＋3) = 4$〔通り〕

（2）1戦目から5戦目までの勝敗の場合の数は$2^5 = 32$〔通り〕。Xが0勝の場合の数は1通り。Xが1勝のみの場合の数は$_5C_1 = 5$〔通り〕。Xが2勝の場合の数は$_5C_2 = 10$〔通り〕。したがって、5戦して3勝以上である場合の数は$32－(1＋5＋10) = 16$〔通り〕

11 解答 （1）E （2）H （3）D （4）F

解説　（1）7個のうち4個が白玉であるので、その確率は$\dfrac{4}{7}$

（2）取り出した玉を戻すので、取り出した玉が白である確率は（1）と同じ。2個とも白である確率は、それぞれの確率の積となる。$\dfrac{4}{7}×\dfrac{4}{7} = \dfrac{16}{49}$

（3）最初の玉が白である確率は（1）と同じ。次の1個は6個から3個を選ぶ場合となり、確率は$\dfrac{3}{6}$となる。$\dfrac{4}{7}×\dfrac{3}{6} = \dfrac{2}{7}$

（4）「少なくとも1個が白玉」でない場合とは、「2個とも赤玉」の場合である。この確率を求め、全体の確率から引く。2個のうち1個が赤である確率は$\dfrac{3}{7}$、もう1個は6個から2個を選ぶ場合となり、確率は$\dfrac{2}{6}$。$1－\left(\dfrac{3}{7}×\dfrac{2}{6}\right) = 1－\dfrac{1}{7} = \dfrac{6}{7}$

12 **解答** （1）C （2）F （3）B

解説 3人でじゃんけんをする場合、出す手の組合せの数は27通り。

（1）たとえば、3人全員がグーを出す確率は$\dfrac{1}{27}$であり、他の手を出す場合も同じ確率

になるから、$\dfrac{1}{27}+\dfrac{1}{27}+\dfrac{1}{27}=\dfrac{3}{27}=\dfrac{1}{9}$

（2）Pがグーを出した場合、それぞれが別のものを出してあいこになるのは、Qがチョキでパー、あるいはQがパーでRがチョキの2通りがある。Pが他の手を出した場合も同じであるので、全部で6通り。$\dfrac{6}{27}=\dfrac{2}{9}$

（3）4人でじゃんけんをする場合、出す手の組合せは81通り。Pは、グー、チョキ、パーのそれぞれで勝つ場合があるので、$\dfrac{3}{81}=\dfrac{1}{27}$

13 **解答** （1）D （2）F

解説 確率が小数で表されているケースでも考え方は同じである。
（1）二度ともサーブが入る確率は1回目が入る確率と2回目が入る確率の積となる。
　　　$0.8 \times 0.7 = 0.56$
（2）1回だけサーブが入るということは、①1回目が入って2回目が入らない、②1回目が入らず2回目が入る、のどちらか。1回目が入る確率は0.8、2回目が入らない確率は$1-0.7=0.3$、したがって①の確率は$0.8 \times 0.3 = 0.24$。②も同様に計算すると、$0.2 \times 0.7 = 0.14$。この2つの確率を合計する。$0.24 + 0.14 = 0.38$

推論 問題 → 本冊P73〜85

1 **解答** B

解説 この問題は右のように図にできるが、QとRの身長を比較する条件はないため、確実にいえるのはBのみ。QはPより2cm低いが、Pが160cmとは限らないのでAは確定できない。Sの身長はRより4cm低いので、Cは誤り。身長がいちばん高いPとRとの身長差は与えられた条件からは判断できないので、Dは確定できない。TはRより1cm低いので、Eは誤り。

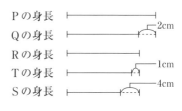

2 **解答** G

解説 a、b、d、eは3つの区画に接しており、cだけが4つの区画に接している。条件①よりTとWは接しており、また条件②からWは3つの区画に接しているから、Tが大きい区画のaかeならば、Wは小さい区画のbまたはdとなり、条件②よりVはcかeかa。同様に、Wが大きい区画のaかeならば、Tは小さい区画のbまたはdとなり、条件②よりVはcかdかb。TとWがそれぞれ大きい区画の場合を図示すると次のようになる。なお、区画は上下左右対称なので、TやWがeの場合も考え方は同じ。

・Tをa、Wをbとした場合

a		
b	c	d
e		

・Wをa、Tをbとした場合

a		
b	c	d
e		

どちらの場合もSとU、UとVの区画は接することになる。アは、TがaでUがeとなる、またはTがbでUがdとなる場合があるので確実にはいえない。イは、WがbでSがdとなる、またはWがaでSがeとなる場合があるので確実にはいえない。

3 **解答** （1）H　（2）B

解説 2桁の2の倍数（①）を並べてみる。下線は②、□は③の整数である。

⑩、12、14、⑯、18…

ベン図で表すと右のようになる。ここからいえるのは、「②（6で割り切れる）が正しければ①（2の倍数である）が必ず正しい」だけである。

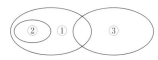

4 **解答** （1）H　（2）B

解説 （1）①③から、同ページ数のV・X、W・Zは一組が300ページでもう一組は400ページ、U、Yは100ページか400ページとなる。②から、V・Xが300ページだとYは100ページ、V・Xが400ページだとW・Zが300ページでYは100ページ。よってアは誤り。V・X、W・Zのページ数は確定できずイはどちらともいえない。

（2）Yが100ページなのでUは400ページ。合計500ページとなる。

5 **解答** （1）A、B、C　（2）D、E、F

解説 （1）条件から、①2人は同じ目、②M＜N。LはMまたはNと同じなので、L＝M＜NまたはM＜N＝Lのどちらか。MとLが同じだとするとMは3。Nが

3だとするとMは1か2。よって、Mにあてはまり得る数字は1、2、3である。
（2）MがLと同じだとするとMは4。Nはそれより大きい5、6になり得る。NがLと同じであるとするとNは4。よって、Nにあてはまり得る数字は4、5、6。

6 解答 （1）D （2）F

解説 （1）与えられているのは5地区の人口総計であり、人口減の地区も人口増の地区もある可能性がある。よって、アはどちらともいえない。3年間毎年、人口が前年比20％減少した場合の減少率は、$1 \times 0.8 \times 0.8 \times 0.8 = 0.512$。$1 - 0.512 = 0.488 = 48.8$〔％〕。3年前から48％以上減少となり、イは正しい。

（2）村全体の人口が毎年20％ずつ減少していることはわかっているが、各地区の数値まではわからない。よって、カはどちらともいえない。2019年の人口をxとすると、$x \times 0.8 \times 0.8 = 768$、$0.64x = 768$、$x = 1200$〔人〕。よってキは誤り。

7 解答 （1）B （2）A

解説 （1）ア ③が確実でも出身国は特定できず①は必ずしも正しくない。よって正しくない。イ ②が確実であれば各国最低1人でも3人以上になり③も正しい。よって正しい。ウ ①が確実でも国数は2か国にしかならず②は必ずしも正しくない。よって正しくない。

（2）カ ①が確実であればヨーロッパ出身が少なくとも3人となり③も正しい。よって正しい。キ ②が確実でも3か国にフランスとイタリアが含まれるとは限らず①は必ずしも正しくない。よって正しくない。ク ③が確実でもその出身国が3か国とは限らず②は必ずしも正しくない。よって正しくない。

8 解答 （1）B （2）H

解説 （1）4台の購入額合計は、$825000 \times 4 = 3300000$〔円〕。P、Qの購入額合計は、$750000 \times 2 = 1500000$〔円〕。したがって、RとSの購入額合計は、$3300000 - 1500000 = 1800000$〔円〕。RはSより200,000円高いので、R＝1000000。またRの購入額は、RとSの平均額＋差額÷2でも求められる。アは正しい。Sの購入額は、$1800000 - 1000000 = 800000$〔円〕。PとQの平均額は750,000円であるから、P、QどちらもSの額を下回る（たとえば76万円と74万円）場合とどちらかは80万円を下回る（たとえば90万円と60万円）の両方が考えられる。よってイはどちらともいえない。

（2）カ Pがいちばん高いということはRの1,000,000円を超える額。よってQは

500,000円未満になり、4台の順序が確定する。　キ　Qが2番目に高いというこ
とはRの1,000,000円未満かつSの800,000円超。Qが2番目になる最低額800,000
円超とするとPは700,000円未満となり4台の順序が確定する（たとえばQ81万
円とP69万円）。　ク　PとQの差150,000円から、P、Qのどちらかが750000＋
150000÷2＝825000［円］、もう1台が675,000円となるが、P、Qの順序は不明
のままで確定しない。　ケ　Rがいちばん高いということはPとQはともに
1,000,000円未満だが、PとQの購入額合計しかわかっていないため、イと同様
にSの購入額をどちらも下回る場合とどちらかが下回る場合があり、確定しない。

9 解答 （1）C　（2）D　（3）A

解説　（1）Pの点数がQとRの平均点と等しいことから、PがQとRの間の点数だ
とわかる。Qの点数はRの点数より高いので、3つの施設の点数は高い順にQ＞
P＞R。SとTはS＞Tの順となる。確実にいえるのはこれだけである。

（2）新たにわかった結果から、点数の高い順に並べるとQ＞P＞R＞Tとなるが、S
の順位はTより高いことがわかっているのみで確定できない。Sの点数がRより
低い場合はRは3位、高い場合はRは4位となる。

（3）カの条件が加わると、Sの順位はQとPの間とわかるので、5つの施設の順位は
Q＞S＞P＞R＞Tと確定できる。キの条件ではSの点数がRより高いか低いか
が不明、クの条件ではSは1～3位のいずれになるか不明である。

10 解答 （1）A　（2）B

解説　（1）バスタオルの枚数を5枚とすると、残り2種類の枚数の組合せは3・1
と2・2。条件から同じ枚数の組合せにはならないので、バスタオルが5枚の場
合、ハンドタオルの枚数は3枚となり、アは必ず正しいといえる。バスタオルの
枚数を4枚とすると、他のタオルの枚数の組合せは、3・2と4・1。ハンドタ
オル4枚、ミニタオル1枚の場合も条件を満たすので、イは必ず正しいとはいえ
ない。バスタオルの枚数を1枚、ハンドタオルの枚数を4枚とすると、ミニタオ
ルの枚数は4枚となり、条件に合わない。よって、ウは誤り。

（2）2種類のタオルの枚数が同じ場合のタオルの枚数の組合せは、7・1・1、5・
2・2、4・4・1、3・3・3の4通り。ハンドタオルが5枚の場合、残りの
タオルは2枚ずつとなり、条件を満たすが、ハンドタオルを7枚と考えた場合で
も、条件を満たす。したがって、カは必ずしも正しいとはいえない。キも同様の
組合せとなるが、ミニタオルが1枚となる組合せは4・4・1の1通りなので、
キは必ず正しいといえる。クではミニタオルが1枚の場合、バスタオルは3枚以

上、ハンドタオルは5枚以下。ハンドタオルは5枚、4枚、3枚、2枚のいずれ
でも条件を満たす。したがって、クは必ずしも正しいとはいえない。

11 解答 （1）B　（2）E

解説　（1）Zを作るために原料PとQが必要なので、工場3では原料Qが必要である。
よってアは正しい。工場2でYを作っている場合は原料Pは必要ではない。Zを作
っている場合は原料Pが必要である。よってイはどちらともいえない。

（2）工場1でXを作っている場合は原料Qは必要ではない。Yを作っている場合は原
料Qが必要である。よってカはどちらともいえない。工場2でYを作っている場
合は原料Pは必要ではない。Zを作っている場合は原料Pが必要である。よってキ
もどちらともいえない。

12 解答 （1）A　（2）I

解説　（1）面積をS県2km²、T県3km²、U県2km²と考えると、U県の人口は
210×2＝420［人］、T県の人口は136×3＝408［人］。U県のほうが多いので、
アは正しい。S県の人口は272×2＝544［人］。S県とU県を合わせた地域の面
積は4km²、人口密度は（544＋420）÷4＝241。イは正しい。

（2）（1）で求めた各県の人口により（544＋408）÷420≒2.27［倍］。カは誤り。T
県とU県を合わせた地域の人口密度は、（408＋420）÷5＝165.6。キは誤り。

13 解答 （1）E　（2）C

解説　（1）Ⅰ、Ⅱから可能な順番を推定すると以下の3パターンになる。

	1位	2位	3位	4位
パターン①	U	T	S	V
パターン②	U	V	S	T
パターン③	V	U	T	S

アはパターン②が可能で、必ずしも誤りとはいえない。イはどのパターンにもな
く、明らかに誤り。ウはパターン③が可能で、必ずしも誤りとはいえない。よっ
て、必ずしも誤りとはいえないのはアとウである。

（2）上記の表から、カはパターン①とパターン③が考えられ確定しない。キはパター
ン②とパターン③が考えられ確定しない。ケはパターン①②③すべてが考えられ
確定しない。クはパターン③のみ考えられ、順番が確定する。

14 **解答**　（1）A、B、C、D、E　（2）A

解説　（1）3色のバラの合計は10本、3色のバラは
それぞれ1本以上ある、赤のバラは白のバラより
本数が多い、の3つの条件をすべて満たす組合せ
は、16通りある。このうち、白のバラが2本の組
合せは、右の5通り。したがって、黄のバラの本
数として考えられるのは、1本、2本、3本、4本、5本。

赤	7	6	5	4	3
白	2	2	2	2	2
黄	1	2	3	4	5
計	10	10	10	10	10

（2）白のバラが4本のとき考えられる組合せは、赤5本、白4本、黄1本のみ。

15 **解答**　B、D、E、F

解説　条件を記号で整理する。①より
R→○→U、③よりQ←R、ここからQR
○Uの並びがわかる。②よりP→Sがわか
るが、P→SとT、QR○Uの並びは不明。
そこで、QR○Uを1つのかたまりとして
考える。残りのP→SとTの並び方は、P

PSTの場合	P	S	Q	R	T	U
	P	Q	R	S	U	T
	Q	R	P	U	S	T
PTSの場合	P	T	Q	R	S	U
	P	Q	R	T	U	S
	Q	R	P	U	T	S
TPSの場合	T	P	Q	R	S	U
	T	Q	R	P	U	S
	Q	R	T	U	P	S

ST、PTS、TPSの3通り。以上を組み合わせると右の9通りが考えられる。よっ
てSの位置として考えられるのは、B、D、E、F。

16 **解答**　（1）D、E　（2）E

解説　①からRの勝ち点3、②③からP＞Q＞S。
勝ち○、負け×、引き分け△として表にする。

（1）Pは勝ち点5なので○△△。また、Rは勝ち
点3なので△△△か○××の2パターンであ
る。△△△の場合、PとRの対戦は△、Pと
Qの対戦は△（ア）かPの○（イ）となる。
ア：PとQがPの△とするとPはSに○とな

ア

	P	Q	R	S	勝ち点
P		△	△	○	5
Q	△		△	△	3
R	△	△		△	3
S	×	△	△		2

イ

	P	Q	R	S	勝ち点
P		○	△	△	5
Q	×		△	○	4
R	△	△		△	3
S	△	×	△		2

り、P＞Q＞SからQとSの対戦は△しかない。Qの勝ち点は3。イ：PがQに
○だと、PとSは△、Q＞SからQはSに○。Qの勝ち点は4。Rが○××の場
合、Pに負けはないので○はQかSとの対戦。Qに○とするとSには×となるが、
そうなるとQ＞Sが成立しない。Sに○とすると、QとSの対戦の結果がどちら
かの○または△でも、P＞Q＞Sが成立しない。よってRの結果は○××ではな
い。Qの勝ち点としてあり得るのは3と4。

（2）Rの結果はQに勝つことから×○×で、表の
太字部分が確定する（ウ）。QはQ＞Sより
Sに○。PはP＞Q＞SよりSに○。PとQ
の対戦は、Q＞S、P＞Qを満たすには△。
Qの勝ち点は4。

ウ
	P	Q	R	S	勝ち点
P		△	○	○	7
Q	△		×	○	4
R	×	○		×	3
S	×	×	○		3

17 解答 （1）B　（2）G

解説　（1）ア　Kが沖縄出身とすると、ⅠとⅡよりJ、L、M、Nは北海道出身、Ⅰと
ⅢよりOも北海道出身。Pが沖縄出身とすると、7人の中で沖縄出身はKとP、Pが
北海道出身だとすると、沖縄出身はKのみ。したがって、沖縄出身は2人以下であ
り、正しい。イ　Kが北海道出身とすると、ⅠとⅡよりJ、L、M、Nは沖縄出
身。また、ⅠとⅢよりOは北海道出身とわかっているので、Pの出身地が沖縄か
北海道かにより、北海道出身は2または3名。したがって、どちらともいえない。
（2）Ⅳより、JとOは同じ出身地である。よって、条件より、J、L、M、N、Oは北海
道出身、Kは沖縄出身とわかる。また、MとPは違う出身地であることから、Pは
沖縄出身とわかり、全員の出身地が特定できる。カ　Kは沖縄出身で、Oは北海
道出身なので誤りである。キ　Pは沖縄出身なので正しい。

装置 問題 → 本冊P86
1 解答 （1）D　（2）A

解説　（1）最初の装置で出力されるのが「4」、次で「5」、次で「15」、最後で
「16」。（2）変換のルールを逆にして考える。横からの入力で「10」が出力されている
から、入力されたものは1を引いて「9」。次は上からの入力なので3で割る。次も上
からの入力なので3で割って「1」。横からの入力は1を加えるから、最初は「0」。

物の流れと比率 問題 → 本冊P87
1 解答 （1）E　（2）B

解説　（1）Z＝mX＋nYに数値を代入。Z＝0.8×1500＋0.5×2500＝2450［冊］
（2）Z＝nmXから、n＝Z÷mX。これに数値を代入。n＝60÷（0.3×800）＝0.25＝25［％］

矢印移動 問題 → 本冊P88〜89
1 解答 （1）A　（2）G　（3）D　（4）E　（5）H

34

解説 （1）右斜め上に進のはb、上に2目盛り進むのは2a、右に2目盛りと上に1目盛り進むのはc、下に2目盛り進むのは-2a、左斜め下に進むのは-b。したがって、OからPへの移動は、b+2a+c-2a-bで表される。（2）アは、左斜め下に3目盛り（-3b）、下に2目盛り（-2a）の移動となり点Xから点Pに到達する。イは、左に2目盛りと下に1目盛り（-c）、下に3目盛り（-3a）、さらに左斜め下に1目盛り（-b）の移動となり点Xから点Pに到達する。ウは、左に4目盛りと下に2目盛り（-2c）、下に4目盛り（-4a）、右斜め上に1目盛り（b）の移動となり点Xから点Pに到達する。よって、ア、イ、ウはすべて正しい。（3）（1）と同様に考える。なお、移動の経路が問われている問題では、計算して式を整理してはならない。（4）XからPへの移動は、右に3目盛り、下に2目盛りの移動。（5）XからQへの移動は、右に2目盛り、下に5目盛りの移動。

WEBテスティング　問題 → 本冊P90〜94

1 解答 （1）24　（2）27　（3）3,200　（4）66　（5）5

解説 （1）10で割って余り4ということは1の位が4。14、24、34……から、7で割って余り3で最小の数値を探す。14÷7＝2余り0、24÷7＝3余り3。よって24。（2）イから第3日曜日は5、10、15、20、25、30日が考えられるが、週数の条件から5、10、30日は除外できる。アより7日前が奇数日なので第3日曜日は偶数日つまり20日。よって、第4日曜日は27日。（3）Xの金額をxとすると、$x+1.6x+1.2x=7600$、$3.8x=7600$、$x=2000$［円］。Yの金額は1.6倍の3,200円。（4）1組、2組の児童数をx、yとすると、$\frac{1}{3}x=12$、$\frac{2}{5}y=12$。これを解いて$x=36$、$y=30$。全児童数は合計66人。（5）花壇の面積は$3.5×2.4=8.4$［m²］。赤の面積は、$8.4×\frac{2}{3}=5.6$［m²］。黄の面積は$(8.4-5.6)×\frac{3}{5}=1.68$［m²］。青の面積は、$8.4-5.6-1.68=1.12$［m²］。赤の面積を青の面積で割ると、$5.6÷1.12=5$［倍］。面積を求めず分数のみで計算も可。赤が$\frac{2}{3}$なので黄、青で$\frac{1}{3}$。そのうち青は$\frac{2}{5}$なので$\frac{1}{3}×\frac{2}{5}$。赤：青$=\frac{10}{15}:\frac{2}{15}$。赤が5倍。

2 解答 （1）9　（2）1、3　（3）5　（4）14

解説 （1）アからYのカードは①1、2、6、②1、3、4の2通りだが、Xが3を持っており②はないので①。残りの4、5、8、9のうち積が160になるのは4、5、8の組合せのみで、イよりこれがZのカード。Xのもう1枚のカードは9。（2）8枚の

数字の和は64、3人のカードの数字の和は60。よって配られなかった2枚の数字の和は4。その組合せは1と3のみ。（3）アからX＝Y、イからXYZ＝45。合致する組合せは6以下の整数では3、3、5のみ。よってZの目は5。（4）各日につれた数をx、y、zとすると、$x＋y＋z＝36$、一日平均は$36÷3＝12$［尾］。$x±2＝y$、$z±2＝y$。x、y、zは10、12、14か14、12、10。もっとも多くつった数は14尾である。

3 解答　（1）400　（2）75　（3）8

解説　（1）全参加世帯数をxとすると、$0.32x＝128$、$x＝400$［世帯］。（2）駅までの1.2kmつまり1,200mを60m/分の速さで行くときの所要時間は$1200÷60＝20$［分］。これより4分短い16分で到着するときの速度は$1200÷16＝75$［m/分］。（3）全体の仕事量を1とすると、1人の1時間あたりの仕事量は、Xが$\dfrac{1}{20}$、Yが$\dfrac{1}{12}$、Zが$\dfrac{1}{15}$。3人一緒に働くと1時間あたりの仕事量は$\dfrac{1}{20}＋\dfrac{1}{12}＋\dfrac{1}{15}＝\dfrac{1}{5}$。3人で3時間働いたときの仕事量は$\dfrac{1}{5}×3＝\dfrac{3}{5}$。残りの$\dfrac{2}{5}$をX1人で行うから、$\dfrac{2}{5}÷\dfrac{1}{20}＝8$［時間］

4 解答　（1）5、28　（2）1、20　（3）1、3　（4）30

解説　（1）1個目が赤玉の確率$\dfrac{5}{8}$、2個目が赤玉の確率$\dfrac{4}{7}$、3個目が赤玉の確率$\dfrac{3}{6}$。連続して起こる確率は$\dfrac{5}{8}×\dfrac{4}{7}×\dfrac{3}{6}＝\dfrac{5}{28}$。（2）4で割り切れる数は4枚。1枚目にその1枚を取る確率$\dfrac{4}{16}$、2枚目にその1枚を取る確率$\dfrac{3}{15}$。連続して起こる確率は$\dfrac{4}{16}×\dfrac{3}{15}＝\dfrac{1}{20}$。（3）3回目で1か2が出た場合にスタート地点に戻るわけで、1回目、2回目はどの目が出てもよい。結果的にスタート地点にコマがある確率は、$\dfrac{6}{6}×\dfrac{6}{6}×\dfrac{2}{6}＝1×1×\dfrac{1}{3}＝\dfrac{1}{3}$。（4）$_6P_2＝6×5＝30$［通り］

5 解答　（1）31　（2）11　（3）28

解説　求める数をxとし、実際にはベン図もかいて求める。（1）$124－x＝46＋62－15$、$x＝124－93＝31$［人］。（2）$45－(28＋20－x)＝8$、$45－48＋x＝8$、$x＝11$［人］。

（3）$72 - (60 + 40 - x) = 0$、$x = 28$［人］

6 |解答| （1）A　（2）A　（3）C

|解説| （1）アより商品Pは 7 個以上（$1600 \times 7 = 11200$［円］）購入するとわかり、個
数は合わせて 8 個なのでP 7 個、Q 1 個と定まる。代金は$1600 \times 7 + 2000 = 13200$
［円］。つまりアだけでわかる。次に、イより商品Qは 1 個か 2 個だが、1 個だ
と商品Pは 7 個で代金は13200円、2 個だと商品Pは 6 個で代金は$1600 \times 6 + 2000$
$\times 2 = 13600$［円］で、代金は確定しない。つまりイだけではわからない。よっ
て、アだけでわかるが、イだけではわからない。

（2）3 階を過ぎたときの人数は 8 人（$5 + 4 - 1 = 8$）。7 階で全員の 8 人が降りた
ので、5 階で乗った人数と降りた人数は同じ。ただし、その人数はわからない。
つまりイだけではわからない。アより 5 階で乗った人数は 4 人、降りた人数も同
じく 4 人と確定する。よって、アだけでわかるが、イだけではわからない。

（3）出た目の和が 2 人とも 8 なので、2 回の目の組合せはいずれも 6・2、5・3、
4・4 のどれか。アより、Xの 2 回目は 2 か 3。2 だとXの 1 回目は 6、3 だと
5 となる。ただ、Yの目が 1 回目 2 回目ともに 4 だと、Xの 2 回目の目は 2 か 3
か確定しない。つまりアだけではわからない。イより、2 人の出した目の組合せ
は 6・3 もしくは 5・2 であるが、これだけでは各回の 2 人の目は確定しない。
つまりイだけではわからない。アとイの両方がわかると、1 回目のXは 6、Yは
3、2 回目のXは 2、Yは 5 となり、それぞれの目が確定する。よって、アとイ
の両方でわかるが、片方だけではわからない。

7 |解答| （1）1.4　（2）D

|解説| （1）表の数値で計算する。小水力より太陽光が上回っているのはU国のみで、
太陽光37.8％、小水力26.4％であるので、$37.8 \div 26.4 \fallingdotseq 1.43$。1.43→1.4倍。

（2）各国の風力による発電量を合計発電量×風力発電の割合という式で算出する。S
国：$58.8 \times 0.257 \fallingdotseq 15.11$［万MW］。T国：$20.5 \times 0.309 \fallingdotseq 6.33$［万MW］。U国：
$30.0 \times 0.358 = 10.74$［万MW］。V国　$80.4 \times 0.405 \fallingdotseq 32.56$［万MW］。よって、
V＞S＞U＞Tのグラフを選択する。各国とも概数で計算する方法も有効である。
なお、V国は合計発電量（80.4万MW）、風力の割合（40.5％）ともに最多でト
ップと判断できる。またT国は、割合はS国を少し上回るもののU国よりは少な
く、合計発電量はS国の$\dfrac{1}{3}$ほどであり、最少と判断でき、計算を省略できる。

解説

問題 → 本冊P96〜107

●SPI3の性格検査

　AとBの質問に対して4つの選択肢から1つ選ぶ形式と、1つの質問に対して4つの選択肢から1つ選ぶ形式とがある。質問の数は約300問。これに約30分程度で答える。

　性格検査では、表現を変えて似たような質問が繰り返し出題されることがある。受検者が性格を偽って回答するのを防ぐためであるが、回答に矛盾が生じてしまうと、人事用報告書の備考欄には「応答態度」が記載される。「自分をよく見せようとする傾向がある」などのコメントがつき、合否に直結することもあるので注意が必要だ。

行動的側面 　問題 → 本冊P96〜98

解説　日常よく見られる行動的特徴が行動的側面。これを測る尺度として、「社会的内向性」「内省性」「身体活動性」「持続性」「慎重性」が用いられている。

- ●社会的内向性　対人的に積極的か消極的かをみる
  　設問例：社交的なほうだ
- ●内省性　ものごとをよく考えるかどうかをみる
  　設問例：ものごとを深く考える傾向がある
- ●身体活動性　体を動かすのが好きか嫌いかをみる
  　設問例：スポーツをするのが好きなほうだ
- ●持続性　粘り強く努力をするか、すぐあきらめるかをみる
  　設問例：粘り強く努力するほうだ
- ●慎重性　確認し慎重に行動するかどうかをみる
  　設問例：動く前に計画を立てる

　社会的内向性が高いと「引っ込み思案で、自信のない態度をとりがち」「自分の意見を主張するのが苦手」、低いと「社交家で誰とでも親しくなれる」「自分の意見や考えをはっきり言う」といった傾向がある。

　内省性が高いと「慎重で細かいところに注意がいく」「考え込んで行動が遅れがち」、低いと「考えるよりまず動く」「落ち着きがない」といった傾向がある。

　身体活動性が高いと「活発で動作が機敏」「積極的で行動力がある」、低いと「いつもじっとしていて動作が鈍い」「活動範囲が狭い」といった傾向がある。

　持続性が高いと「あきらめずに努力する」「ものごとを投げ出さない」「こだわりが強い」、低いと「あきっぽい」「すぐあきらめる」といった傾向がある。

　慎重性が高いと「周囲の状況を見て計画的に行動する」「念には念を入れる」、低いと

「先行きのことを考えずに動く」「計画倒れになる」といった傾向がある。

　この側面の尺度は度合が高いほう（社会的内向性は低いほう）が望ましいといえる。

意欲的側面　問題 → 本冊P99〜101

解説　目標の高さ、バイタリティなど意欲に関する側面。これには「達成意欲」と「活動意欲」の2つの尺度が用いられる。

●達成意欲　大きな目標を持つ人間かどうかをみる

　　設問例：目標は大きいほうがいい

●活動意欲　バイタリティの程度、判断の早い遅いをみる

　　設問例：決断は早いほうだ

　達成意欲が高いと「高い目標を立て、チャレンジする」「負けず嫌いで競争心が強い」、低いと「欲がなく着実」「結果よりも過程を大事にする」といった傾向がある。

　活動意欲が高いと「決断力があり機敏」「元気でてきぱきしている」、低いと「バイタリティに乏しい」「じっくり考えてから行動に移す」といった傾向がある。

　意欲的側面は行動的側面とあわせて、行動と意欲、という形で評価されると考えられている。もちろん、「仕事に対する」行動と意欲である。

情緒的側面　問題 → 本冊P102〜104

解説　気持ちの動きの特徴を表すのが、情緒的側面。これを測る尺度として、「敏感性」「自責性」「気分性」「独自性」「自信性」「高揚性」の6つが用いられている。

●敏感性　傷つきやすいか、不安にとらわれやすいかなどをみる

　　設問例：ささいなことが気になる

●自責性　自分を責め、ゆううつになるかなどをみる

　　設問例：失敗するといつまでも気になる

●気分性　気分にむらがあるか、衝動にかられやすいかなどをみる

　　設問例：気分が変わりやすい

●独自性　自分へのこだわりの度合いなどをみる

　　設問例：他人から干渉されるのはいやだ

●自信性　自信過剰かどうかをみる

　　設問例：自分の意見を主張するほうだ

●高揚性　状況によって気持ちが舞い上がる程度をみる

　　設問例：落ち着かず、じっとしていられないことがある

　敏感性が高いと「神経質な態度をとる」「理由もなく不安になる」、低いと「相手の感情に鈍感」「感受性が低い」といった傾向がある。

　自責性が高いと「悲観的に考える」「落ち込んでいることが多い」、低いと「楽天的」「気持ちが散漫になる」といった傾向がある。

気分性が高いと「まわりの意見に左右される」「思いつきで行動する」、低いと「感情的にならない」といった傾向がある。

独自性が高いと「自分の考えに固執し、周囲の意見を聞かない」、低いと「常識的である」「自分の意見がない」といった傾向がある。

自信性が高いと「自尊心が強い」、低いと「弱気になりがち」といった傾向がある。

高揚性が高いと「落ち着きがない」「明るく、調子に乗りやすい」、低いと「うわついたところがない」といった傾向がある。

情緒的側面は情緒の安定度を測るもので、全体として高いと情緒不安定とみられがちである。これは低いほうが好まれる。

社会関係的側面   問題 → 本冊P105〜107

解説　周囲や組織との関わりの中で表れやすい特徴が社会関係的側面。尺度としては「従順性」「回避性」「批判性」「自己尊重性」「懐疑思考性」が用いられる。

●**従順性**　他人の意見を受け入れるか聞き入れないかをみる

　　設問例：人に意見を合わせるほうだ

●**回避性**　失敗を回避するか何事も逃げずにやり通すかをみる

　　設問例：面倒なことは避けたい

●**批判性**　人に対して問題点を指摘するか言うべきことが言えないかどうかをみる

　　設問例：人の問題点を指摘してしまうことが多い

●**自己尊重性**　自分自身の視点を大事にするか、人の意見を尊重するかをみる

　　設問例：うまくまわりの意見を取り入れながら進めたい

●**懐疑思考性**　人を信頼しているか、話を鵜呑みにしないかどうかをみる

　　設問例：人には本音を打ち明けないほうがよい

従順性の尺度が高いと「人の意見を受け入れる」「依存的で流されやすい」、低いと「人の意見を聞き入れない」「人に頼らない」といった傾向がある。

回避性の傾向が高いと「苦手な人や物事を回避する」、低いと「何事からも逃げない」「折り合いをつけにくい」といった傾向がある。

批判性の傾向が高いと「人に対して攻撃的である」「欠点を指摘する」、低いと「気弱で言うべきことが言えない」「人に寛容である」といった傾向がある。

自己尊重性が高いと「自己中心的である」「自分の視点を大事にする」、低いと「人からの見え方を気にする」「人の意見を尊重する」といった傾向がある。

懐疑思考性が高いと「人に心を開かない」「人の話を鵜呑みにしない」、低いと「人を信頼する」「人の話に疑いを持たない」といった傾向がある。

社会関係的側面は、全体として高いと自己中心的で人に心を開かないとみられがちである。しかし、尺度によっては低すぎるとリスクを避けがちであったり人の意見に流されがちであったりといった、消極的な姿勢にとらえられてしまう場合もある。

第4章　SCOA
解答と解説

問題 → 本冊P116〜142

言語　問題 → 本冊P116〜119

1 **解答**　（1）D　（2）A　（3）B　（4）E　（5）B
（6）A　（7）E　（8）C

解説　（1）非難などを引き受ける意味。関係する者全員の責任を一人で引き受けること。また、不利な立場になることを承知で役目を引き受けること。（2）盗み食いをしたあとに口をぬぐって知らん顔をすることから、悪いことをして素知らぬ顔をすることをいう。（3）峠は、物事の絶頂の時機をさす。盛りの時期や大変な状況が過ぎ、勢いがおとろえ、落ち着くこと。（4）「はめ」は「はみ」が転じたもので、馬をおとなしくさせるため口にくわえさせる馬具のこと。それがはずれて馬が暴れるということから、度を過ごすことをいう。（5）「たこ」は「胼胝」と書き、繰り返し刺激を与えられて皮膚が硬くなったもの。耳にたこができるほど、繰り返し同じ話を聞かされること。「耳たこ」と略されることも。（6）「馬脚」は芝居の馬の足をさす。馬の足を演じていた者が正体を現すことから、偽り隠していたものが現れることをいう。（7）薬の調合に使うさじを投げ出す、ということから、医者が治る見込みがないと診断すること。また、物事の見込みがないと断念すること。（8）「ふ」は「腑」と書き、臓腑、こころの底の意味。こころに届かない、納得できないということ。

2 **解答**　（1）B　（2）D　（3）A　（4）B　（5）E
（6）A　（7）E　（8）C　（9）D

解説　（1）「蛇足」はへびの足。へびには足がないことから、余計なもの、無駄なもののことをいう。中国の故事に基づく。（2）「一日」は「いちじつ」ともいう。一日分、年長であるということから、経験などが上であることをいう。（3）「すっぽん」は亀の一種。月もすっぽんも形は丸くて似ているがまったく違うものであることから、比較にならないほどかけ離れていること。優劣の比較で使われることが多い。（4）「膾炙」は、なますとあぶった肉のこと。誰の口にも合っておいしいもののたとえで、膾炙のように、広く人の口にのぼり話題になるという意味。（5）木と竹は同じ植物でも性質が違うことから、つなぎ合わせるのが難しい。前後のつじつまが合わないこと、不調和なことのたとえ。（6）青天白日は、青く晴れわたったよい天気のこと。その空のよ

41

うに、心にやましいことがないこと。また、無罪が明らかになること。（7）「烏合」は、カラスが集まるように、規律も統一もなく集まること。そのような規律のない集団のこと、群衆。また、そのような軍隊。（8）ようやく寝ておとなしくなった子を用もないのに起こして泣かせるということから、ようやくおさまったことによけいな手出しや口出しをして、また紛糾させること。（9）鯛は魚類の王とされることから、すぐれた価値のあるものは、多少悪い条件であっても、やはりそれだけの価値があるということ。もとの育ちがよい人は、落ちぶれても品格があることにもいう。

数理　問題 → 本冊P120〜125

1 解答　（1）B　（2）D　（3）D　（4）D　（5）C
（6）A　（7）E　（8）B　（9）A　（10）C
（11）D　（12）D　（13）B　（14）B　（15）A
（16）C

解説　指数計算、根号（ルート）計算の入った四則演算。計算法則を復習しておく。
（1）$(-2)^2 \times (-2) + 5^2 \times 3 = 4 \times (-2) + 25 \times 3 = -8 + 75 = 67$。マイナスの数同士をかけるとプラスになる。2乗の計算でも同じで、マイナスの数の2乗はプラスとなる。
（2）$-5 \times 7 - (-4)^2 \div 2 = -35 - 16 \div 2 = -35 - 8 = -43$。加減乗除の混じった計算では、乗除計算を先に行う。（3）指数がどこにかかるかで符号が変わる。$(-1)^2 = 1$、$-1^2 = -1$である。$-6^2 \div (-3) + (-3)^2 \times 7 = -36 \div (-3) + 9 \times 7 = 12 + 63 = 75$。（4）$-5^2 \times 2 - 36 + (-5)^2 \div 5 = -25 \times 2 - 36 + 25 \div 5 = -50 - 36 + 5 = -81$。（5）$(-2)^2 \div (-4) - 12 \div (-3) = 4 \div (-4) - (-4) = -1 + 4 = 3$。プラスの数をマイナスの数で割ると答えはマイナスの数になる。かけ算も同様。（6）$4^2 \div (-2) \times (-3 + 2^2) = 16 \div (-2) \times (-3 + 4) = -8 \times 1 = -8$。（7）分数全体を2乗するときは分母も分子も2乗する。$\left(\frac{1}{2}\right)^2 \times \frac{2}{3} \div 4 = \frac{1}{4} \times \frac{2}{3} \div 4 = \frac{1}{6} \div 4 = \frac{1}{24}$　（8）$\frac{4}{9} \times \left(-\frac{1}{2}\right)^2 - \frac{3}{4} = \frac{4}{9} \times \frac{1}{4} - \frac{3}{4} = \frac{1}{9} - \frac{3}{4} = \frac{4}{36} - \frac{27}{36} = -\frac{23}{36}$　（9）$\left(-\frac{1}{3}\right)^2 \times \frac{3}{2} \times (-4)^2 = \frac{1}{9} \times \frac{3}{2} \times 16 = \frac{1}{6} \times 16 = \frac{16}{6} = \frac{8}{3}$（選択肢によっては$2\frac{2}{3}$の形に直す）。（10）ルートを含む計算ではルートの中をそろえるのが基本。$\sqrt{a^2} = a$を利用して、できるだけ簡単にする。$\sqrt{12} + \sqrt{27} - \sqrt{3} = \sqrt{4 \times 3} + \sqrt{9 \times 3} - \sqrt{3} = \sqrt{2^2 \times 3} + \sqrt{3^2 \times 3} - \sqrt{3} = 2\sqrt{3} + 3\sqrt{3} - \sqrt{3} = 4\sqrt{3}$。（11）$(a + b)^2 = a^2 + 2ab + b^2$の乗法公式を利用する。乗法公式は復習しておきたい。$(\sqrt{2} + \sqrt{3})^2 = \sqrt{2}^2 + 2\sqrt{2}\sqrt{3} + \sqrt{3}^2 = 2 + 2\sqrt{6} + 3 = 5 + 2\sqrt{6}$。（12）$4\sqrt{8} - \sqrt{98} = 4\sqrt{4 \times 2} - \sqrt{49 \times 2} = 4\sqrt{2^2 \times 2} - \sqrt{7^2 \times 2} = 4 \times 2\sqrt{2} - 7\sqrt{2} = \sqrt{2}$。（13）$\sqrt{a} \times \sqrt{b} = \sqrt{a \times b}$となる。$\sqrt{2}(\sqrt{6} + \sqrt{8}) = \sqrt{2} \times \sqrt{6} + \sqrt{2} \times \sqrt{8}$

$=\sqrt{12}+\sqrt{16}=\sqrt{2^2\times3}+\sqrt{4^2}=2\sqrt{3}+4$。(14) $\sqrt{2^2}-(2\sqrt{3}-1)=2-2\sqrt{3}+1=3-2\sqrt{3}$。

(15) $\dfrac{1}{\sqrt{3^2}}\times\dfrac{3}{2}+4\sqrt{3}=\dfrac{1}{3}\times\dfrac{3}{2}+4\sqrt{3}=\dfrac{1}{2}+4\sqrt{3}$。(16) $\dfrac{\sqrt{a}}{\sqrt{b}}=\sqrt{\dfrac{a}{b}}$ となる。$\sqrt{32}-$

$\dfrac{\sqrt{6}}{\sqrt{3}}+\sqrt{8}=\sqrt{4^2\times2}-\sqrt{\dfrac{6}{3}}+\sqrt{2^2\times2}=4\sqrt{2}-\sqrt{2}+2\sqrt{2}=5\sqrt{2}$

2 **解答**　（1）C　（2）A　（3）D　（4）C　（5）B
　　　　　（6）A　（7）C　（8）B　（9）C　（10）D

解説　方程式と不等式の解を求める問題。方程式は一次方程式、二次方程式のどちらも出題される。

（1）分数式の場合は、整数に直すほうがわかりやすい。両辺に6をかけて、$3(2-x)$ $+4x-27x=1$、$6-26x=1$。数値を左辺にまとめると、$5=26x$、$x=\dfrac{5}{26}$。（2）連立方程式は、どちらか一方の文字を消して、1つの文字だけの方程式を作る。簡単に$x=$あるいは$y=$の形にできる場合、これをもう一方の式に代入する（代入法）。$x+y=3$から、y $=3-x$。これを他方の式に代入し、$2x+4y=2x+4(3-x)=2x+12-4x=-2x+12=10$、$2x=2$、$x=1$。$y=3-x=2$。（3）簡単に$x=$、$y=$の形にできない場合、2つの式を加減することで片方の文字を消す方法もある（加減法）。$2x+3y=1$の両辺に3をかけて、$6x+9y=3\cdots$①。$3x-2y=1$の両辺に2をかけて、$6x-4y=2\cdots$②。①式から②式を引くと、$13y=1$、$y=\dfrac{1}{13}$　これを代入して計算すると、$x=\dfrac{5}{13}$。（4）二次方程式は、まず因数分解を利用して解ける問題かどうかをチェックする。因数分解が使えない場合は解の公式を利用する。$(x+a)(x+b)=x^2+(a+b)x+ab$であるから、足して6、かけて8になる数字の組合せを求める。$x^2+6x+8=(x+4)(x+2)=0$、したがって、$x=-4$、$x=-2$。（5）式$=0$の形に変形して、因数分解で解く。$x^2-5x=-6$、$x^2-5x+6=0$。足して-5、かけて6となる数字の組合せとなるから、$x^2-5x+6=(x-3)(x-2)=0$、$x=3$、$x=2$。（6）（5）と同様に、式$=0$の形に変えて因数分解する。$x^2-6x+9=(x-3)(x-3)$ $=(x-3)^2=0$、したがって、$x=3$。このような形の場合、解は1つとなる。（7）まず、式を展開する。$(x-1)^2-4=x^2-2x+1-4=x^2-2x-3=0$。これを因数分解すると、$x^2-2x-3=(x-3)(x+1)=0$、したがって、$x=3$、$x=-1$。（8）不等式の解を求める問題。方程式の場合と同様に、式を展開してxを一方の辺にまとめる。$2(x+1)\geqq x-3$、$2x+2\geqq x-3$、$2x-x\geqq-3-2$、$x\geqq-5$。（9）（8）と同様に、$-3(x-5)-4>x-1$、$-3x+15-4>x-1$、$-3x-x>-1-11$、$-4x>-12$。両辺を-4で割ると、$x<3$。なお、不等式では、マイナスの数値のかけ算、割り算を行った場合、不等号の向きが変わるので注意すること。（10）分数を含む式は、整数に直すほうが計算しやすい。両辺に分母の最

小公倍数15をかける。$2+\dfrac{2x-1}{3}<\dfrac{3x+5}{5}$、$30+5(2x-1)<3(3x+5)$、$30+10x-5<9x+$

15。xを左辺にまとめて、$10x-9x<15-25$、$x<-10$

3 解答 （1）B　（2）A　（3）B　（4）C　（5）C
　　　　（6）B　（7）E　（8）D　（9）D　（10）E
　　　　（11）A　（12）A　（13）B　（14）B　（15）D
　　　　（16）E　（17）A　（18）C

解説　ある規則性で並んでいる数字の列を数列といい、一定の数ずつ増加（減少）していくもの（等差数列）、一定の比で増加（減少）していくもの（等比数列）などがある。基本は隣り合った数字の差を見てみること。このとき、＋、－の符号ををつけるとわかりやすい。差や比でない規則もあるので、できるだけ問題を多く解いて、さまざまな数列の型を確認しておく。
　（1）＋2の等差数列。（2）＋3の等差数列。（3）－2の等差数列。（4）差が＋2、＋3、＋4…と1ずつ増加。（5）×2の等比数列。（6）＋4の等差数列。（7）×2の等比数列。（8）差が－10、－8、－6…と2ずつ減少。（9）差が＋3、＋5、＋7…と2ずつ増加。（10）差が0から始まり、＋1、＋2…と1ずつ増加。（11）差が＋3と＋1の繰り返し。（12）差が－1と＋3の繰り返し。（13）×（－2）の等比数列。（14）×1、×2、×3…とかける数が1ずつ増加。（15）－3の等差数列。（16）×2、×3、×4…とかける数が1ずつ増加。（17）分母のみ×3の等比数列。（18）×2、×3の繰り返し。

論理　問題 → 本冊P126〜131

1 解答 （1）D　（2）A

解説　与えられた展開図の立方体を回転させ、ある面にどの文字が出るかを考える問題。立方体の各面の位置の関係を展開図から読み取る必要がある。下図の展開図を立方体に組み立てると、次のようになる。

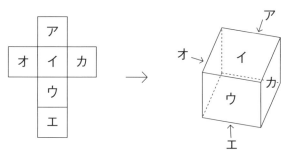

このとき、イの裏はエ、ウの裏はア、カの裏はオとなっており、これを展開図で見ると、イとエ、ウとア、カとオは1マスはさんで位置しており、これが表裏の関係となることがわかる。

（1）展開図から、ウはオの裏。ウが上に出るのは、③方向に1回（あるいは①方向に3回）の回転で、②と④の方向へ回転させてもウの位置に変化はない。したがって、AとCはウが出る。BとEは③方向へ1回の回転と同じであり、ウが出る。Dは、②→③でウが上に出るが、さらに④へ回転させるため、ウは側面になる。

（2）展開図から、ウはアの裏。ウが上に出るのは、④方向に1回（②方向に3回）の回転。Bはウが出る。C、D、Eは最終的に④方向へ1回の回転でウが上に出る。

2 **解答** （1）B　（2）D　（3）C

解説 （1）④方向への回転でカの裏のエ、次の①方向への回転でウ、次の③方向への回転でエ。（2）③方向への回転でイの裏のウ、次の④方向への回転でア、次の③方向への回転でカ。（3）①方向への回転でオ、次の①方向への回転でイ、次の④方向への回転でカ。

3 **解答** （1）D　（2）A

解説 最短距離を求める道順の問題は、組合せの問題として公式を利用して解くのが簡単。最短距離は、たとえば（1）の場合、右方向に4、上方向に3。このうち、上（右）

上への道を決めると右への道が決定する

方向へ行く道が決まれば、右（上）方向への道は自動的に決まる。したがって、全部で7つ進む道のうち、上方向への3つを選ぶ組合せの数と考えればよい。

（1）最短距離は右方向へ4、上方向へ3。$_7C_3 = \dfrac{7 \times 6 \times 5}{3 \times 2 \times 1} = 35$［通り］

（2）この問題のように、2つの道順が組み合わさっている場合、それぞれの道順の数を求め、これをかけて求める。下の道の最短距離は右へ3、上に3、上の道の最短距離は右へ2、上に2。$_6C_3 = \dfrac{6 \times 5 \times 4}{3 \times 2 \times 1} = 20$［通り］、$_4C_2 = \dfrac{4 \times 3}{2 \times 1} = 6$［通り］、$20 \times 6 = 120$［通り］

4 **解答** C

解説 同一円周上にある点は、どの4つを選んでも四角形を作ることができるので、

任意の4つの点を選ぶ組合せの数を求めればよい。$_{10}C_4 = \dfrac{10\times9\times8\times7}{4\times3\times2\times1} = 210$

5 **解答** E

解説　リーグ戦に関する問題では、わかっている条件から勝敗表を作成する。同順位のチームがいないことから、5チームの勝敗は、4勝0敗、3勝1敗、2勝2敗、1勝3敗、0勝4敗。勝敗表から、P、S、Tは負けている試合があり、またQは1位でないから、Rが4勝で1位とわかる。この結果を勝敗表に入れると、右のようになる。

	P	Q	R	S	T
P				○	×
Q					○
R					○
S	×	×			
T	○			×	

Rが1位　→

	P	Q	R	S	T
P			×	○	×
Q			×	○	
R	○	○		○	○
S	×	×	×		×
T	○		×	○	

これにより、選択肢CとDは誤り。さらに、S以外は勝っている試合があることから、Sが4敗となり、A、Bも誤り。PとQ、QとTの勝敗は不明である。

6 **解答** D

解説　条件から、SがRに勝って2回戦に進んだこと、Sと2回戦で対戦したのがQであることがわかる。選択肢Cは誤り。また、Tが2勝したことから、Uは1回戦で負けていること、Tが決勝で負けていることがわかる。したがって、選択肢Dは確実にいえる。選択肢Eは誤り。Sの2回戦の勝敗、VとWの勝敗はいずれも不明であり、選択肢A、Bは確実にはいえない。

7 **解答** E

解説　小さい正方形を組み合わせて正方形を作る場合、小さい正方形の数は、4、9、16、25、36などが考えられる。選択肢の小さい正方形の数は合計31なので、36の組合せは不可。また、選択肢の組合せでは4、9、16の正方形は作れない。したがって、25の組合せとなり、余分な小さい正方形の数は6。使わないものはA、E、Fのいずれか。組合せは右の図のようになり、答えはE。

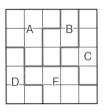

8 **解答** A

解説　三角柱は、見る方向で見え方が変わる。どちらかで三角形に見えた場合、他方では三角形には見えない（右図参照）。したがって、図1の三角形のところは側面からは正方形に見えることになり、B、D、Eは誤り。答えはAかCとなり、図1、図2より正解はA。

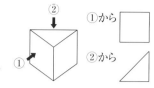

英語　問題 → 本冊P132〜135

1 解答　（1）D　（2）A　（3）B　（4）E　（5）D　（6）A
（7）C　（8）B　（9）C　（10）D　（11）E　（12）B

解説　選択肢も英語なので理解力が必要。わかる問題から解答していく。

（1）significantは「重要な」。同じ意味を表すのはimportant。他の語の意味は、immediate「即時の」、infamous「評判が悪い」、immense「非常に大きな」、incorrect「間違った」。（2）decadeは「10年」。同じ意味を表すのはten years。（3）approximatelyは「およそ、大体」。同じ意味を表すのはabout。aboutには「〜について」といった前置詞の用法もあるが、「およそ、大体」の意味では副詞。（4）libertyは「自由」。同じ意味を表すのはfreedom。他の語の意味は、problem「問題」、limit「限界、限度」、relation「関係」、nerve「神経」。（5）opportunityは「機会」。同じ意味を表すのはchance。他の語の意味は、purpose「目的」、donation「寄付」、volunteer「奉仕、ボランティア」、concept「概念、考え」。（6）legalは「合法の」。同じ意味を表すのはlegitimate。他の語の意味は、remarkable「目立った」、competent「有能な、優秀な」、concrete「具体的な」、arrogant「傲慢な」。（7）visitは「〜を訪れる、訪問する」。同じ意味を表すのはdrop in at。他の語句の意味は、put up with「〜に耐える」、take part in「〜に参加する」、go through with「〜をやり遂げる」、stand up for「〜の味方をする」。（8）deliberatelyは「故意に」。同じ意味を表すのはon purpose。他の語句の意味は、by accident「偶然に」、at any rate「とにかく」、for good「永久に」、with ease「簡単に」。（9）emitは「〜を放つ、発する」。同じ意味を表すのはgive off。他の語句の意味は、take off「離陸する」、take over「〜を引き継ぐ」、give up「（〜を）あきらめる」、put off「〜を脱ぐ、はずす、延期する」。（10）considerは「〜を考慮する」。同じ意味を表すのはtake account of。他の語句の意味は、bring up「〜を育てる、提出する」、get rid of「〜を取り除く」、let down「〜を低くする、がっかりさせる」、think better of「〜を考え直す」。（11）causeは「〜を引き起こす」。同じ意味を表すのはbring about。他の語句の意味は、burst into「突然〜しだす」、take care of「〜の世話をする」、figure out「〜を理解する」、make out「〜を理解する」。（12）break the iceは「（会話などの）口火を切る、きっかけをつくる」。同じ意味を表すのはstart a conversation。他の語句の意味は、feel at ease「安心する」、get angry「怒る」、stop

解答と解説

英語

talking「話すのをやめる」、make a decision「決心する」。

2 解答　（1）D　（2）A　（3）A　（4）B　（5）A
（6）D　（7）D　（8）C

解説　空欄補充の問題。前置詞や関係代名詞がある。いわゆる重要熟語は前置詞を含めてまるごと覚えておく。
（1）「このクラスでは英語でのみ話してよい。」〈in＋言語〉「〜（言語）で」。（2）「ジムは新しい仕事に満足している。」 be satisfied with「〜に満足する」。（3）「今日は雨なので、自転車では行かない。バスに乗るよ。」〈by＋乗り物〉「〜（乗り物）で」。（4）「私たちは来月オーストラリアを訪れるのを楽しみにしている。」 look forward to「〜を楽しみに待つ」。（5）「ステージで歌っているあの女性を知っています。」 関係代名詞を使って文を結びつける。関係代名詞があとの文中で主語の役割をしているので、whoを使う。（6）「昨日あなたが会った男性はジョンソンさんだと思う。」 関係代名詞があとの文中でyou metのあとの目的語の役割をしているので、whomを使う。
（7）「彼女は、息子が医者になった女性だ。」 関係代名詞があとの文中で所有格のはたらきをしているので、whoseを使う。（8）「父はいつも私に食べる前に手を洗うように言う。」〈tell＋人＋to＋動詞の原形〉で「人に〜するように言う」。

3 解答　（1）E　（2）C

解説　発音の問題は苦手とする人も多い。基本的な語の発音は確認しておくこと。
（1）holdのoは[ou]。同じ発音はbowl。（2）workのorは[əːr]。同じ発音はheard。

4 解答　（1）D　（2）D　（3）B

解説　いわゆる英作文。日本語の文章を英語に直したときの正しい表現を選ぶ。
（1）「これまで見たことがない」は現在完了〈have＋never＋過去分詞〉で表す。最上級を使って、This is the most beautiful painting I have ever seen.「これは私がこれまで見たいちばん美しい絵です。」でも同じ意味を表すことができる。（2）mustには「〜に違いない」という意味があるが、mustに過去形はない。なので、過去のことについて「〜だったに違いない」というときは、〈must＋have＋過去分詞〉で表す。（3）「いちばん古い」は「他のどれよりも古い」と考えて、older than any other …で表す。最上級を使って、That church is the oldest in this country.でも表すことができる。

5 解答　（1）B　（2）C

解説　会話文に関する問題。慣用的な表現、時制などを確認しておく。

（1）Do you mind if ～？は「～してもよろしいですか」という意味だが、mindは「気にする、いやがる」という意味なので、実際には「～したらいやですか」と尋ねていることになる。「いいですよ。」の答えは否定形のOf course not.が合う。Yes, of course.では「もちろん、いやです。」となってしまう。（2）「夏休みの計画は何ですか。」に対する応答。未来のことなので、be going toを使った文で答える。

常識　問題 → **本冊P136～142**

1　**解答**　（1）C　（2）A　（3）D

解説　（1）日本国憲法の基本原則は、国民主権、平和主義、基本的人権の尊重。
（2）衆議院の優越とは、衆議院の機能が参議院に優先することをいい、法律案の議決、予算の議決、条約の承認、内閣総理大臣の指名で参議院の否決等に優先して可決することができる。予算の先議権、内閣不信任決議も衆議院のみの機能。
（3）持続可能な開発目標（Sustainable Development Goals：SDGs）である。UNEPは国連環境計画、ODAは政府開発援助、COP21は気候変動枠組条約第21回締約国会議（パリ協定）、PKOは国連平和維持活動。

2　**解答**　（1）D　（2）B　（3）A　（4）C

解説　（1）正解はDの8代将軍徳川吉宗による享保の改革。財政安定を主眼とした改革で、寛政の改革、天保の改革とともに江戸時代の三大改革のひとつ。正徳の治は6代将軍家宣の時代に新井白石などによって行われた。寛政の改革は11代将軍家斉の老中・松平定信による改革。天保の改革は12代将軍家慶の老中・水野忠邦が主導。安政の改革は幕末の混乱期に13代将軍家定の老中・阿部正弘が主導。
（2）正解はBのモンテスキュー。ルソーは、フランスの啓蒙思想家。文明による堕落を説き、善良な人間性の回復を求めた。著書に『社会契約論』など。モンテーニュは、フランスの思想家で、人間の生き方を探求するモラリストの代表的人物。ヴォルテールは、フランス啓蒙思想を代表する哲学者。民衆を啓発し、フランス革命に影響を与えた。ルターはドイツの神学者。宗教改革を主導した。
（3）正解はAの柳条湖事件。1931年に起こった関東軍の謀略による鉄道爆破事件で、これを契機に日本が満州全土を制圧したこと（満州事変）に対し、1933年、国際連盟から撤兵勧告が出され、それを不服とした日本が連盟を脱退した。甲午農民戦争（東学の乱）は、1894年に起こった朝鮮南部での農民蜂起。日清戦争の契機となる。盧溝橋事件は、1937年に起こった中国北部日本軍と中国軍の衝突事件。日中戦争の発端となる。二十一カ条の要求は、1915年に大隈内閣が中国利権拡大

49

のために中国に要求したもの。義和団事件は、1899〜1900年に、列強の中国進出に反対した宗教結社義和団を中心とした民衆反乱。

（4）正解はC。インダス文字と呼ばれる象形文字が発見されており、文字は使用されていた。A、B、D、Eは記述どおり。

3 解答　（1）D　（2）E　（3）E　（4）B

解説　（1）正解はDの西岸海洋性気候。サバナ気候は、乾季と雨季があり、年中高温な気候。地中海性気候は、夏は雨が少なく乾燥、冬は比較的高温多雨。温暖湿潤気候は、モンスーンの影響を受けて四季が明確、気温の年較差が比較的大きい。ステップ気候は、乾燥帯の気候区分。

（2）正解はE。オランダの英語名はNetherlands。

（3）正解はE。シラス台地は、南九州に広く分布する火山性堆積物で作られた台地。秋吉台は石灰岩による溶食作用が進んだカルスト地形。

（4）正解はBの正距方位図法。メルカトル図法、正角円錐図法は、地球上の角度を正しく表現した図法。サンソン図法、モルワイデ図法は、面積を正しく表現した図法。

4 解答　（1）B　（2）E　（3）A

解説　（1）加速度は単位時間あたりの速度の変化。停止したときの速度は0であるから、止まるまでの20秒間の速度の変化は、$72 - 0 = 72$〔km/h〕。これを秒速にすると、$72000 \div 3600 = 20$〔m/s〕。加速度$= 20 \div 20 = 1$〔m/s^2〕

（2）正解はE。プリズムを通った光がさまざまな色に分離されるのは光の分散の作用による。

（3）並列接続では、各抵抗にかかる電圧は等しい。電流$= \dfrac{電圧}{抵抗}$であるから、

$$R_1 に流れる電流 = \frac{12}{3} = 4 〔A〕 \qquad R_2 に流れる電流 = \frac{12}{2} = 6 〔A〕$$

5 解答　（1）C　（2）B　（3）A　（4）C

解説　（1）正解はCのボイル・シャルルの法則。アボガドロの法則は、同温・同圧・同体積の気体中には同数の分子が含まれるというもの。ボイルの法則は、温度が一定で圧力が変化する場合の気体の体積に関する法則。気体反応の法則は、気体の反応における体積比は簡単な整数比になるというもの。ファラデーの法則

は、電気分解における物質量に関する法則である。
（2）化学反応式では、左辺と右辺の原子の数が一致する。Bは、過酸化水素が水と酸素に分解される反応で、正しくは、$2H_2O_2 \rightarrow 2H_2O + O_2$。
（3）共有結合は、原子が電子を共有することで結合するもので、この結合で分子が作られる。BとEは金属結合の記述、CとDはイオン結合の記述。
（4）正解はC。同位体とは、原子番号が同じで質量が異なるものをいい、水素（質量1）に対する重水素（質量2）などがある。

6 解答　（1）D　（2）B　（3）C　（4）C

解説　（1）正解はD。細胞膜は植物細胞にも存在する。
（2）正解はBのリパーゼ。胃液、膵液に含まれる脂質分解酵素。アミラーゼは唾液に含まれる炭水化物分解酵素、ペプシンは胃液に含まれるたんぱく質分解酵素、マルターゼは腸液に含まれる炭水化物分解酵素、オキシダーゼは水素を酸素と結合させる酸化酵素である。
（3）正解はC。ABO式血液型の遺伝子は、A、B、Oの3つが対立関係にあり、OはA、Bのどちらに対しても劣性、AとBには優劣がない。両親がともにAB型の場合、子どもの血液型の遺伝子型は、AA、BB、ABが考えられ、O型は誕生しない。
（4）正解はC。生態系では、生物群集を「生産者」「消費者」「分解者」に分ける。生産者とは、無機物から有機物を合成するもので、光合成植物や化学合成細菌がある。消費者とは、生産者の生成した有機物を直接、間接的に利用するもので、植物食性動物や動物食性動物がある。分解者とは、遺体や排出物などの有機物を無機物に分解するもので、菌類や細菌類がある。

7 解答　（1）A　（2）C　（3）E

解説　（1）木星型惑星とは、地球のような固い地表をもたず、サイズが大きく、密度が小さいもの。太陽系では、木星、土星、海王星、天王星がこれに分類される。正解はA。水星は、小型で高密度な地球型惑星。土星は、木星型惑星だが太陽系最大の惑星ではない。火星の自転方向は地球と同じ。逆になっているのは金星。金星は、二酸化炭素を主とする濃い大気を持ち、温室効果で高い表面温度となっている。
（2）火成岩はマグマが冷えて固まったもの。急激に冷え固まった火山岩と、ゆっくりと冷え固まった深成岩がある。安山岩、玄武岩、黒曜石は火山岩、花崗岩は深成岩で、すべて火成岩。石灰岩は炭酸カルシウムを主とする堆積岩で、正解はC。
（3）正解はE。海陸風は、昼は海から陸へ、夜は陸から海へと風が吹く。

解答と解説

問題 ⟶ 本冊P144～182

CAB

暗算 問題 ⟶ 本冊P144～147

1 解答

(1) D	(2) C	(3) A	(4) E	(5) A
(6) B	(7) C	(8) B	(9) E	(10) A
(11) C	(12) D	(13) C	(14) A	(15) D
(16) B	(17) C	(18) A	(19) E	

2 解答

(1) D	(2) B	(3) A	(4) A	(5) C
(6) E	(7) D	(8) B	(9) B	(10) C
(11) D	(12) E	(13) B	(14) E	(15) D
(16) A	(17) E	(18) B	(19) D	(20) B
(21) E	(22) C			

解説 **1** 暗算の選択肢は数値がかけ離れているものが多い。そういうときは、概数計算をすれば正解にたどりつける。(2) 30×70で計算。該当するものはCのみ。(4) 小数点のある計算は小数点以下の桁数に注目する。この式の場合、小数点以下第3位まであるものが答。(5) 答が4桁になることは明らかなので、B、C、Eは除外できる。(8) ％計算のときは位取りに注意。(10) 小数点以下のみを足していけば正解が選べる。(17) 500÷20で計算。(19) 3×0.4を先に計算。76の1.2倍を考える。

2 □に数値を入れる形式の問題。WebCABではこのような四則逆算が出題される。従来の概数計算より難易度は上がるが、電卓を使いながら練習を積んで正確性を上げること。(6) のような出題は右辺の−14を左辺に移項して28＋37＋14＝□と考えるとよい。(7) は102÷600×100から求める。(8) のような0.5×□は0.5を右辺に移して、□＝50÷0.4÷0.5と考える。(9) は0.8を右辺に移して、□＝0.8÷4/50から求める。(11) は「33÷」のまま右辺の先頭に移し、33÷(9÷0.25÷6)から求める。(12) は2×2/25＝2×0.08＝0.16と式を変形し、電卓の√を使えば0.4と出る。(13)「1/5×」を左辺に移し、4/15÷1/5として計算すると早い。(16) は両辺を3で割り□＝16÷□として、□²＝16。(17) は□＝1/9÷(1÷6＋1/6)から求める。(15)、(19)〜(21) のように選択肢が％や小数の場合、割り切れるときは分数を小数にしてから求める。(22) は□＝52.8÷(44×0.04)から求める。

法則性　問題 → 本冊P148〜153

1 解答 D		**2** 解答 A		**3** 解答 E		**4** 解答 D	
5 解答 B		**6** 解答 A		**7** 解答 C		**8** 解答 E	
9 解答 D		**10** 解答 A		**11** 解答 D		**12** 解答 B	
13 解答 C		**14** 解答 E		**15** 解答 D		**16** 解答 C	
17 解答 B							

解説　**1** 右下の□は固定。もうひとつの□が反時計回り。

2 縦の線が上段2本下段1本→上段1本下段2本の繰り返し、●が反時計回り。線がからむものは法則がとらえにくいことが多い。まず数に注目してみる。

3 線を区分して考える。上の段の線は時計回りに1つずつ移動、真ん中の段の線は1つずつ左に移動して戻る、下の段の線は時計回りに1つずつ移動。

4 四分円が反時計回りに90度ずつ、線が反時計回りに45度ずつ回転。

5 線の数が上の段で1→2→3→2→1、下の段で3→2→1→2→3と変化。

6 △が右向き2回、左向き2回、色が黒2回、白2回という変化。予想できる変化から選択肢にあるものを選ぶ。

7 □は反時計回り、○は色が交互に変わる。

8 いちばん左端の半円が順に右端に移動している。黒い半円が移動していると考えると、なかなか法則性がわからない。

9 右の線の数が1→2→3→2、左の線の数が0→1→2→3と変化している。

10 △は反時計回り、長方形は時計回り、交互に色が変わる。

11 同じ図形が3個そろうと次の箱で消える。したがって、□が含まれていないのはD。図形の色や形にまどわされないこと。

12 縦線の数が3→2→1→0、横線の数が0→1→2→3と変化している。次に予想できるのは最初のものか、縦線が1、横線が2となるBである。

13 △が反時計回りに90度ずつ回転、色が頂点に向かって左→右→左で変わる。

14 線が45度ずつ回転し、矢印の位置が交互に変わる。

15 いちばん右端から順に考える。横向きの線は時計回りに90度ずつ回転しながら図を白くしていき、縦向きの線は時計回りに45度ずつ回転しながら図を黒くしていく。

16 いちばん右端から順に考える。左下の○は時計回りに角を移動、真ん中は○×が交互に変化し、右下の×は時計回りに1コマずつ移動している。

17 いちばん左端から順に考える。長方形は白黒交互になり、円の中心の右上→左上→左下→右下を反時計回りに移動している。扇形は1回おきに、反時計回りに90度回転。

命令表　問題 → 本冊P154〜161

1 解答 D	**2** 解答 E	**3** 解答 B	**4** 解答 D

5 解答 D	6 解答 A	7 解答 C	8 解答 B
9 解答 B	10 解答 D	11 解答 A	12 解答 C

解説 無効命令がある場合は斜線などで該当命令を消しておく。実行した無効命令も同様に消す。図形の変化は必ずメモする。

1 無効命令で2番目の命令は無効となる。いちばん上の命令と並べ替えの命令Rを実行すればよい。

2 消去命令が2つあるが、そのうちの1つは無効命令で無効となる。解答は図形が1つ消えているものとなる。

3 消去命令で2番目の図形が消去される。交換命令があるので、解答はいちばん下の図形が消えているもの。

4 無効命令で交換命令は無効となる。並べ替えの命令Sによって並べ替えるが、並べ替えの命令は3種類あるので、命令を間違わないように注意する。

5 無効命令があるので、実行する命令はいちばん下のものだけ。図の並び順に変化はない。

6 消去命令と交換命令でいちばん上が空欄となるが、並べ替え命令Jで順序が変わる。Jでは1番目と2番目、3番目と4番目の図形を入れ替える。

7 消去命令でいちばん上の図形が消える。交換命令で2番目と3番目の図形が入れ替わるが、いちばん上の図形は消えたまま。

8 無効命令ですぐ下の命令が消える。交換命令2つと並べ替え命令Rを実行する。図形の形に変化はない。

9 左右反転、上下反転した図形を見誤らないように注意する。

10 無効命令でいちばん上の命令は無効になる。消去命令が1つだけ残るので、消える図形は1つだけ。

11 無効命令があるので、実行する命令は2つ。塗りつぶされた部分がない図形は反転した形を間違いやすいので気をつける。

12 無効命令があるので、実行する命令は3つ。なお、並べ替え命令を実行する際は、図形に番号をふるといい。ただし、図形の入れ替えなどがあるので、前の命令をすべて実行したあとで番号をふるようにする。

暗号解読 問題 → 本冊P162～169

1 解答	（1）C	（2）A	（3）D
2 解答	（1）A	（2）C	（3）B
3 解答	（1）C	（2）A	（3）C
4 解答	（1）E	（2）B	（3）C
5 解答	（1）A	（2）C	（3）E

6　**解答**　（1）C　（2）A　（3）C
7　**解答**　（1）D　（2）B　（2）B

解説　**1** 1つの暗号で図形が変化していくから、⊗＝「下に線をつける」、••＝「反時計回りに90度回転する」、≠＝「白くする」と確定できる。わかっている暗号から図形の変化を追っていくと、∞＝「時計回りに90度回転する」。

2 上の黒矢印と右の白矢印の2方向の図形変化から、⊥＝「線を入れる」、≠＝「左の図形を黒くする」と推測できる。ここから、⊗＝「位置を変える」。したがって、∞＝「○を□に変える」。

3 2つの白矢印の変化から、⊥＝「白丸にする」と推測できる。黒矢印の変化から、≠と⊗はそれぞれ「左へ1つ移動する」「上へ1つ移動する」暗号のどちらかであると推測できる。∞＝「右へ1つ移動する」となるから、⊗＝「上へ1つ移動する」。したがって、≠＝「左へ1つ移動する」。

4 共通していない変化から共通していない暗号を先に決定していく。⊥＝「下線を入れる」、⊲＝「図形を丸くする」と推測できる。共通の変化から、⊗＝「図形の右半分を黒くする」。∞と⊙のどちらかが図形を大きくする暗号で、一方が図形の中央に縦線を入れる暗号であるが、ここからは判断できない。（1）のように、示された暗号の中に該当するものがない問題も出題されることがあるので注意すること。

5 文字列の変化は、並び順と文字の増減に注目する。左から右の白矢印の変化で右端のCがないことと、上から下の白矢印の変化で右端のNがないことから、≠＝「右端の文字を消す」と推測できる。ABからBAへと変化していることから、∞＝「文字の並び順を逆にする」と推測できる。さらにLMからLMMへと変化していることから、••＝「右端の文字を増やす」と推測できる。黒矢印の変化から、ZYXXの並び順を逆にするとXXYZであるから、⊥＝「左端の文字を増やす」。

6 共通変化から、⊗＝「右の丸を黒にする」と推測できる。ここから、⊥＝「左の丸を黒にする」が推測できる。したがって、∞＝「上の丸を黒にする」、≠＝「黒丸の箇所を基準にして対称に同じ図形を増やす」。

7 下側の白矢印の変化と右側の黒矢印の変化から、⊗＝「右から2つ目の数値を0にする」と推測できる。ここから、≠＝「数字の並びを逆にする」と推測できる。したがって、∞＝「いちばん左端の数値をいちばん右端の数値に変える」、⊥＝「いちばん右端の数値といちばん左端の数値を入れ替える」。左側の黒矢印の変化では6026から6026となるように、左右の数字を入れ替えても同じであるが、このような問題は難易度の高いWebCABでは出題される。この場合は、下側の白矢印の変化から推測すること。

計数　　問題 → 本冊P170〜175

1 解答 C	2 解答 A	3 解答 C	4 解答 C
5 解答 E	6 解答 D	7 解答 B	8 解答 B
9 解答 D	10 解答 A	11 解答 E	12 解答 A
13 解答 C	14 解答 B	15 解答 C	16 解答 C
17 解答 D	18 解答 D	19 解答 B	20 解答 E
21 解答 A	22 解答 E	23 解答 E	24 解答 C
25 解答 D	26 解答 A	27 解答 A	

解説 **1** 月額であることを見逃さないように。3年の場合、返済額に36をかける。

2 入所者・利用者数を施設数で割る。

3 表からそのまま読み取る。

4 売上高は資本金に売上高：資本金の比の値をかければ求められる。すべて資本金が1となっているので、それぞれ1.4倍、1.5倍…としていけばよい。

5 5月の旅行先別客数の総計を求める。

6 各月の売上数を算出し、1月の合計を11月の合計で割ればよい。概算でOK。

7 関西工場の各期台数の総計を求める。

8 20枚＋1枚×5がいちばん仕入原価が安くなる。合計額を出して25で割る。

9 日平均産油量を前年度比（％を割合に直す）で割れば2XX2年度の日平均産油量が求められる。年間産油量を求めるには365倍する。

10 選択肢の数値が離れているので概算でOK。合計台数5,500に12万円をかける。

11 保育所の利用者数を就学前児童数で割る。

12 資本金に対する税引前利益率は、税引前利益÷資本金で求められる。

13 5年の場合は60倍する。利子分の合計で返済額合計でないことに注意する。

14 25％増ということは、前年度の1.25倍ということである。表から合計数を出し、1.25で割れば前年度の台数が求められる。

15 売上額600円×20枚から仕入原価7,500円を引けばよい。

16 中国への客数を合計する。

17 選択肢の数値に差があるので概算でOK。20000×230で正解がわかる。

18 2XX2年度に対して2XX3年度は0.95倍。この12％増加だから、0.95×1.12。6.4％増加である。

19 **4** で求めた各年の売上高から計算する。

20 従事者数の総計を求める。

21 17200×60−1000000と42600×36−1500000の差額を求める。

22 6000×8と11000×4の差額となる。

23 7月の客数合計を求めて計算する。

24 均等返済であるから返済総額の半分（返済した額と同じ）となる。

25 九州工場の総計を全体の台数で割る。**7**、**14** で算出した他の工場の生産台数計をメモしておけば、九州工場の総計のみ出せば必要な数値はそろう。

26 売上数が増加したのは、12月のタブレット端末とオイルヒーター、家具調こたつだけである。

27 年間経費を日平均産油量で割ればよい。

言語　問題 → 本冊P176〜179

1 解答　（1）C　（2）B　（3）A　（4）A

解説　（1）「ヒト」の要素は重要視されており、企業活動が左右されることもある、と述べられているが、占める役割としてもっとも大きいかどうかは触れていない。
（2）企業の目的は…、と本文で述べられているので誤り。
（3）変動する社会に対応した企業の方向づけはヒトのみができる、とあるので正しい。
（4）基準については「どれだけ優秀な人材となるか」以外の記述がないので、正しい。

2 解答　（1）C　（2）B　（3）A　（4）C

解説　（1）テレビで知った、という記述があるだけで、授賞式が中継されるのか、有名なのかなどには触れていないので、判断できない。
（2）選考基準は、ユニークでかつ理論づけがあること。後者が不足しているので誤り。楽しい、おもしろいが基準となるかは筆者の憶測にすぎず、断定できない。
（3）はっきり述べられてはいないが論理的に類推できる。
（4）記述がないので判断できない。

3 解答　（1）C　（2）B　（3）A　（4）B

解説　（1）「サービスの低下」「プライバシーの侵害」は、業務委託の反対派があげる理由であり、実際にどうなのかは本文のみでは判断できない。
（2）「サービスの低下」が起こる可能性として、業務委託の制度の形態があげられているが、避けられないとはいっていないので、誤り。
（3）本文の記述どおりで正しい。
（4）業務委託が経費の削減になるか、増大になるかは一概に結論は出せないといっているので、誤り。

性格テスト　問題 → 本冊P180〜182

解説　このテストは30の尺度で性格をみる。質問に「Yes」と答えればその尺度は高くなり、「No」と答えれば低くなる。したがって、OPQで「正解」を出すためには、目的の企業が求める尺度を事前にリサーチしておく必要がある。30の尺度は、説得力／指導力／独自性／外向性／友好性／社会性／謙虚さ／協議性／面倒見／具体的事物への関心／データへの関心／美的価値への関心／人間への関心／オーソドックス／変化志向／概念性／創造的／計画性／緻密／几帳面／余裕／心配性／精神的タフさ／抑制力／楽観的／批判的／行動力／競争性／上昇志向／決断力。問題文の尺度は次のとおり。

（1）Ａ：独自性　Ｂ：面倒見　Ｃ：協議性　Ｄ：データへの関心

（2）Ａ：概念性　Ｂ：精神的タフさ　Ｃ：抑制力　Ｄ：上昇志向

（3）Ａ：説得力　Ｂ：友好性　Ｃ：社会性　Ｄ：具体的事物への関心

（4）Ａ：謙虚さ　Ｂ：美的価値への関心　Ｃ：創造的　Ｄ：几帳面

（5）Ａ：緻密　Ｂ：楽観的　Ｃ：行動力　Ｄ：決断力

（6）Ａ：競争性　Ｂ：概念性　Ｃ：指導力　Ｄ：外向性

（7）Ａ：独自性　Ｂ：人間への関心　Ｃ：オーソドックス　Ｄ：計画性

（8）Ａ：指導力　Ｂ：美的価値への関心　Ｃ：変化志向　Ｄ：几帳面

（9）Ａ：余裕　Ｂ：批判的　Ｃ：オーソドックス　Ｄ：説得力

（10）Ａ：外向性　Ｂ：謙虚さ　Ｃ：面倒見　Ｄ：具体的事物への関心

（11）Ａ：概念性　Ｂ：緻密　Ｃ：心配性　Ｄ：抑制力

（12）Ａ：精神的タフさ　Ｂ：楽観的　Ｃ：面倒見　Ｄ：友好性

（13）Ａ：指導力　Ｂ：独自性　Ｃ：変化志向　Ｄ：抑制力

（14）Ａ：競争性　Ｂ：行動力　Ｃ：決断力　Ｄ：協議性

（15）Ａ：データへの関心　Ｂ：オーソドックス　Ｃ：緻密　Ｄ：余裕

（16）Ａ：几帳面　Ｂ：謙虚さ　Ｃ：美的価値への関心　Ｄ：概念性

第6章　Webテスト
解答と解説

問題 → 本冊P184〜221

玉手箱

計数　問題 → 本冊P184〜193

1　解答

(1) 3	(2) 1	(3) 3	(4) 5	(5) 4
(6) 2	(7) 4	(8) 2	(9) 2	(10) 4
(11) 1	(12) 4	(13) 5	(14) 4	(15) 1
(16) 1	(17) 2	(18) 3	(19) 2	(20) 3

解説　四則逆算の問題。WebCABやTG-WEBなどでも出題される。電卓が使用できる玉手箱の対策としては、移項して計算をしやすくし、かつ早くできるようにすること。（1）（ ）内の4倍が32。よって、32÷4が（ ）内の数。$(5+□)=32÷4=8$、$□=8-5$、$□=3$。（2）（ ）内を4で割った数が2.5。よって、$2.5×4$が（ ）内の数。$(12-□)=2.5×4=10$、$□=12-10$、$□=2$。（3）12を（ ）内の数で割った数が3。$12÷3$が（ ）内の数。よって左辺の$12÷$をそのまま右辺に移項する。$(9-□)=12÷3=4$、$□=9-4$、$□=5$。なお、割られる数を求める場合（$□÷A＝B$）は、$□＝B×A$で計算。移項する際、「÷A」を「×A」に変化させる。割る数を求める場合（$A÷□＝B$）は、$□＝A÷B$で計算。移項する際、「Aの後ろの÷も一緒に」と覚える。（4）（3）の割られる数を求める方法で、左辺の÷4を移項し×4で計算。また計算式に複数の□が出てきた場合は、同じ数値が入る（解答方法が五肢択一であり、複数選択はできない）。$(12+□)=(□-3)×4$として右辺を展開。$12+□=4□-12$、$12+12=4□-□$、$24=3□$、$□=8$。（5）左辺の÷0.2を右辺に移項し、$3×□=(54+36)×0.2$、$3×□=90×0.2$、$3□=18$、$□=6$。（6）左辺の$(12×8)÷$をそのまま右辺に移項。右辺の分数を計算し、$11-□=(12×8)÷12$、$11-□=8$、$□=3$。（7）最初に左辺を計算する。$9×2/3=6=□×1/2$、$□=6÷1/2$。分数で割る場合、その逆数（分母と分子を逆にした数）をかければよいから、$6÷1/2=6×2/1=12$。（8）$26÷1/5=26×5/1$。$6.5×□=26×5/1$の両辺を5で割ると$1.3×□=26$、$□=26÷1.3$、$□=20$。（9）左辺を先に計算する。$14/5÷7/3=14/5×3/7=6/5$。次に右辺の÷2/3を左辺に移項し、$6/5×2/3=□$。$□=12/15=4/5$。（10）右辺を先に計算する。$60×12.5=750$。次に左辺の×30を右辺に移項する。$(□+□×4)$は□が5個と考える（$x+4x=5x$と同様）。$5□=750÷30=25$、$□=5$。なお、両辺を30で割り、$□+□×4=2×12.5$として計算してもよい。（11）$(□×2-□)$は$2□-□$で1個の□と考

える（$2x - x$と同様）。右辺の×20を左辺に移項し、$24×2.5÷20 = \square$、$60÷20 = \square$、$\square = 3$。（12）両辺に 4 をかけると$85 = \square ÷ 18$、$\square = 85×18$、$\square = 1530$。（13）左辺と右辺は桁数が異なるが数字は同じ並びになると考えられる。右辺50は左辺$0.05×1000$。0.2にも同じく1000をかけて$\square = 0.2×1000$、$\square = 200$。（14）右辺の$1.5÷$をそのまま左辺に移項する。選択肢が分数なので分数で計算する。$1.5÷2/9 = 3/2÷2/9 = 3/2×9/2 = \square$、$\square = 27/4 = 6\dfrac{3}{4}$ （15）通常は左辺の$÷5$を右辺に移項して計算するが、本問では右辺を先に計算すると$15/75 = 1/5$となり、$\square$がすぐ 1 とわかる。（16）選択肢は分数だが、割り切れるものばかりなので整数で計算してから分数に直す。$0.01÷\square = 0.05$、$\square = 0.01÷0.05$、$\square = 0.2 = 1/5$。なお、基本的な小数→分数、分数→小数の変換は、反射的に数字が出てくるように覚えておきたい。（17）両辺に$(\square + 4)$をかける。$\square - 4 = 1/5×(\square + 4)$。$1/5$は$0.2$なので、$\square - 4 = 0.2×(\square + 4)$、$\square - 4 = 0.2\square + 0.8$、$\square - 0.2\square = 0.8 + 4$、$0.8\square = 4.8$、$\square = 6$。（18）選択肢は分数だが整数で計算して分数に直す。$234.9÷$を移項して、$\square = 234.9÷32.4 = 7.25$。$\square = 7\dfrac{1}{4}$ （19）先に左辺を計算する。$1/6÷1/4 = 1/6×4/1 = 4/6 = 2/3$。右辺の$×3$を左辺に移項して、$2/3÷3 = \square$、$2/3×1/3 = \square$、$\square = 2/9$。（20）先に左辺を計算する。$1/4 + 1/2 = 3/4$。右辺に$÷\square$が 2 つあり、分数として考えると、$2/\square + 4/\square = \dfrac{2+4}{\square}$となる。$3/4 = (2 + 4)÷\square = 6÷\square$。$6÷$を左辺に移項し、$6÷3/4 = 6×4/3 = \square$、$\square = 8$。なお、移項して計算しなくても、$3/4 = 6/\square$の形から、$\square = 8$とすぐわかる。

2 解答 3

解説 **2** 〜 **8** は図表読み取りの問題。グラフより、2XX2年の中国に対する自動車輸出額の割合は5.2%。したがって自動車輸出額は、$92250×0.052 = 4797$［億円］。前年の輸出額を 1 とすると、2XX2年は$1 - 0.14$。$4797÷(1 - 0.14) = 5577.90\cdots$［億円］

3 解答 2

解説 ①15〜64歳の女性の割合は約60%だから女性全体の人口は、$3858÷0.6 = 6430$［万人］。75歳以上の女性の割合は約15%なので、$6430×0.15 = 964.5$［万人］で、正しい。②の内容はグラフに含まれない。③15〜64歳の男性の人口は、$7843.4 - 3858 = 3985.4$［万人］。人口の差が約2500万人だとすると、65〜74歳の男性の人口は約1485万人となるが、65〜74歳の総数が1619.3万人なので、正しくない。④男性人口の比較なので、棒グラフをそのまま比べると、0〜14歳のほうが多い。したがって、正しい記述は

①のみ。

4 解答　2

解説　図書館Aおよび図書館Cの2XX2年と2XX3年の入館者の増加数は、
図書館A　1224000－933400＝290600［人］
図書館C　885850－671220＝214630［人］
したがって、両者の差は、290600－214630＝75970［人］

5 解答　（1）2　（2）4

解説　（1）Y市全体の人口133,098＋138,625［人］に対するB区の女性の数24,840
人の割合だから、24840÷（133098＋138625）＝0.091…。よって9.1％。
（2）区の人口は男性人口＋女性人口で求める。1世帯あたりの人数は人口を世帯数で
割ればよい。A区は、（45660＋45275）÷34280＝2.65…［人］、D区は、（19050＋
22098）÷24008＝1.71…［人］。2.65÷1.71＝1.54…［倍］

6 解答　2

解説　増加率がいちばん高い国を選ぶので、減少しているロシア、アルジェリア、微
増のカナダはまず除外される。両年の数値の近いサウジアラビアと中国とでは、2XX0
年の数値が小さく2XX4年の数値が大きい中国のほうが増加率は高く、サウジアラビア
は除外できる。残りの国の増加率は、中国1.30（4.3÷3.3）、カタール1.26（5.8÷4.6）、
イラン1.11（8.6÷7.7）、アメリカ1.17（31.4÷26.8）となり、1番目に高いのは中国。

7 解答　4

解説　スイスにおける肉類の自給率は80％、魚介類は2％。総消費量（自給＋輸入）
は4倍だから、仮に肉類の総消費量を100とすると、魚介類は100×1/4＝25。肉類の自給
の消費量は100×80［％］＝80、魚介類の自給の消費量は25×2［％］＝0.5、80÷0.5＝160

8 解答　4

解説　各国の計算をする。
中国　6167÷3609＝1.708…
アメリカ　28512÷22551＝1.264…

アラブ首長国連邦　2727÷1586＝1.719…
ロシア　4319÷1366＝3.161…
オーストラリア　6882÷5200＝1.323…
ロシアがもっとも前年比で増加している。

9 解答　2

解説　**9**～**13**は表の穴埋めの問題。差引支給額は、基本給と手当の合計から源泉所得税を引いたものだから、源泉所得税がどのように課税されているかを1月、2月から求める。1月と2月の給与を比べると通勤手当が25,000円増、残業手当が20,000円減、源泉所得税が1,000円減。通勤手当は増加しているが源泉所得税が1,000円減少していることから、通勤手当には課税されていないと推測できる。残業手当の差20,000円に対して課された源泉所得税が1,000円と仮定し税率をxとおくと、$20000 \times x = 1000$円、$x = 0.05$。税率は5％。これを1月の源泉所得税額18,000円にあてはめると、$18000 \div 0.05 = 360000$。すなわち、基本給、残業手当と住宅手当の合計に対して5％が課税されていることがわかる。したがって、3月の源泉所得税額は、$(300000 + 35000 + 20000) \times 0.05 = 17750$〔円〕。差引支給額は、$300000 + 35000 + 20000 - 17750 = 337250$〔円〕

10 解答　4

解説　10月のデータから20,000枚以下の定額が10,000円と仮定する。9月の料金15,200円のうち10,000円は定額の料金、20,000枚超の13,000枚に対して5,200円が計上されている。1枚あたりの料金は、$5200 \div 13000 = 0.4$〔円〕。11月においても、$10000 + 4500 \times 0.4 = 11800$〔円〕と同じ法則で計算できる。よって12月の使用料金は、$10000 + 32000 \times 0.4 = 22800$〔円〕

11 解答　4

解説　年齢、勤続年数、訪問会社数、今月の新規契約数、勤務時間と給与に関連する項目が多いが、各人の共通点から1つの給与の計算方法を推定していく。BとCの共通点は年齢と給与支給額。しかし、Aの23歳・210千円とB・Cの24歳・220千円の差、1歳あたりプラス10,000円の計算方法は、Dでは異なる。また、BとCの違いは、①勤続年数、②訪問会社数、③新規契約数、④勤務時間だが、給与が同じということは、①～④の項目の金額が相殺され同額になったと考える。Bが多いのは①勤続年数、②訪問会社数と④勤務時間、Bが少ないのは③新規契約数。よって給与計算に新規契約数が関係していると推定する。次に新規契約数が同じAとBを比較すると、給与に10,000円の差

がある。違いは①勤続年数、②訪問会社数、④勤務時間ですべてＡが少ないが、②④を給与の差10,000円で計算すると割り切れない（②10000÷(52−45)＝1428.571…、④10000÷(166−160)＝1666.666…)。よって勤続年数に着目する。ＡとＣの勤続年数は同じで新規契約数はＣが２件多く、給与も10,000円多い。新規契約ごとに10000÷2＝5000［円］を給与に加算すると仮定すると、Ｃの給与220000＝X＋(5000×14)、X＝150000。これで同じ勤続年数のＡの給与計算をすると、150000＋(5000×12)＝210000となり、１年目の固定給が150,000円と推定できる。勤続年数２年のＢの給与は、220000＝X＋(5000×12)、X＝160000。よって、勤続年数が１年増えると固定給がプラス10,000円と推定できる。これを、他の者で検証する。

勤続年数３年のＤ　270000＝X＋(5000×20)　　X＝170000

勤続年数４年のＥ　230000＝X＋(5000×10)　　X＝180000

勤続年数４年のＦの給与支給額は、180000＋(5000×15)＝255000［円］

12 解答　5

解説　仕入高に得られた利益を加えたものが売上高となる。９月と10月のデータを比べると、Ｂ商品の数量が同じであることから、売上高の差564000−438000＝126000［円］が、Ａ商品の仕入高の差180000−90000＝90000［円］と対応しているのがわかる。したがって、x を「１＋利益の割合」とすると、90000×x＝126000、x＝1.4。Ａ商品の利益の割合は0.4。次に、９月におけるＡ商品の売上高は、90000×1.4＝126000［円］、月間合計からＡ商品の売上高を引いた残高、438000−126000＝312000［円］がＢ商品の売上高であり、Ｂ商品の利益の割合は、312000÷240000＝1.3より0.3。11月のデータから、Ａ商品の売上高は135000×1.4＝189000［円］、月間合計からＡ商品の売上額を引いた残高、729000−189000＝540000［円］がＣ商品の売上高となるので、Ｃ商品の利益の割合は、540000÷450000＝1.2より0.2。したがって、12月の売上高は、

Ａ商品　225000×1.4＝315000［円］

Ｂ商品　480000×1.3＝624000［円］

Ｃ商品　150000×1.2＝180000［円］

これらを合計すると、12月の売上高は、1,119,000円。

13 解答　3

解説　Ａ工場とＣ工場の比較から、経験年数20年以上の従業員数の差３人が完成個数の差60個になっていることがわかる。60÷3＝20［個］より、20年以上の従業員は１日20個完成させることがわかる。次にＢ工場を考える。20年以上の従業員は20×4＝80［個］作り、他の者で残りの90個を作ることになる。５年から10年未満の従業員の作業

量をx、5年未満の従業員の作業量をyとして計算式にすると、$4x+10y=90$。AまたはC工場を同様に計算式にすると、$15x+10y=200$。これらを連立方程式として解くと、$x=10$、$y=5$となる。その数字をD工場にあてはめると、$6×20+z+20×10+5×5=375$、z（10年から20年未満の従業員の作る個数）$=30$。したがって、10年から20年未満の従業員の作業量は、1人あたり15個とわかる。E工場の完成個数は、

　20年以上の従業員　　　　　　$20×5＝100$［個］
　10年から20年未満の従業員　　$15×?$［個］
　5年から10年未満の従業員　　$10×8＝80$［個］
　5年未満の従業員　　　　　　　$5×20＝100$［個］

この合計が370個だから、求める人数は、$(370-100-80-100)÷15＝90÷15＝6$［人］

言語 問題 → 本冊P194〜198

1 解答 （1）B　（2）C　（3）B　（4）A

解説 **1**〜**3**はIMAGES形式の問題。設問文の内容が長文の趣旨に合っているかどうか、3つの選択肢から答える。
（1）第2段落の後半部分で述べられている内容だが、「……見つめ直す機会であるともいえよう」という表現で、筆者がいちばん訴えたい趣旨とまではいえない。
（2）ボランティア活動が自己PRの最良の素材であるとは述べられていない。
（3）第1段落に「こういった学生たちは、仕事探しに対しても……本質を見失っているように思えてならない」とあり、仕事探しやボランティア活動の本質を見失っている学生がいるように見えるとは述べられているが、筆者の見解のひとつを述べているにすぎず、趣旨とはいえない。
（4）第3段落に述べられている学生への要望で、筆者がもっとも訴えたい趣旨である。

2 解答 （1）C　（2）B　（3）A　（4）C

解説 （1）第4段落に「どんな基準で企業や職種を選びたいのか」とあるが、同業他社との比較については本文では触れられていない。
（2）第1段落の最後に「このような状態で採用面接を受けるのかと思うと危機感を覚えざるをえない」とあるが、筆者の心境を述べており、もっとも訴えたい趣旨とはいえない。
（3）第4段落で述べられている内容で、本文の趣旨である。
（4）第2段落に「政府も企業に対し新卒者の雇用促進を引き続き提言しているが、景気は本格的な回復の軌道に乗ったとはいえず……」とあるが、政府は景気回復を急ぐべきだとは述べていない。

3 解答 （1）C　（2）B　（3）C　（4）A

解説　（1）第2段落で「一般に小売りされている生鮮食品や加工食品は、JAS法……で産地や材料などの表示について規制されているが、」「外食店のメニューには原則として品種や産地を表示する義務がない」とあるが、外食店にも同じ法律を適用すべきだとは述べていない。

（2）第2段落に「高級食材をアピールすることで」利益増大を図ったのではないかと「利益優先の姿勢を批判する声もある」とあるが、これは食材偽装の原因のひとつとして述べられているだけで、筆者のいちばん訴えたいことではない。

（3）グルメ情報が増えているとは書かれていない。

（4）第3段落に「食の基本に立ち返る絶好の機会」「食に対する考え方を見直したい」とあり、筆者のいちばん訴えたいことである。

4 解答　B

解説　趣旨把握形式の問題（近年は出題が見られない）。この文章では、社会保障の役割と3つの機能について述べている。もっとも趣旨に合うのはB。Aは社会保障制度の背景、Cは社会保障の一機能、Dは社会保障の一機能の構成要素を説明する語にそれぞれ焦点を当てており、いずれももっとも筆者の訴えに近いとはいえない。

英語　問題 → 本冊P199〜206

1 解答　Q1：A　Q2：B　Q3：C

解説　**1**〜**3**はGAB形式。「A：本文の内容から論理的に考えて明らかに正しい」「B：本文の内容から論理的に考えて明らかに間違っている」「C：本文の内容からは正しいか間違っているか判断できない」のいずれかを選択する。

〔英文和訳〕戦後の高度経済成長とともに、日本人の食生活は欧米化してきた。学校の給食で牛乳とパンが出されるようになったことが、子どもの食の好みの変化に大きな影響を与えたと考えられている。また、1970年代に洋食レストランやファストフード店が都市部に増えたことにより、食生活の欧米化はさらに進んだ。

この20年ぐらいで、日本人の食生活に変化はあったのだろうか。総務省の家計調査によると、2011年に日本の家庭の米とパンの購入額が逆転し、パンのほうが上回るという結果が出た。

家庭の1年の米の購入額は1990年に6万円以上だったが、2011年には2万7,780円にまで落ちた。その一方で、パンの購入額はほとんど変化していない。つまり、パンが伸びたのではなく、米が一方的に下がったのである。

この状況は、少子化や長引く経済不況など、さまざまな要因が考えられるが、米の食べ方の変化も原因のひとつと考えられる。米を食べる機会はあっても、それは多くの場合、家で炊いた米ではなく、コンビニエンスストアで買ったおにぎりや弁当の米になったのである。

Question 1：第1段落最終文に「1970年代に洋食レストランやファストフード店が都市部に増えたことにより、食生活の欧米化はさらに進んだ」とある。したがって、正解はA。

　〔設問和訳〕日本の食生活の欧米化は、1970年代に増えた洋食レストランが原因だと考えられる。

Question 2：第3段落で、米の購入額は落ちたが、「パンの購入額はほとんど変化していない」とある。したがって、正解はB。

　〔設問和訳〕この20年、日本では1年間の米に対する支出は減ったが、パンに対する支出は増え続けている。

Question 3：第4段落最終文に「米を食べる機会はあっても、それは多くの場合、家で炊いた米ではなく、コンビニエンスストアで買ったおにぎりや弁当の米になったのである」とあるが、米を食べる量が変わっていないかどうかは述べられておらず、判断できない。したがって、正解はC。

　〔設問和訳〕人々は米そのものを買わなくても、おにぎりや弁当など米を含むものは買う。だから日本人が食べる米の量は変わっていない。

2 **解答**　Q1：B　Q2：C　Q3：A

解説　〔英文和訳〕香水の歴史は4000年以上前の古代メソポタミアとエジプトにさかのぼる。香水の最初の形はお香で、燃やすと芳香を放つものであった。お香は香りのよい粘材やスパイスで作られ、主に宗教儀式で用いられた。それから人々は芳香性の樹木や樹液を水や油に浸すようになり、香水を使うことがより個人向けのものになった。人々は薬効のためだけでなく、入浴時などの美容のために日々香水を使った。ミルラ樹脂、乳香、ペパーミント、バラなどが初期の香水の材料だった。

　エジプト人はガラスを発明し、ガラスの香水瓶を利用して香水を保存した。香水作りの技術はその後ローマ人、ギリシャ人、ペルシア人、そしてアラブ人へと伝わった。香水や香料は東アジアにも存在したが、そのほとんどはお香ベースであった。

　花を蒸留してエッセンスを抽出するという、現在もっとも主流となっている方法は、アラブ人が発達させた。彼らはヨーロッパ人に、希釈するための手段であり香りを保持するものとして完璧であるアルコールを伝えた。

　1500年代にフランスはヨーロッパの香水の中心地となった。地中海付近に位置する町グラースの一帯は花を供給したが、それは現在でも続いている。パリは製造の中心地と

なり、現在ももっとも高価な香水を生産している。アメリカは生産量において世界のトップであり、消費量もまたもっとも多い。

Question 1：第1段落を確認すると、古代メソポタミアとエジプトで生まれたことは正しいが、「お香は香りのよい粘材やスパイスで作られ、主に宗教儀式で用いられた」とあるので、正解はB。

〔設問和訳〕古代メソポタミアやエジプトで香水が生まれたころ、人々は家で香りのよい樹木や花を燃やした。

Question 2：本文中では香水が高価だったかどうかや、人々が手に入れやすかったかどうかについては述べられていないので、正解はC。

〔設問和訳〕近代まで香水は高価で、普通の人々はなかなか手に入れることができなかった。

Question 3：第4段落の第1文に「1500年代にフランスはヨーロッパの香水の中心地となった」、第3文に「パリは製造の中心地となり、現在ももっとも高価な香水を生産している」とあるので、正解はA。

〔設問和訳〕フランスは1500年代に香水の商業の中心地であった。そして今でももっとも高価な香水が製造されているのを目にすることができる。

3 解答　Q1：B　Q2：C　Q3：A

解説　〔英文和訳〕ロバート・フロストはもっとも人気が高く、非常に尊敬されている20世紀のアメリカの詩人のひとりである。彼の現実的な農村生活の描写と巧みなアメリカ口語体の話し言葉は高く評価されている。フロストは生前から表彰されることもしばしばで、詩の部門でピューリッツァー賞を4度受賞し、1960年には詩の創作活動に対して議会名誉黄金勲章が贈られた。

ロバート・リー・フロストは1874年3月26日にサンフランシスコで生まれた。11歳のときに父親が亡くなったあと、家族は国中を移動してマサチューセッツ州ローレンスに移住したが、そこで彼は高校時代に詩を読んだり書いたりすることに興味を持つようになった。彼はダートマウス大学に入学し、学校をやめたあと故郷に戻り、教師をしたり、新聞配達や工場労働で働いたり、いろいろな仕事をした。1894年に初めての詩『私の蝶』を売ったが、それはニューヨークの新聞『インディペンデント』に掲載された。

1895年、フロストはエリノール・ミリアムと結婚したが、彼女は1938年のその死まで、彼の詩に大きなインスピレーションを与えた。ニューハンプシャー州デリーで彼らはともに暮らし、ロバートは9年間農場で働くかたわら、のちに有名になることになる詩をたくさん書いた。2人は1912年に渡英し、彼は同時代の英国詩人たちに影響を受けた。1915年にアメリカへ戻るまでに、彼は初の詩集である『少年の心』や次の『ボストンの北』を出版し、国際的な評価を得た。

解答と解説

英語

彼の名声は確固たるものとなり、1920年代までには彼はアメリカでもっとも著名な詩人になっており、詩集を出すごとにその名声は増していった。フロストは大学を卒業することはなかったが、プリンストン大やオクスフォード大、ケンブリッジ大を含む40以上の名誉学位を受け取った。

1961年1月20日、フロストは86歳のとき、ジョン・F・ケネディの大統領就任式で彼の有名な詩『完璧な贈り物』を朗読した。2年後の1963年1月29日、ボストンでその生涯を閉じた。

Question 1：議会名誉黄金勲章を受けたのは1960年。最終文に1963年に亡くなったとあるので、勲章を受けたのは生前のことである。したがって、正解はB。

　〔設問和訳〕フロストは生前4度のピューリツァー賞を受賞し、死後、議会名誉黄金勲章を受けた。

Question 2：英国へ渡り、英国詩人たちに影響を受けたとは述べられているが、英国へ行った目的は述べられていない。したがって、正解はC。

　〔設問和訳〕詩人としての感性を磨きたいという願いを持っていたので、フロストは妻とともに英国へ渡った。

Question 3：第3段落の最終文に「1915年にアメリカへ戻るまでに、彼は初の詩集である『少年の心』や次の『ボストンの北』を出版し、国際的な評価を得た」とあるので、正解はA。

　〔設問和訳〕彼は英国にいる間に初の詩集を出版した。

4 解答　Q1：B　Q2：D　Q3：A

解説　4と5はIMAGES形式。本文に関する設問に選択肢から選んで答える。

〔英文和訳〕日本では血液型による性格診断が人気で血液型別の占いなど、血液型に関する本も多く出版されている。しかし、これは日本や他の数か国に特有のことだとは、日本人にはあまり知られていないだろう。世界のほとんどの国では、人々は自分の血液型を知らないし、あまり興味を持っていない。なぜ日本では、人々は血液型に興味を持つのだろうか。

日本人は、4つの血液型の割合が比較的に均等である。日本人にいちばん多いのはA型で約38%、次に多いのがO型で約31%、その次がB型で約22%である。もっとも割合の少ないAB型でも約9%である。日本人が10人集まれば、すべての血液型の人が含まれるといえる。このことが、人々が自分や他人の血液型に興味を持つ原因のひとつと考えられる。

他の国々では、血液型の割合はまったく異なる。たとえば、アメリカではO型が約45%、A型が約41%で人口のほとんどを占め、B型とAB型は少ない。同じような傾向はカナダやヨーロッパの国々でも見られる。

　血液型の割合がもっと極端な国の例もある。たとえば、中米のニカラグアやグァテマラでは人口のほぼ90％がＯ型で、他の血液型は10％にすぎない。このような場合には、ほとんど全員が同じ血液型なのだから、人々は、自分や他人の血液型が何なのかを気にしない。

　韓国は、血液型の割合が日本人とよく似ている。したがって、韓国でも血液型による性格診断は人気がある。『Ｂ型の彼氏』という映画が作られていることからも、このことがうかがえる。

Question 1：第2段落の最終文にThis can be a good reason …とある。このThisはこの段落の話題の中心である「日本人の血液型の割合は比較的に均等である」ということを指している。

　　　　　〔設問和訳〕日本人が血液型に興味を持つ理由はどんなことだと考えられるか。
　　　　　〔各選択肢の意味〕Ａ「血液型は人の性格がどのようであるかを正確に物語ることができる」Ｂ「日本人は血液型の割合が比較的に均等である」Ｃ「血液型の情報は人が輸血を受けるときに必要である」Ｄ「血液型占いは人が何かを決めるときに重要である」Ｅ「血液型で人の性格を判断することは世界中で人気がある」。

Question 2：第3段落の2文目に「Ｏ型が約45％、Ａ型が約41％」とある。

　　　　　〔設問和訳〕アメリカではＡ型の割合は何パーセントか。

Question 3：第4段落の第1文に「人口のほぼ90％がＯ型」とある。

　　　　　〔設問和訳〕中米のある国々での血液型の特徴はどんなことか。
　　　　　〔各選択肢の意味〕Ａ「人口のほとんどがＯ型である」Ｂ「人口のほとんどがＯ型かＡ型である」Ｃ「男性のほとんどがＢ型である」Ｄ「全人口がＯ型である」Ｅ「その国々では血液型は不明である」。

5 解答 Q1：Ａ　Q2：Ｃ　Q3：Ａ

解説　〔英文和訳〕「宇宙の大きさ」には、2つの定義がある。1つは「観測可能な宇宙」と呼ばれるものであり、もう1つは観測を超えた領域全体のことである。一般的に私たちが「宇宙」というときは、前者のことを示している。これは文字どおり直接観測されたわけではなく、地球から理論上観測可能な領域のことであり、その大きさは半径約460億光年の球体であると考えられている。

　「宇宙の果て」とは、その観測可能な限界点を指すのであり、実際には宇宙に断崖絶壁のような端っこがあるわけではない。現在、宇宙は相対性理論をもとに考えられるが、それによれば、宇宙には中心も端も存在しない。宇宙は無限に広がっている可能性も、ループしている可能性もあるが、正しいことはわかっていない。

　宇宙の誕生は137億9800万年前と推定されている。138億年の年齢の宇宙が、460億光年の広さを持っていることは、矛盾するのではないだろうか。答えはNOである。なぜ

なら、宇宙は光の速度を超える速さで膨張しているからである。

Question 1：第1段落に「これは文字どおり直接観測されたわけではなく、地球から理論上観測可能な領域のこと」とある。

〔設問和訳〕「観測可能な宇宙」の定義とは何か。

〔各選択肢の意味〕A「理論上観測できる宇宙」B「人類が宇宙船で到達可能な宇宙」C「世界一大きな望遠鏡で見ることができる宇宙」D「空間全体も時間も含む宇宙」E「球体で端が断崖絶壁の宇宙」。

Question 2：第2段落に「宇宙は相対性理論をもとに考えられるが、それによれば、宇宙には中心も端も存在しない」とある。

〔設問和訳〕宇宙の果てとはどのようなものか。

〔各選択肢の意味〕A「星や見えるものは何もない」B「端に断崖絶壁がある」C「相対性理論によれば、宇宙に端はない」D「そこで宇宙の誕生が見られる」E「宇宙の反対側の端がある」。

Question 3：第3段落に「宇宙の誕生は137億9800万年前と推定されている」とある。

〔設問和訳〕宇宙は何歳か。

TG-WEB

計数　問題 → 本冊P207〜212

1 **解答**　2

解説　**1**〜**6**はAタイプの問題。

AとCの取ったカードの数字の合計が7であることから考えられる組合せは、

A　1　2　3　4　5　6
C　6　5　4　3　2　1

同様に、合計が10であるCとDの組合せは、

C　1　2　3　4　5　6　7　8　9
D　9　8　7　6　5　4　3　2　1

Cが取ったカードが7、8、9では、前の組合せと矛盾する。したがって、考えられる組合せを表にすると次のようになる。

	①	②	③	④	⑤	⑥
A	1	2	3	4	5	6
C	6	5	4	3	2	1
D	4	5（×）	6	7	8	9
合計	11	12	13（×）	14（×）	15（×）	16（×）

BとEのカードの合計が8なので③〜⑥はFを含めた全体の合計が21を超えるため不適。
また、②はCとDで同じ数字を使っているため不適。よって、考えられる組合せは①の
みとなる。また、BとEの取ったカードの組合せは、

B　1　2　3　4　5　6　7
E　7　6　5　4　3　2　1

となるが、Aは1、Cは6、Dは4と確定しているので、B、Eの数字は、3と5の組
合せとわかる。これより、それぞれの取ったカードの数字は、以下のようになる。

A	B	C	D	E	F
1	3 or 5	6	4	5 or 3	2

よって、Fの取ったカードは2。

2 | 解答　　3

解説　最初に直方体を5×5＝25個の小立方体で構成された縦切りにし、4枚の板に
分離する。次にそれぞれの板を正面から、上から、横からの3つの方向から見ると考え
る。正面図の1枚目の4か所の黒い立方体は反対の面まで貫通しているので、4枚とも
同じ位置は黒となる。あとは、上と横にある黒を反対面まで貫通させる。それぞれの板
の黒い小立方体の部分を数えて合計する。この直方体は4×5×5＝100個で構成され
ているから、最終的にこの100個から黒い小立方体の数の合計を引く。1枚目には4個、
2枚目には16個、3枚目には11個、4枚目には7個の黒い小立方体があり、その合計は
4＋16＋11＋7＝38［個］。白い小立方体は100−38＝62［個］

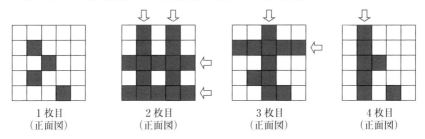

1枚目	2枚目	3枚目	4枚目
（正面図）	（正面図）	（正面図）	（正面図）

3 | 解答　　4

解説　切り抜いた部分を見ると、真ん中が四角く切り取られることがわかる。よって、
選択肢1、2、3は不適。選択肢4と5の違いを考える。問題の図形を展開すると、以
下のようになる。

解答と解説

計数

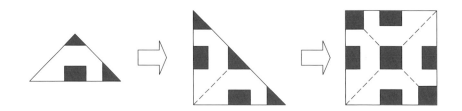

4 解答 1

解説 縦のサイコロの面を上から順に考える。いちばん上のサイコロ
の裏は6となるので、以下順に、表3（和が9から）・裏4→表5（和
が9から）・裏2。次に、横のサイコロの面を手前から順に考える。い
ちばん手前のサイコロの裏は1となるので、以下順に、表2（和が3か
ら）・裏5→表4（和が9から）・裏3→表6（和が9から）・裏1。こ
れにより、いちばん下（奥）のサイコロは図1のようになっていること
がわかる。展開図から右側面は3。右に並んだサイコロの面を考えると、
図1の3に接する面が6（和が9から）・裏1→表2（和が3から）・裏
5。展開図から星印は1となる（図2）。

図1

図2

5 解答 1

解説 対戦表を作り、Ⅱ～Ⅳでわかっている結果
を記入していく。これにより、ⅠでわかっているA
の2勝がBとCとの対戦とわかる。与えられた条件
からはBとCの対戦結果は不明である。選択肢を見
ていくと、3、5は間違いであり、2、4は不明。
よって確実にいえるのは「AはBに勝った」である。

	A	B	C	D
A		○	○	×
B	×		?	○
C	×	?		×
D	○	×	○	

6 解答 5

解説 動かす図形をまずかいて、次に軌跡を描く点を図形に付していく。回転の中心
がどこになるか、段差に接しているか否かに注意して軌跡を描く。

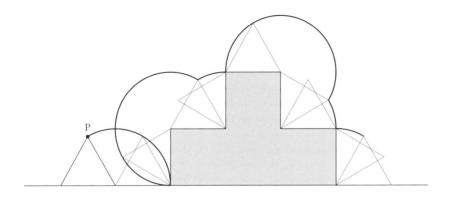

7 解答　3

解説　**7**～**15**は B タイプの問題。

全支店の販売個数を求め、渋谷支店の販売個数が全体のどれだけかを計算する。

①各支店の販売個数　　池袋　$25 + 50 + 35 + 60 + 40 = 210$［個］

　　　　　　　　　　　新宿　$10 + 10 + 30 + 25 + 20 = 95$［個］

　　　　　　　　　　　渋谷　$5 + 45 + 30 + 10 + 30 = 120$［個］

　　　　　　　　　　　品川　$10 + 25 + 60 + 30 + 35 = 160$［個］

　　　　　　　　　　　東京　$30 + 5 + 35 + 25 + 70 = 165$［個］

　合計750個

②渋谷支店の割合

　$120 \div 750 = 0.16 \rightarrow 16$［％］

8 解答　2

解説　まず、10代に対する各ゲームの売上額を求める。売上総額に対して10代の占める割合から

　　A　$2 \times 40\% = 0.8$［億円］

　　B　$5 \times 15\% = 0.75$［億円］

　　C　$3 \times 30\% = 0.9$［億円］

　　D　$0.5 \times 25\% = 0.125$［億円］

　合計2.575億円

ゲーム全体の売上額は、$2 + 5 + 3 + 0.5 = 10.5$［億円］であるから、$2.575 \div 10.5 = 0.245 \cdots \rightarrow 24.5$［％］

9 解答 **3**

解説 0.4を右辺に移し、50÷0.2÷0.4＝625。または右辺の50÷0.2＝250を先に計算して、250÷0.4＝625としてもよい。

10 解答 **2**

解説 右辺の14＋66＝80を計算し、80÷0.2＝400。ちなみに、0.2で割るのは、5倍するのと同じ。

11 解答 **3**

解説 右辺の8÷0.4÷5＝4を計算して、6÷□＝4とし、□＝6÷4＝1.5と計算。

12 解答 **3**

解説 分数を小数に直し、0.4÷□＝0.04より、□＝0.4÷0.04＝10と計算。

13 解答 **4**

解説 右辺の0.4×325＝130を計算し、左辺の（　）の中を130÷5＝26と求める。次に、□＋12＝26、□＝26－12＝14と計算。

14 解答 **5**

解説 左辺2/6を約分すると1/3。右辺の1/3と等しいので、4/5＝□となる。

15 解答 **4**

解説 右辺3/7＋2/5＝15/35＋14/35＝29/35を計算。0.2×□＝29/35、□＝29/35÷0.2。0.2を分数に直し、□＝29/35÷1/5＝29/35×5＝29/7

言語 問題 → 本冊P213〜219

1 解答 **3**

解説 Aタイプの空欄補充の問題。この文章は、中世における支配関係を述べたもの

で、「国王が領民をすべて直接的に支配していたわけではなかった」「国王の命令権もストレートに及ぶものではなく」「他の国王や、教会、自治都市も支配権を持っていた」とあり、複数の権力が重なり合っていた状態を示している。したがって、空欄に入るのは3の「重層的な支配関係」が適切。1の一元的は、1つであることを表しており、また2の「複合的支配関係」の「複合」は、2つ以上のものが1つになることであり、不適切。4と5は命令関係とあり、支配関係ではない。

2 解答 　4

解説　Aタイプの文章の並べ替えを行う整序の問題。整序問題では、まず先頭にくる文章を決める。先頭の文章は、原則として接続語や指示語で始まっていないもの、さらに全体の話題提起にふさわしいものを選ぶ。Aには「それ」という指示語があり、BとEは「しかし」「とはいえ」という接続語で始まっているので、先頭の文章にはふさわしくない。CとDとを比べると、全体の話題提起によりふさわしいのはDと推測される。次に文章の相互関連から、Aの影を潜めた「それ」は、Cの「むずかしい漢字の言葉を振りまわす人が言葉がよく分かる人とされたこと」を指していることに着目すると、C→Aとつながる。Dで始まる選択肢3つのうち、C→Aのつながりを含む選択肢は4。

3 解答 　3

解説　Aタイプの文章理解の問題。文章全体で述べられていることに合致するものを選ぶ。日常生活の多様な側面を例示して述べられているが、日常生活の多様化が全体の主張ではなく1は不適切。たとえば「かかわりの中でしか現代は生きていけなくなっている」とあり、相互関係性はむしろ強いとの主張であり2は不適切。最終段落が「つまり」で始まっておりここに結論があると考えてよさそうだ。末尾の「相互依存はますます強まり、日々の日常生活はそうした相互依存の中でしか成り立っていない」から3が題名として適切。4は文章のごく一部しか表していない。5は筆者がこの文章で述べたい本旨ではない。

4 解答 　2

解説　**3**と同じく文章理解の問題。筆者の主張に合致するものを選ぶ。母語（第一言語）と第二・第三言語について述べた文章である。1は、2〜5行目に、「アメリカでは〜『言語は道具である』という考えが〜世界を席巻しますけれど、やがて〜そうではない〜わかってきます」とある。2は、6〜8行目に、「母語以内でしか別の言語は習得できません。〜母語より大きい外国語は覚えられない」とあるので合致する。3は、

解答と解説

言語

文中に述べられていない。4は、9行目以降に「外国語が上手になるためには、日本語を～きちっと身に付けていなければ」とあるが、日本語をきちっと身につければ必ず外国語が上手になるとは述べていない。5は、筆者は母語は道具ではなく精神である、と述べているのであって、言語すべてがそうだといっているわけではない。

5 解答 2

解説 **5**～**21**はBタイプの問題。
「手段」＝目的を達成するための具体的なてだて。1「戦略」＝戦いで相手に勝つための方法。2「方法」＝目的を遂げるための具体的なやりかた。3「目的」＝達成しようとめざしているところ。手段の対義語。4「実践」＝実際に行うこと。5「工夫」＝よい方法をいろいろ考えること。

6 解答 4

解説 「落胆」＝期待がかなわずがっかりすること。1「落着」＝ものごとの決まりがつくこと。2「落涙」＝涙を流すこと。3「肝胆」＝心の中。4「失望」＝あてがはずれてがっかりすること。5「豪胆」＝胆がすわっていること。

7 解答 1

解説 「倹約」＝無駄使いしないこと。1「節約」＝無駄を省いて大事に使うこと。2「簡略」＝細かいことを省き手軽で簡単なこと。3「省略」＝簡単にするために一部分を省くこと。4「要約」＝大事な点を短くまとめること。5「質素」＝飾らずつつましいこと。

8 解答 2

解説 「残念」＝心残りで未練があるようす。1「後悔」＝前にしたことをのちに悔いること。2「遺憾」＝思いどおりにいかず、心残りに思うようす。3「反省」＝自分の過去の行いを振り返って、よかったかどうか考えること。4「疑念」＝疑う気持ち。5「観念」＝あきらめること。

9 解答 5

解説 「卓越」＝他より抜きんでてすぐれている。1「偉大」＝すぐれて立派なこと。

2「卓見」＝すぐれた意見、考え。3「超越」＝普通の基準をはるかに超えること。4「自信」＝自分の力や価値を信じること。5「傑出」＝他よりずばぬけてすぐれている。

10 解答 2

解説　「末梢」＝ものの端、先端。1「末節」＝ささいなこと。2「中枢」＝中心となる部分。3「先頭」＝いちばん先。4「中央」＝真ん中。5「先端」＝ものの先の部分。

11 解答 3

解説　「架空」＝事実でなく想像でつくられたもの。1「想像」＝実際に経験していないことを心に思い描くこと。2「理性」＝感情に左右されず道理によって判断する能力。3「実在」＝現実にこの世にあること。4「実現」＝現実のものになること。5「着実」＝落ち着いていて危なげがないこと。

12 解答 5

解説　「脆弱」＝弱々しく、もろく壊れやすいこと。1「補強」＝弱点や不足な点を補って強くすること。2「頑健」＝体がとても丈夫なこと。3「列強」＝勢力の強大な国々。4「安全」＝危なくないこと。5「強靭」＝しなやかでねばり強いこと。

13 解答 3

解説　「勤勉」＝なまけずに勉強や仕事に励むこと。1「堕落」＝不健全になり、落ちぶれること。2「漫遊」＝あてもなくあちこちを旅行すること。3「怠慢」＝なまけて勤めを怠ること。4「放任」＝なりゆきにまかせ放っておくこと。5「漫然」＝とりとめなくぼんやりしていること。

14 解答 4

解説　「保守」＝今までの伝統や習慣を守っていこうとすること。1「破壊」＝壊すこと。2「攻勢」＝積極的に攻撃する態勢。3「守備」＝敵から味方を守ること。4「革新」＝それまでの制度や習慣を改めて新しくすること。5「進歩」＝ものごとがよい方向へ進んでいくこと。

15 解答 2

| 解説 | 「焼け石に水」は、あまりにわずかで、何の効果もないことのたとえ。焼けて熱くなっている石にわずかばかりの水をかけてもすぐに蒸発してしまい、石は冷めず、何の役にも立たないことからいう。

16 解答　3

| 解説 | 「傍目八目（岡目八目）」は、当人よりも第三者としてはたから見ているほうが、物事を正しく判断できるというたとえ。「傍目」の傍はかたわらのことで、傍目はかたわらから見るという意味。「八目」は囲碁からきた言葉で八つ先の手のこと。つまり、他人の碁の対局を見ている者のほうが、対局者よりも八つ先の手が見通せ、正しい判断ができるということ（諸説あり）。

17 解答　3

| 解説 | 「二階から目薬」は、思うようにならずもどかしく感じる、まわりくどくて効果がないことのたとえ。二階から下にいる人に目薬をさしても、うまく目に入れることができないことからいう。

18 解答　1

| 解説 | 「朝令暮改」は、朝出した命令がその日の夕方に改まっているという意味。法令や命令、方針がしばしば変わってあてにならないことのたとえ。「朝改暮変」ともいう。「朝礼暮改」と誤まらないように注意。

19 解答　5

| 解説 | 「つぶしがきく」は、「潰しが利く」と書く。金属はつぶして地金にしても使えるということから、本来の職業、仕事を離れても他の職業、仕事で十分うまくやっていく能力があるという意味で使う。

20 解答　5

| 解説 | 1文例の記憶は言葉づかいの判断に役立つとあるが、語彙を豊富にするとは述べていない。2単にたくさんの文例を暗記するのではなく、適切な言葉づかいができる人たちの文章を覚えることがよいと述べている。3よい行動の人の話は、言葉づかいの比喩として使われているにすぎない。4文章をまねるのではなく、よい文章を文脈ごと

覚えることが大切と述べている。５５行目から文末にかけて、よい言葉づかいをしたいと思う人は、言葉に対してセンスが鋭い人たちの文章を文脈ごと覚えるとよい、とある。

21 解答　3

解説　「日本の自然が豊かすぎる」とは、他国と比較して、日本の自然がすぐれている、または数値として大きいものであることを表している。本文では、森林被覆率が高い、樹種が多い、森林の回復力が強い、の３点があげられているが、選択肢ではそのうちの１つをとりあげた３が正解。１は、日本に特徴的だが、自然が豊かであることとは関わりがない。２は、「豊かすぎる」ことの例ではなく、その結果が招く事態である。４と５は、本文では話題にされていない。

英語　問題 → 本冊P220〜221

1 解答　（1）A　（2）B　（3）C　（4）E　（5）D

解説　〔本文和訳〕トラは世界最大の野生の猫で、体重は327キロに達し、体長は２メートル、尾の長さは１メートルである。赤みがかったオレンジ色と黒のしま模様の毛皮が簡単な目印である。

「トラはアフリカにいますか」と人に尋ねたら、「はい」と答えるかもしれないが、間違いである。トラはアフリカに生息したことはないからである。ライオンやヒョウを含むトラの祖先のネコ科動物はアフリカが起源である。あるとき、おそらく200万年ほど前に、ネコ科から分かれた一派がアジアへ移住し、現在私たちが知るオレンジと黒色のネコに進化した。一度アジアに住んだトラがなぜアフリカに戻らなかったのかについては、多くの推測はあるものの科学者たちにははっきりとはわかっていない。

悲しいことに、トラは数が減ってきており、インド、ネパール、インドネシア、ロシア、中国などで危機にさらされている。20世紀初頭、野生のトラは10万頭以上いたが、現在では1500頭から3500頭の間であると推定される。毛皮や、伝統医学で使われる骨など他の身体の部分を目当てに乱獲されてきたのである。トラのすみかも人間が農地や材木伐採などのために土地を開発してきたのに伴って減ってしまった。

現在、トラはアフリカ原産ではないものの、アフリカの動物園や特別保護地で見ることができる。トラ保存のための試みの１つとして、中国から希少なトラの幼獣が南アフリカのへき地へ移されており、野生生活に適応させることが期待されている。なので、そこで将来的にトラが繁殖し、数が増えれば、「トラはアフリカにいますか」という質問への答えは本当に「はい」になり得る。

（1）設問は、「①に入るもっとも適切な語句を選べ」。同じ文中のthe Felidae family「ネコ科」という単語は難しいが、あとのoriginated in Africaを見れば、祖先

のことを述べていると判断できる。

各選択肢の意味は、A祖先、B子孫、C保護者、D所有者、E研究者。

（2）設問は、「②に入るもっとも適切な語句を選べ」。as to 〜は「〜に関しては、〜については」という意味で、あとには名詞がくるほかに疑問詞whyなどで始まる名詞句がくることもある。

各選択肢の意味は、A「それゆえに」、B「〜に関しては」、C「〜が原因で」、D「それに加えて」、E「〜によると」。

（3）設問は、「下線部③のもっとも適切な言い換えを選べ」。run out of 〜は「〜がなくなる」、numberは「数」なので、トラの数が減っていることを表している。

各選択肢の意味は、A「トラは故郷から逃げ出している」、B「トラは番号順に管理されている」、C「トラの数は減少している」、D「多くのトラが車にひかれている」、E「トラはますます増加している」。

（4）設問は、「下線部④のもっとも適切な言い換えを選べ」。indigenous toは「先住の、土着の」という意味。文章の流れからcome into existence「出現する、誕生する」が合う。

各選択肢の意味は、A「〜では増加していない」、B「〜にはうまく適応していない」、C「〜から移動していない」、D「〜では絶滅していない」、E「〜で誕生しなかった」。

（5）設問は、「本文の内容にもっとも合致している文を選べ」。最終段落2文目の内容と合っているので、Dが正解。トラはアジア原産の動物であるということと、アジアで存在が脅かされているトラをアフリカに適応させようという試みがなされていることをおさえられていれば、判断できる。Eは紛らわしいので注意。各選択肢の意味は次のとおり。

A　トラはアフリカの動物であるという認識は正しい。

B　トラはライオンやヒョウとは異なる種族から誕生した。

C　トラはアフリカからアジアへ移住し、数が増加している。

D　トラをアフリカでの生活に適応させようという努力がなされている。

E　現在、アフリカの野生環境で生活するトラを見ることができる。